HERMES

在古希腊神话中，赫耳墨斯是宙斯和迈亚的儿子，奥林波斯神们的信使，道路与边界之神，睡眠与梦想之神，亡灵的引导者，演说者、商人、小偷、旅者和牧人的保护神……

HERMES
世界历史与地理丛编
Library of World History and Geography

刘小枫 ◎ 主编

黑格尔世界史哲学疏证
——自由诸形态论

Shapes of Freedom
Hegel's Philosophy of World History in Theological Perspective

[美] 彼得·霍奇森 Peter C. Hodgson ｜ 著

何启文 ｜ 译

 本书为"中央民族大学世界史地研究中心"成果
中央民族大学区域国别研究院专项资金资助

目 录

序言 ·· 1
引文说明 ·· 5
第一章　黑格尔的世界史哲学 ································· 7
　　黑格尔的讲演文本 ··· 7
　　精神、形态、自由、历史——以及"上帝" ········ 14
　　修史模式 ··· 22
第二章　历史与自由意识的进程 ································· 53
　　作为自在地自由的人类精神 ······························ 56
　　自由意识的进程 ··· 62
　　人的激情与神圣理想的交织 ······························ 66
　　作为精神发展的世界史 ····································· 78
第三章　国家与自由的实现 ·· 100
　　国家概念 ··· 100
　　政体 ·· 113
　　国家与精神：宗教、艺术、哲学、文化 ············ 119
　　国家与自然：地理 ·· 126

第四章 世界史的进程:自由诸形态 ………… 139
  世界史的划分 ………… 139
  东方世界 ………… 145
  希腊世界 ………… 167
  罗马世界 ………… 179
  日耳曼世界 ………… 190
  当今的自由诸形态 ………… 206

第五章 历史中的上帝:自由王国 ………… 215
  对黑格尔的一种神学解读? ………… 215
  黑格尔关于上帝的"证明" ………… 224
  上帝作为精神、三位一体和化身 ………… 237
  上帝的统治:天意 ………… 246
  上帝的正当性证明:神正论 ………… 255
  历史的目的:自由王国 ………… 267

参考文献 ………… 277

索引 ………… 283

译后记 ………… 304

序言

[v]我对黑格尔和历史的兴趣可以追溯到多年以前。上大学的时候,我主修历史。三年级时,我提交了一篇论文,内容与平等派和掘土派理论中的历史哲学有关,那是17世纪英格兰清教徒革命时期的两个激进教派。① 我选了一门关于19世纪哲学的课程,授课的是一位行事怪异的访问教授,他没有做任何解释,开课第一天就让我们思考黑格尔《精神现象学》第七章开头的段落:

> 在迄今为止所考虑过的诸形态——大致可以划分为意识、自我意识、理性、精神——之中,作为关于一般意义上的绝对存在之意识,宗教无疑也曾显露过……②

---

① [译注]平等派(Levellers)是英国内战中出现的代表小资产阶级的民主派,强调人权、选举权的普及,法律面前人人平等以及对其他宗教的宽容;掘土派(Diggers)则是英国内战时期的新教激进团体,主要由贫民组成。

② [译注]译文参弗里德里希·黑格尔,《精神现象学》,先刚译,北京:人民出版社,2013。

到了 12 月初,他仍旧在讲黑格尔,他声称直到那时,他才发现那门课是开一个学期而不是两个学期。我不太清楚他讲了些什么,但那门课很让人着迷。我甫一接触便了解到旁人已经知晓了的事情:黑格尔有着一种蒲克般的能力,能让清醒的人失去知觉。①

我攻读的是宗教学和神学硕士学位,写了一篇关于黑格尔主义神学家鲍尔(Ferdinand Christian Baur)的博士论文。我再度回到黑格尔是在 20 世纪 70 年代,那时我开始讲授一门关于 19 世纪新教神学的课程。出于对黑格尔《宗教哲学讲演录》的兴趣,我促成了该书的新版及其译本在 20 世纪 80 年代的问世。

1989 年,我出版了《历史中的上帝:自由诸形态》,这代表着我思想历程中的一个突破,但我在本书中只在一处引用了它。本书缘起于我和布朗(Robert F. Brown)在戈伊斯(William G. Geuss)的协助下筹备的新版黑格尔《世界史哲学讲演录》(2011)。这是第一个基于德文考订本区分并指明材料来源的英译本,我打算在该书出版之后接着撰写一部义疏。我从神学的视角出发,因为神学在黑格尔《世界史哲学讲演录》中的地位尚未得到既有研究的充分认可。

[vi]第一章为《世界史哲学讲演录》提供了一份导言,涉及讲演的文本来源、一些核心的范畴以及黑格尔对历史编纂方式的区

---

① [译注]蒲克(Puck),又名好人罗宾(Robin Goodfellow),是英国民间传说中一个专爱捉弄人的精灵,莎士比亚在《仲夏夜之梦》中借用了这一角色并丰富了其意涵。

分。黑格尔虽然自命为"哲学的"历史学家,但也时不时提及"一般的"历史学家,并大量借鉴他们的做法。然而哲学能识别出那赋予世界史以意义的核心主题,即"自由意识的进程";世界史以一种三重化的结构来讲述这一主题:共时性的(synchronic)、历时性的(diachronic)、超时性的(surchronic)。第二章将考察前两种结构。从共时性的视角来看,自由诸形态在神圣理念(divine idea)与人的激情的交织中得以形塑,这种自由明确了看似混乱无序的历史事件的目的。从历时性角度来看,自由成为一个在历史发展各阶段中自我展开的过程。第三章和第四章将详细论述这样两个面相:国家是在制度上实现了的自由,而世界史的进程则是自由的一系列不同形态。

我所谓的"超时性的"是指一种对时间的强化,一种更为原始的、无限的时间性,也就是黑格尔所说的上帝的永恒历史,一种为目的和发展提供深层维度的历史。世界史是上帝永恒历史的外在产物。因此,一种神学的面相为黑格尔的哲学的世界史所固有,即便是在将时间/历史范畴中的上帝观念重构为绝对精神(产生并容纳有限的"真正的无限")的三位一体的存在之时,黑格尔在这一点上也非常明确。历史显明了上帝的统治("天意"),充当了上帝决断的功能("神正论"),历史的目的可以被描述为"上帝之国"。但是那主宰着历史并且被历史称义的上帝,乃是一位被钉十字架的上帝,他将苦难、悲痛以及尘世的罪恶引为自己的病疾,并放置在自己身上,在持续不断的悲剧和无可逃避的死亡中达成神人和解。在最后一章,我将在当今的问题语境中处理这些主题,即它们意味着什么,以及它们在今天是否仍然有效。

在构思和写作本书的过程中,友人布朗和威廉姆斯(Robert R. Williams)让我受益良多。

引文说明

引文来自布朗和霍奇森在戈伊斯的协助下编译的《世界史哲学讲演录·第一卷：导言手稿和 1822—1823 年讲演》(Oxford：Clarendon，2011)。页 1-63 为编者导言，页 67-521 为正文。文中使用的缩写及含义如下：

$M_{22/28}$ = 用于 1822 年和 1828 年讲演导言部分的手稿残篇(页 121-137)。①

M = 写于 1830 年的导言部分的手稿(页 138-207)。

活页 = 与 1830 至 1831 年讲演相关的手稿活页(页 208-214)。

L = 格里斯海姆(K. G. J. von Griesheim)和霍托(H. G. Hotho)记录的 1822 至 1823 年讲演(页 3-521)。②

---

① [译注]对于出自黑格尔手稿部分(即标注为"M""$M_{22/28}$""活页"的部分)的引文，译者均引用或参考了汉译本《黑格尔全集·第 18 卷：讲演手稿 II(1816—1831)》(沈真等译，梁志学等校，北京：商务印书馆，2019)中的译文。在汉译本与英译本理解有所不同的地方，译文根据英译本有所改动，正文中不再一一标注。

② [译注]对于出自 1822 至 1823 年讲演记录稿部分(即标注为"L"的部分)的引文，译者均引用或参考了汉译本《黑格尔全集·第 27 卷，第 I 分册：世界史哲学讲演录(1822—1823)》(刘立群等译，张慎等校，北京：商务印书馆，

手稿材料的德文来源于《讲演录手稿 II(1816—1831)》,耶施克(Walter Jaeschke)编,《黑格尔著作全集》第 18 卷(Hamburg:Felix Meiner,1995)。1822 至 1823 年讲演材料来源于《世界史哲学讲演录(柏林:1822—1823)》,伊尔廷(Karl Heinz Ilting)、布雷默(Karl Brehmer)、泽尔曼(Hoo Nam Seelmann)编,《讲演录:记录稿与手稿节选》第 12 卷(Hamburg:Felix Meiner,1996)。这两份材料的德文页码均以边码的形式在英译本中注出。

L_{30-31} = 卡尔·黑格尔(Karl Hegel)对 1830 至 1831 年讲演所作的记录稿(原始手稿页 1-509)。这份稿件尚未出版,但耶施克为作者提供了一份记录稿的打字稿。待记录稿出版德文版之时,手稿页码将会予以注明。① 英译本将会收入我们编译的《世界史哲学讲演录·第二卷》。

[译注]缩写为"$M_{22/28}$""M""活页""L"的文本均有汉译,且与英译本所依据的德文原本一致。汉译本和英译本均将德文版页码标注为页边码,为方便读者对照原文,译者将书中引用这些文本时标注的英译本页码改为对应的德文原本页码(即英译本的页边码)。但文中提到的相关注释为英译所注,需参看英译本。

2014)。值得注意的是,汉译本和英译本所依据的德文版为 1996 年的讲演录试行本第 12 卷,其中标注的德文版页码也以 1996 年为准,与 2015 年出版的全集本第 27 卷第 1 分册的页码并不相同。

① [译注]德文版收录于历史考订版《黑格尔著作全集》第 27 卷第 4 分册(Hamburg:Felix Meiner,2020),文中标注了卡尔·黑格尔记录稿的页码。

第一章　黑格尔的世界史哲学

黑格尔的讲演文本

[1]文本同观念(ideas)的关系有似于自然同历史和精神的关系。脱离了文本中的物质性土壤,观念也就无从诞生,更不可能跨越时空而在人与人之间游移,乃至飞升到无法想见的高度。同样地,历史也需要物质性的基础,这一基础在自然与精神的相互作用中形成。黑格尔指出,从这种相互作用中生发出了一种鲜明的人的形态,亦即自由,它反抗压迫、利己主义以及暴力,但也往往为这些东西所压制。自由不可能只是一种人为的制造物,而是"绝对精神"或者说上帝的作品;自由的精神是将上帝与历史联结在一起的本体论基质(ontological matrix)。这些不同寻常的观念即是本书将要探讨的主题。

我将从黑格尔的文本开始。黑格尔的《世界史哲学讲演录》是些什么样的文本?[①] 黑格尔于 1822 年至 1831 年间在五个不同的

[①] 与文本有关的详情,参见 *Lectures on the Philosophy of World History*, ed. and trans. Robert F. Brown and Peter C. Hodgson, with the assistance of William G. Geuss, Oxford:Clarendon,2011,页 1-10(此书在后文简称 *Lectures*)。

场合作了讲演,《世界史哲学讲演录》中的文本主要是学生或听众对讲演所做的笔录。这些笔录的质量各不相同,但没有哪一份笔录是对黑格尔的讲演逐字逐句的记录。受当时的技术条件限制,对黑格尔讲演的记录势必不能尽善尽美。

此外,有几组由黑格尔本人撰写的手稿材料留存了下来。他曾将其中一组手稿部分用在1822年和1828年讲演的导言中,这两次讲演均在一开始就探讨了修史的诸类型或诸式样,[2]即"原始的历史学""反思的历史学""哲学的历史学"。残存下来的文稿只包括"原始的历史学"以及一部分"反思的历史学"。另一组材料由他在1830年写下的几张"活页"组成,内容与1830年至1831年间的最后那些讲演相关。

这些材料中最重要的那部分是我们从黑格尔本人手中得来的最珍贵的财产。它由大约46张双面稿纸组成,是1830年至1831年讲演导言部分的手稿。这份材料经过精心准备,显示出大量编辑和修订的痕迹,质量接近预备出版所用的誊清稿。由此可见,黑格尔原本打算将1830年至1831年的讲演整个致力于导言和概念问题,比在以往任何场合都更加详尽地阐述一种世界史哲学的概念。这份手稿就是黑格尔尝试这样做的开端。然而,基于种种因由,他没能完全按照计划实行,而是又讲了一遍整个"世界史哲学"(Weltgeschichte)。因为准备时间短促,而黑格尔既有行政职务又有其他出版计划,因此,1830年实际讲演的导言与这份手稿中写下的内容出入很大。我们根据最后那次系列讲演的记录稿得知,讲演一开始跟手稿贴合得非常紧密,但接着就引入了大量取自早期预备材料的或长或短的段落,而这份预备材料并无手稿存世。另外,手稿中有些段落在讲演中完全没有用到,还有一些段落则与讲演中相应的部分有所出入。最后一节"论世界史的进程"的手稿则与讲演大相径庭。① 因此,这份手稿有着全然有别于实际演讲的独立地位,而且就其文字质量和论述详尽程度来看,要优于其他所有记录稿。它突出地展现了黑格尔思想的辩证技巧和精微细致。②

[3]然而在多数情况下,我们不得不依赖记录稿。其中第一轮讲演课的记录稿最好,也就是1822至1823年冬季学期的讲演,记录人为格里斯海姆和霍托。格里斯海姆和霍托是黑格尔最可靠的记录者,他们记录了黑格尔在19世纪20年代中期关于各种主题的讲演。如果把他们的成果整合成一个"整体的"文本,正如我们翻译时所用德文版的编辑们所做的那样,我们便可以得到一个详尽可读的文本,这将最大限度地接近黑格尔实际讲述的内容。③ 这些

---

① 关于手稿和讲演的细节对比,参见 Walter Jaeschke,"Das Geschriebene und das Gesprochene:Wilhelm und Karl Hegel über den Begriff der Philosophie der Weltgeschichte," *Hegel-Studien*,44,Hamburg:Felix Meiner,2009,页13-44。耶施克认为,黑格尔实际讲演所参照的主要材料有可能来自已经遗失的其他材料,而非现存的手稿。

② 手稿材料收录于 *Vorlesungsmanuskripte II（1816—1831）*, ed. Walter Jaeschke,*Gesammelte Werke*,Hamburg:Felix Meiner,1995,页 xviii、121-207。

③ 文本占据了德文版521页的篇幅。编者们还选用了克勒尔(F. C. H. V. von Kehler)的部分记录稿。关于编者们所采取的方法,参见 *Vorlesungen über die Philosophie der Weltgeschichte（Berlin 1822—1823）*, ed. Karl Heinz Ilting, Karl Brehmer, and Hoo Nam Seelmann,*Vorlesungen:Ausgewählte Nachschriften und Manuskripte*,Hamburg:Felix Meiner,1996,卷 xii,页 vii-x、527-536。

讲演有几个显著的特点:在所有关于世界史哲学概念的讲演中,这些讲演蕴含着最为宏富的哲学论述,对东方世界的细致关注(占据了导言之后近乎半卷的篇幅),以及在论述国家的部分系统性地将地理确定为国家的一个基本特征。

黑格尔在1824至1825年、1826至1827年、1828至1829年、1830至1831年的冬季学期中重复做了这些讲演,这些课程每次都有记录稿,由此产生出为数众多的材料,这当中只有一部分可供出版。这位哲学家的儿子卡尔·黑格尔记录了最后那次系列讲演。根据他的说法,黑格尔在后期的讲演中倾向于减少哲学和抽象层面的东西,并扩充其历史材料,使得整个讲演更加通俗化。① 1830年的手稿开始试图逆转这一倾向。卡尔·黑格尔所记录的1830至1831年讲演最终将以德文出版,并伴以节选自1824至1829年间的记录稿。该书一经面世,这部分将作为英文版第二卷被译出。在此期间,我得到了一份由耶施克完成的打字稿,这份打字稿乃是基于卡尔·黑格尔的记录稿打出。布朗提供了一份试译稿,在接下来几章中,对这些讲演的引述将基于卡尔·黑格尔的记录稿页码。

[4]新的德文版和英文版最突出的特点在于,来源不同的材料被区分开来,作为各自独立的单元出版——以它们为基础的本书亦是如此。而在所有早期版本中,来源不同的材料都被整合进了

---

① 参见1840年德文第二版卡尔·黑格尔的序言,即由西卜利(John Sibree)在1857年译出的 *The Philosophy of History*, New York: Dover, 1956, 页 xi-xii。

一个统一的、编辑构建过的文本之中,这就破坏了原始文本的整体性和黑格尔的思想语境。由此造就了令人困惑的文本历史,但这是所有早期版本所共有的显著特征。① 可供本书使用的材料有:用作1822年和1828年讲演导言部分的手稿残篇,撰写于1830年的导言部分手稿,与1830至1831年讲演相关的"活页",以及格里斯海姆和霍托所记录的1822至1823年讲演——这些材料均收录在新出版的《世界史哲学讲演录》中;此外还有卡尔·黑格尔记录的1830至1831年讲演。② 新的版本既让我们的研究任务变得困难,也丰富了我们的研究。研究变得越来越困难,因为我们必须尊重材料来源的多样性;但这一版本也丰富了我们的研究,因为我们能够确认其来源,辨识黑格尔思想的语境,并领会这些思想如何伴随着时间的进程而日渐细致入微。黑格尔的世界史概念并没有发生过显著的变化,但他始终在尝试不同的组织和强调方式以及概念性的和隐喻性的表达方式。

事实上,也正是这种尝试性的特征使得讲演如此富于吸引力。我们在跟随一位站在讲台上工作的思想家。思考由言语得到表述,然后言语由听者书写下来,而听者从所听所忆中选取些什么写下来也是一个重要因素。近两个世纪之后,我们以考订版形式出

---

① 参见 *Lectures*,页6-10。1917年的拉松(Georg Lasson)本通过辨别手稿材料而做了部分修正,但手稿材料与记录稿混在了一起。

② 默认的材料来源为1830年手稿(M)和1822至1823年讲演记录稿(L),附以源自1822年和1828年手稿残篇的材料($M_{22/28}$)、活页以及1830至1831年讲演的记录稿(L_{30-31})。

版了这些记录稿和手稿,在我们所处的时空中与黑格尔一道开启思维的新旅程。这些思想重新焕发出生命:它们开始跃动、升腾;它们呈现出各种新的形态;它们呼唤着反思、批评和修正。正如早期的诠释者们所指出的那样,黑格尔著作的基本问题不是文本上的,而更多是哲学上的。① 我们如何看待他一面令人诧异地宣告——[5]理性(与之相伴的还有上帝)即是世界史的力量、本质、内容、目的,以及历史是自由意识的进程,一面又承认历史是暴力和罪恶统辖的领地、一个"屠宰场"? 我们如何看待黑格尔对世界史知识的掌握令人惊异地广博而细致,同时又要承认他那19世纪早期的欧洲中心主义偏见? 一项世界史哲学的计划是否真的有可能? 其不可避免的局限性会不会摧毁我们对自己的生命意义和自身的历史做一种全球性思考的前景? 每一项个体行动不都关联着一种无限的相互作用的语境吗? 在一个实现了全球即时共联和沟通的时代,这一点不是变得更清楚,以至于世界史也反讽式地变得比以往任何时代都更基础,但也更加难以达成了吗?

黑格尔的世界史讲演在学生中很受欢迎,因为这些讲演与黑格尔所思考的其他一切事物相关联。在1822至1823年的讲演之前,黑格尔将世界史放置在其法哲学著作的文本中,世界史在那里占据了他探讨国家的第三节和最后一节,而国家又是"客观精神"

---

① 参见 George Dennis O'Brien, *Hegel on Reason and History: A Contemporary Interpretation*, Chicago: University of Chicago Press, 1975, 页 6; Burleigh Taylor Wilkins, *Hegel's Philosophy of History*, Ithaca, NY: Cornell University Press, 1974, 页 18。

的诸多形式之一,即作为伦理生活(Sittlichkeit)的一个子范畴。①从这个角度来看,世界史在黑格尔的哲学体系中似乎扮演着一个较小但又有着重要意义的角色,主要是作为一种国家历史以及一种从客观精神到绝对精神的过渡。客观精神在绝对精神的诸形态之中找到了它的完成,而绝对精神诸形态则在国家的伦理生活中找到了其诸具体形态;世界史就是那个联结之点。这一主题在讲演中得到了细致阐述。从中可以清楚看出,这种联结事实上为整全提供了另一个开端,因为"历史"渗透在每一项人类行动之中,不仅包括法哲学的众多主题(法律、道德、伦理-政治生活),还包括精神哲学、艺术哲学、宗教哲学以及哲学本身的哲学。所有这些主题在《世界史哲学讲演录》中都有谈及,它们既出现在导言部分,也出现在详尽论述构成世界史进程的诸文化世界的部分中。但这些主题也相互独立,值得进行整体性的独立探讨。因此,世界史既是一个更大整体的一部分,就自由之历史来看,也是这个整体本身;[6]自由是精神在这个世界中的显著特征(或形态),也是《世界史哲学讲演录》中最突出的主题。在黑格尔的体系中,自由的历史本身就是一个主题,也与精神的其他局部历史(艺术、宗教、哲学)一道占据着相应的位置。

至于黑格尔究竟为何决定要作世界史哲学讲演,以及这部分

---

① 参见 Elements of the Philosophy of Right, ed. Allen W. Wood, trans. H. B. Nisbet, Cambridge: Cambridge University Press, 1991;其中,341-360节论述世界史。这些段落经过了高度浓缩,需要详尽的阐释才能让人读懂。

内容在其体系性的宏观架构中发挥着什么样的作用,仍旧是个疑问。法哲学中也有无数具体话题可以加以广泛讨论。然而,鉴于黑格尔自身思想中的历史性,历史有着其特殊的重要性,而且他也想要去回应那些在当时的争论中提出的种种与历史有关的问题。黑格尔也汇聚了数量庞大的历史材料,尤其是有关亚洲文化和宗教方面的材料,但也有关于希腊、罗马、欧洲历史的材料,他在世界史哲学的讲演中找到了谈论这些材料的出路。① 历史并非黑格尔体系的最终形式,它既不是一个附录,也不是什么超体系外的东西,更不是一篇大众化的导言。历史是透过自由意识进程的透镜所观看到的整全,它对于成为完整的人来说,和艺术、宗教、哲学一样不可或缺。

精神、形态、自由、历史——以及"上帝"

本研究借由黑格尔对五个主要概念或范畴的运用而展开:精神、形态、自由、历史、上帝。在此对这几个范畴作一个概要性的阐述,以作为下文导引。这几个范畴彼此牵连,并且在一定程度上相互定义。最后一个范畴,也就是"上帝",在一开始可以放置在引号中,因为须得按照黑格尔重构这一范畴的方式去理解这一范畴。

---

① 黑格尔在 1822 至 1823 年的历史哲学讲演中第一次详尽地阐述了这些材料。此后,他将这些材料应用在宗教和艺术哲学讲演中,并对其做了不同程度的强调。

"上帝"("绝对者""理念""绝对精神""自在自为的存在""真正的无限者")一词在文本中频频出现,但其意涵有待澄清。我将试着在最后一章给出一种解答。

我将从精神(Geist)一词开始。黑格尔告诉我们,

> 世界史是理性且必然的世界精神进程。世界精神就是精神本身,是历史的本质,是一种本性[是]唯一且同一的精神,世界精神的本性在世界的定在①中得到详尽的阐释。(M 142)

"精神"可见于下列几个层次:作为个体的人类精神(Geist),[7]作为民众、民族或是国家的精神(Volksgeist),世界精神(Weltgeist),绝对精神(absoluter Geist)。② 因此,对黑格尔来说,精神是一个流动的、多层次的概念,精神表述了有意识、有理性、自我反思且相互关联着的存在者的突出特征。存在既是属人的也是属神的,既有限又无限。上帝不是一种存在,不是众多存在之一,而是存在者之存在,是一切存在者的本体论基础。然而,这一基础的本性要求它在人类伦理生活的"紧密的"共同体中实现出来,因为上帝(那个三位一体的上帝)是绝对的主体间性(*inter*subjectivity)。上帝既是主体又是本质,而其属神的本性则以具体存在的方式,在这个世界之中将自身"阐释"为具有多样性的具体形态。这种阐释即是黑格尔所说的"世界精神"。Weltgeist[世界精神]就是absolu-

---

① [译注]"世界的定在"的德文为 Weltdaseyn,英译者将黑格尔的 Daseyn(现代拼写为 Dasein)译作 existence。凡此情形,汉译均作"定在"。

② 参见 *Lectures* 的编者导言,页 13,注释 26。

ter Geist[绝对精神],但不是自在自为的绝对精神,不在其概念性的自我联结中,而是作为在这个世界中存在和活跃的东西。我在此所作的论断有些超前,只能稍后再加以捍卫。

  此处的主要论点在于,Geist[精神]总是需要 Gestalt[形态、形象],而 Geist 所独有的 Gestalt 则是 Freiheit[自由]。Gestalt 这一概念在黑格尔的哲学中出现得比较早。在《精神现象学》中,他将意识必须经历的阶段描述为 Gestalten des Bewußtseins,即"意识的诸形态"。① 一种"形态"或"构造"(Gestaltung)指的是,在世界之中展现为一种结构或形式并占据着特定时间和空间的东西。在历史世界中,形态是某种借由人的思考和行动从现有的材料中"雕塑"②出来的东西;形态是一种为历史所特有的确定性;正是形态使历史区别于逻辑和自然,但又使得历史同逻辑和自然相互关联。形态是一种历史存在,不是一种原子式的单元(unit),而是一种双重的或多重的统一体(unity)、一种"个体性的整体"(individual totality)或一个有机体。德语的 Gestalt 意指按照某种模式或形象对某一显现着的事物或者现象的不相干元素作出安排,或者将它们"放置在一起"(ge-stellen)。黑格尔在《法哲学原理》中讲到,从根本上来说,概念中的规定性要素是"理念",它们披上"定在"(Da-

---

  ① 参见 *Phänomenologie des Geistes*, ed. Johannes Hoffmeister, Hamburg: Felix Meiner, 1952, 页 74、75。

  ② 英语的 shape 一词借由盎格鲁-撒克逊语的 sceap 可以追溯到一个印欧语词根,意为用尖锐的工具切、雕、刻。

sein)的外衣,作为一种"成系列的形态"出现在历史之中。①

[8]这些形态便是*自由诸形态*。黑格尔用这一表达来描述通向世界史的哲学路径:

> 不熟悉有关自由之自我发展的形态(sich entwickelnden Gestaltens der Freiheit)的思想,引起了一部分指责。它们是鉴于所谓的先验特征和把理念带入[历史]材料中的做法,针对一种通常以经验方式保持自身的科学[历史]所作的哲学考察提出来的。(M 197)

如果真的要作出这样的评断,预先熟知历史及其经验材料借以评估的原则就很必要。"自由之自我发展的形态"便是这些原则之一,这一短语是将世界史进程刻画为一个整体的一种方式。说形态是"自我发展的",即是说形态拥有一种内在的目的,而非单纯依靠历史的外部偶然事件。

在上面所引述的段落中,"形态"(shape)一词用的是单数,而黑格尔更常说的是"诸形态"(shapes),因为历史是一个不可穷尽

---

① 参见 *Elements of the Philosophy of Right*, § 32,页60-62。关于"形态"或 Gestalt 这一概念,参见我的早期著作 *God in History: Shapes of Freedom*, Nashville: Abingdon, 1989,页83、84、206、207。受歌德影响,黑格尔将 Gestalt 这一范畴引入自然哲学,意指一种作为"整全个体"而出现的物理构造,并且在生物之中展现为一种"动物有机体"。他后来将这一范畴应用到他的意识理论中。正如历史自身一样,意识展现出一种逻辑性的结构,但它的根本仍然在自然之中。参见 *Hegel's Philosophy of Nature*, trans. A. V. Miller. Oxford: Clarendon, 1970, § § 130、353-356,页160-178、357-380。

的进程,其表现形式为复数。"指引"历史的理念必须在人类精神要素中或者作为人类自由之理念来考虑。

> 自由不过是理念自我产生的一种方式,第一次按照它的理念成其所是。这种产生呈现在一系列的伦理形态(eine Reihe sittlicher Gestalten)之中,其结果便构成了历史的进程。(L 25)

黑格尔解释道,历史中的诸形态的概念不同于自然中的类属。在他看来,自然是一个多层次的不变的等级体系,而精神则永远朝着一个新的阶段推进。

> 精神的领域不同于自然的模式,因为精神所要攀爬的各阶段的阶梯以及掌握其概念所需的辛劳明确了这一点:概念通过扬弃和改造早先的、较低的阶段来推动自己前进……一种新的形态作为先前的、低级的原则的变形出现,这就证明,一系列的精神形态诞生在时间之中。(L 39)

[9]在世界史中,我们看到不同的形态在时间上前后相继;同样地,我们也看到它们在空间上永久地相互并立在一起(L 40)。在空间上,不同的形态"漠不关心地"相互并立在一起,这意味着它们并未联结为一个有意义的系列,而是有着一种独立的必然性。然而,许多形态已经消逝,不再具有空间上的存在,故而任何对形态的探讨都必须留意世界史的特异性。例如,古希腊的精神已经消逝了,而中国却继续葆有稳定的空间性存在。古代文明——尤其是亚洲文明——的重生,似乎是黑格尔不曾预料到的一种可能性。

正如黑格尔指出的那样,构成历史进程的伦理形态就是自由诸形态。此言不假,虽然古代文明中的自由事实上都以不同的方式受到压抑和限制。直到在近现代的欧洲世界,自由才得以完全实现。但自由在一开始便存在着。无论在什么地方,只要伦理生活产生了,并由此促成了人类历史,自由也就在场了。自由内在于人性之中,然而要使之具有意识,还需要一番努力,而要防止自由被其他力量颠覆,则需要一种持续不断的斗争。自由的进程需要一种在精神方面"长期且艰辛的"操劳(M 153)。对自由(Freiheit)实际之所是——一种在他者之中并通过他者的自在存在(a being-present-to-self-in-and-through-another),后文将在适当的时候加以探讨。对黑格尔来说,自由是一种基本的社会现象,而非个体性的任意(Willkür)。

至此,我已经触及了精神、形态、自由的概念。我还没有谈到历史,对上帝也谈得很少。现在我就转向黑格尔对"历史"一词的具体规定。在此提及一点,或许能有所助益:对黑格尔来说,只存在一种历史,亦即精神的历史。从绝对精神、世界精神、民族精神直至个体精神,尽数被囊括在其中。并不存在什么截然区分于世界史的"救赎史"。如果救赎与和解出现,那么它们就发生在世界史之中。黑格尔确实提到过上帝的"绝对历史"(L 58),或者"永恒的神圣历史"。[①]

然而,所谓"内在的三位一体"并不是神圣历史本身,而只是神圣历史的永恒出发点。神圣历史在"经济上的"或"尘世的三位一

---

① 参见 *Lectures on the Philosophy of Religion*, ed. and trans. Peter C. Hodgson et al., 3 vols., Oxford: Clarendon, 2007, 卷三, 页 186、187、327、328。

体"中展开自己——这便是上帝在自身之中的过程,[10]继而外化或者从自身之内走向显象,再由显象回到一个被丰富过了的"精神"统一的过程。一种动态的过程已经暗含于内在三位一体之中,这个三位一体是上帝的前时间性,并且在逻辑上严格自我关联,但这一过程只有在尘世的三位一体中借由一种叙事才能成为历史。在这种叙事中,上帝化为肉身,受难并死去,并被升格到精神的共同体之中。这种绝对精神的历史在艺术、宗教、哲学、自由的局部历史中发展起来,成为精神在时间中的主要形态(它们各自又分化为许多次级形态)。这些便是世界史哲学的全部主题。在这种意义上,可以恰如其分地说,在黑格尔的整个体系之中,逻辑之后便是历史哲学(不仅仅是"客观精神"结尾的几段话)。① 由于其内在的活力,甚至逻辑也是原初-历史性的;而"永恒的神圣历史"(尘世的三位一体)则是人类历史的基础。

但这定然不是历史学家所关注的那种"历史"。黑格尔是最后一位伟大的、体系化的历史哲学家,因为这一事业本身受到了挑

---

① 参见 Walter Jaeschke, "World History and the History of the Absolute Spirit," in *History and System: Hegel's Philosophy of History*, ed. Robert L. Perkins, Albany, NY: State University of New York Press, 1984, 页 101-115, 尤参页 103、106-110。由于逻辑毫无疑问是精神,而自然是将自身外化了的精神,二者也可以被视为"历史的"。然而,"自然历史"与精神历史全然不同,而逻辑则是一个单纯的概念联结过程,"生成"(Werden)在其中期待着 historia[历史研究]。世界史才是真正的精神历史。[译注]关于"客观精神"中涉及历史哲学的段落,参见黑格尔,《哲学科学百科全书Ⅲ精神哲学》,杨祖陶译,北京:人民出版社,2015,页 310-324,"世界历史法"一节。

战,有关哲学的正统任务的共识和正统历史方法的共识业已崩解。威尔金斯(Burleigh Taylor Wilkins)观察到,在黑格尔去世后,

> 马克思主义者要求哲学停止理解世界的尝试,而代之以着手改变世界;一些实用主义者和存在主义者要求哲学对个人需求作出更多的回应;实证主义者和一些日常语言哲学家要求哲学家放弃对世界现象的理论化,去做概念分析,不论是科学概念还是日常语言中的概念。①

至于历史学家们,他们坚持认为应当在没有任何预设的前提下研究历史,只将注意力集中在经验性材料上。对任何论题的条理化都必定是严格的人文科学或社会科学。在黑格尔所处的时代,他已经注意到这样的态度,并对此作出了回应。

此外,还有一点需要在此提出,以将其作为初步探讨历史和上帝的一部分。[11]黑格尔本人并未将作为历史的一部分的艺术、宗教、哲学视作连续性的,以至于艺术和宗教如今都被抛在身后,现时代是一个信奉对人的绝对自我认知的时代,是一个上帝已死的时代。自由诸形态不会以这种方式发展,而是作为绝对精神的完全实现。这种绝对精神消亡,成为抽象的超越,并重生为悲剧性的、受难的上帝。② 但

---

① Burleigh Taylor Wilkins, *Hegel's Philosophy of History*, Ithaca, NY: Cornell University Press, 1974, 页 16。

② 参见 Jaeschke (1984), 页 109-110、112 及 Robert R. Williams, *Tragedy, Recognition, and the Death of God: Studies in Hegel and Nietzsche*, Oxford University Press, 2012。

是,当今绝大多数黑格尔学者都援引前一种解释,尽管这种解释对理解黑格尔的形而上学或本体论神学观点并没有什么用处。① 这样的观点确实存在,但在黑格尔的世界史哲学中并不占主导地位。虽然舍弃这一观点后,大部分文本也能得到理解,但我的论点是,舍弃这一观点便很难将这部作品视为一个整体。这部作为整体的作品,要求自身在基础信念缺失的条件下仍然站得住脚。我并不是在一种贬损的意义上使用"本体论神学"(ontotheology)这个术语,而不过是描述一种提出本体论主张的神学。对黑格尔而言,神圣的存在者并不是一个至高无上的存在或巨大的实体,而就是精神本身,精神是内在关联的、流动的、构造世界并拥抱世界的。这是一种"非基础性的基础"。②

修史模式

叙事与事件

在1822年和1828年的讲演中,黑格尔以探讨历史编纂的式样

---

① 参见例如 Oscar Daniel Brauer, *Dialektik der Zeit: Untersuchungen zu Hegel's Metaphysik der Weltgeschichte*, Stuttgart–Bad Cannstatt: Frommann–Holzboog,1982,页167-171。拜泽尔(Frederick C. Beiser)、平卡德(Terry Pinkard)、皮平(Robert Pippin)、泰勒(Charles Taylor)等人持有类似观点,威廉姆斯的书对此有讨论。

② 参见下文,页155。[译注]作者在注释中提及的本书页码均为原书页码,即译文[ ]中的页码。

或类型开篇。这一讨论在其他年份的讲演开篇并未出现,在那些讲演中,他似乎预设了这些编纂类型的区分,直接从世界史的一般概念(在内涵上接近第三种类型,即哲学的世界史)开始。我们所拥有的 1822 年和 1828 年讲演的手稿残篇实际上书写于 1828 年,但也是从一本较早的(但现已遗失的)笔记本中抄录而来,那个笔记本是为 1828 至 1829 年讲演的注释部分做准备而用的母本。[12]尽管如此,手稿除页码附注外,在内容上与 1822 至 1823 年讲演的开篇部分一致。手稿只涉及前两种历史编纂类型,即原始的历史学和反思的历史学。为了作完整的探讨,我们不得不依靠 1822 至 1823 年讲演的记录稿。

然而,在转向这一讨论之前,我们应当留意黑格尔在所有系列讲演中都作出的另外一种区分,这一区分对于何为"历史"这一问题至关重要。他在 1822 年和 1828 年的手稿中写道:

> [历史学家们]将那些仅仅是发生过的且外在性地存在的事物转置到理智表象的领域之中,并用自己的术语来阐释它们。首先,[曾经有]某种存在者(existent)——如今则是某种理智的和表象的东西。

在一个页边注中,他区分了 historia[历史探究]和 res gesta[既往事迹]:

> 当历史学家们第一次拥有了一份历史记录,一个民族真正的客观历史就开始了。($M_{22/28}$ 121–124,含注释 5)

这一区分在 1830 年的手稿中有详细的阐释：

> 在我们的语言中，"历史"（Geschichte）一词兼具了主观和客观的方面，既表示 historia rerum gestarum［对既往事迹的研究］，也表示 res gestae［既往事迹］本身，即既表示历史叙述（Geschichtserzählung），也表示事件（Geschehene）、行动以及发生的事情本身——严格意义上来说截然不同的方面。这两种意义的统一应当被视作从属于一种高出外在偶然性的秩序：我们必须假定，历史叙述与实际的历史行动和事件同时出现，一种内在的共同基础驱使着它们一道运作起来。（M 192；另参 L 3、123）

严格说来，这两个面相"截然不同"。"历史"既是完成的事物，也是对完成的事物的描述。但这种区分一旦作出就是有效的了。外在地发生和存在过的事物必须被转置到"理智表象"（geistige Vorstellung）的领域之中，并且确实需要用该领域的术语加以阐述。这种阐述采用一种故事、叙事或是将回忆起的事件编入一个有意义的连续模式之中的形式；否则，我们就只有杂乱无章的事实，而没有 historia［历史研究］。历史确实有一种经验性的根基，但历史必须被表象。一旦历史得到了表象，它也就被转置了。这一区分似乎是逻辑上的，而非时间上的：一旦历史中的实际行为和事件发生了，历史叙事也就产生了。

驱使二者运动的"内在共同基础"不过是人本身，不过是一个民族的精神。这一点借由一条关于印度人的评注得到加强。黑格尔说,一个民族必须能够以一种历史的眼光看待自己的过去,[13]以驱散偶然和善变,从而建立起一种可靠的自我意识。他认为印度人并未成功做到这一点,因而写道:

> 由于印度人没有主观意义上的历史,所以他们也没有客观意义上的历史。恰恰是因为印度人没有 historia [历史探究],他们没有真正的历史。(L 211、212)

这一论断反映出黑格尔对印度的偏见,但他的主要论点在于,既往事迹(res gestae)依赖于主观历史(historia)。这也可以被视作黑格尔对历史性地被给予这一神话的部分攻击,这种观点认为,材料先于或独立于我们的认识官能而即刻被获取。① 我将在讨论哲学的世界史之时回到这一问题。

然而,对事件和叙事的逻辑区分很重要。历史性叙事并不是虚构性叙事,前者关乎业已完成的事物,而非头脑中想象出来的事物。对历史来说,实际所指之物至为重要,而对虚构作品来说,所指之物纵然"真实"也是出自想象。历史和虚构的叙事结构往往非常接近,但是读者会意识到事实和虚构之间的差别。事实发生在转瞬即逝的瞬间,除了那一瞬间之外,事实被铭记而非被直接经验到。记忆已然牵涉到某种形式的意识,但记忆还不是叙事,叙事是

---

① Burleigh Taylor Wilkins, *Hegel's Philosophy of History*, Ithaca, NY: Cornell University Press, 1974, 页 20—24。

在记忆事实的基础上建构起来的一种描述。①

在黑格尔写作的时代,关于"史前史"的知识还非常少,这是人类生活并留下文化创造物但还没有文字记录的数千年历史。仰赖考古学的研究,我们对于这一时期的知识呈指数级增长,以至于谈论人类早期历史成为再正常不过的事情。但黑格尔并不会将这样的知识视作"历史",在他看来,历史必须是一种有意为之的人类产物。

原始的历史学

黑格尔将书写历史的方式区分为三种:原始的历史学、反思的历史学、哲学的历史学。黑格尔为何要作这样的区分,他想要借此表达什么意思,这只有仔细阅读文本才能弄清楚。[14]黑格尔并没有对这一系统化的意图做充分的澄清,也没有解释反思的历史学的四个细分部分之间的联系。但它们都代表着事件与叙事之间、事件的发生与历史学家之间的深层区分的不同样态。

根据塞尔曼(Hoo Nam Seelmann)的研究,黑格尔在1822年和1828年准备这份材料的时候有四个系统性的意图。首先,他并没有像在其他三次系列讲演中那样从现有主题的哲学概念入手,而是从该主题在人的发展中的自我意识之表象入手。因此,前两种方式乃是一种历史编纂的现象学。其次,黑格尔区分了三个科目:

---

① 参见 Paul Ricœur, *Time and Narrative*, trans. Kathleen Blamey and David Pellauer, 3 vols., Chicago: University of Chicago Press, 1984, 1985, 1988, 2-3 部分。

历史编纂(原始的历史学)、历史科学(反思的历史学)、历史哲学。再次,历史哲学被证明是一种更高形式的反思,但它并未削弱前两种方式的独立性及其成就,事实上是将二者囊括进了自身之中。最后,这三种方式建基于一种系统化的逻辑结构:一种原始的或直接的统一(在事件与诠释者之间);分离与批判性反思;在一个更高的、经过调解的层次上重新确立的统一。塞尔曼指出,这是作为整体的黑格尔哲学思想的基本结构。①

"原始的历史学"(ursprüngliche Geschichte)一词有双重含义:既指历史编纂本身的起源——在这一点上黑格尔主要锁定在希腊,也指原始的或直接的、统一的逻辑结构。原始的历史学是由希罗多德、修昔底德这样的历史学家们书写的,他们亲眼见到、亲身经历并活到了自己所描述的部分事件之后。通过构建一种叙事性的以及诗歌式的说明(historia),他们将原本只是发生过的、外在地存在过的(res gestae)事物转置到理智表象之中。去这样做的恰恰是历史学家,他们从飞速流逝的瞬间中形塑出一个整体,从而赋予逝去的事物以永恒,给予它们"比生长于其中的转瞬即逝的土壤更为高贵、肥沃的土壤"。

然而,原始的历史学家们所着眼的,不过是那些多半与他们处在同一时代且属于他们自己那个世界——那个他们自己作为参与者、领导者以及创作者的世界——的事件。他们创作的演说辞所

---

① Hoo Nam Seelmann, "Weltgeschichte als Idee der menschlichen Freiheit: Hegels Geschichtsphilosophie in der Vorlesung von 1822—1823", doctoral dissertation, University of Saarland, Saarbrücken, 1986, 页 8、9。

表达的乃是自己所熟悉的观念,[15]如此一来,他们就能很好地表现讲话者的意图。这样的历史学家被淹没在材料之中,未能摆脱材料而去反思材料。他们坚持直接的方式,没有思考自己通过将事物转置到表象之中实际上完成了什么。他们为自己的民族书写了"圣经",即奠基性的文献,借此向我们提供有血有肉的鲜活材料。他们所提供的材料并非全然未经加工,历史编纂就是据此而开始其工作的。这种直接的写作方式不仅仅出现在古希腊,而且以注释、编年史、回忆录的形式贯穿于历史。① 事实上,根据古代中国的历史记录,历史编纂绵延了四千余载。这些记录极为精细,我们既可以将之归入 res gestae [既往事迹],也可以将之归在此处所谓的 narratio rerum gestarum [对既往事迹的叙述] 之中(L 122-124)。在今天,报纸和网络提供了一种原始历史学的样式。

反思的历史学

反思的历史学(reflektierende Geschichte)超出了单纯出现在作者眼前的事物的范围;它所描绘的事物不仅出现在时间中,也出现在精神的生命之中。反思的历史学包括我们通常所称的历史学家们写下的一切。作者带着自己的精神接近材料,这种精神似乎有别于内容本身的精神;一切都取决于作者应用在内容上及其书写风格中的准则和表象原则($M_{22/28}$ 129、130)。在这一阶段,事件并

---

① $M_{22/28}$ 121-129。相同的材料以略有差异的形式出现在 L 3-7。这两组文本有助于读者比较手稿与记录稿。关于原始的历史学,亦参 Seelmann, "Weltgeschichte",页 10 和 Wilkins, *Hegel's Philosophy of History*, 页 28-30。

不只是简单地被叙述出来,同时也在历史学家们的头脑和精神中得到了反思。这种反思是一种主观的过程,尚未达到历史本身的真正客观性。

黑格尔将反思的历史学区分为四种类型:普遍的、实用的、批判的、殊化的(或抽象的)。他为何选择这几个范畴,它们之间如何相互关联,仍然是个谜。1822 年和 1828 年的手稿只详细论述了第一种类型,即普遍的历史学,手稿在开启实用的历史学这一主题之后随即中断了这一论述。[16]至于其余的类型,我们不得不仰赖 1822 至 1823 年讲演的记录稿。

普遍的历史学($M_{22/28}$ 130–135)与原始的历史学最为接近,但也与之相区别。普遍的历史学由对一个民族、一个国家,甚至是对世界整体的考察组成,是对原始的历史学家的叙述以及其他资料的汇编。反思的历史学家试着去描绘他所要书写的时代的精神之时,通常既生动又详尽。我们聆听到的往往是作者自己的精神,他对细节的描述则带有一种程式化的性质。黑格尔对比了原始历史学家珀律比俄斯(Polybius)和汇编历史学家李维(Titus Livius)。我们并不比李维更能将自己整个活生生地转置到过往的时代中去;因此,这就像我们仰慕希腊并觉得其生活方式与我们相契合,却不能真正地与希腊人共情或感同身受。在 1828 年修订注释时,黑格尔提到了兰克(Leopold von Ranke,$M_{22/28}$ 134 注释 25),将他作为一种历史学家的范例。这种历史学家致力于汇编个人的特性,并以一种忠实、逼真的方式加以描绘。黑格尔对兰克并没有太高的评价,在他看来,兰克所提供的不过是一种了无趣味的琐屑,很少或并不涉及政治关怀与普遍目的。①

实用的历史编纂学(L 9-12,参照 $M_{22/28}$ 136、137)的崛起是因为精神无论何时去处理过去那遥远的、经过反思的世界,都发现自己需要一种当下的满足。实用的反思是一种激活过去的方式,并且以一种伦理教导的形式将过去带入现在。然而,"最糟糕的实用的历史学家莫过于那种像业余心理医生一样去处理伦理问题的人"。这样的问题以及伦理原则的实例通常被视为历史研究的根本目的。"然而,民族的命运和国家的倾覆发生在一个不同于道德的层面上,[那]是一个更高更广的层面。"每个时代的性格都是独特的。因此,

> 历史和经验表明,总体说来,各民族并未从历史中汲取教训。每个民族都生活在如此独特的境况之中,必定要基于,并且将来也会基于这样的境况作出决定,只有伟大的人物才知道如何找到在这些境况下的正确道路。(L 10)

从这个角度来看,实用的历史学具有误导性。然而,从另一个角度来看,实用主义(pragmatism)可以成为黑格尔所说的那种理性的历史学(verständige Geschichte)。[17]这类历史所关注的焦点不在于事件的外部面相,而在于事件的连续性和目的。它描述的是一种理性的整体性利益,譬如一个国家、一套制度框架或者一次冲

---

① 后来,兰克成为黑格尔历史哲学有力的批评者。关于兰克,参见本书,页 18-20。

突。在此,历史学家所反思的是一个民族如何成为一个国家,国家的诸目的何在,为了实现真正的利益需要什么样的机构,以及在历史中什么样的需求在起作用——这一需求乃是基于历史所关乎的那一事件(die Sache)。黑格尔说,一般的历史学家不得不提供这种实用的历史学。① 然而,这类历史学家所使用的方法乃是基于知性(Verstand),他们不能较好地抓住历史事件(Sache)的内核,而是停留在表面描述和主观解释上。

批判的历史学(L 12、13)所考虑的是历史编纂的历史以及对历史性叙事的批判性评价。尼布尔(Barthold Georg Niebuhr)的《罗马史》(*Römische Geschichte*)为这样一种路径能够达成什么提供了一个范例,法国历史学家也是如此。但是主导着黑格尔时代德国历史学家们的绝大多数高等批判②都"摒弃了历史的土壤",而代之以"最为武断的表象、背离、幻想、组合"。除了尼布尔,不清楚黑格尔在作此批评的时候心中想到的是谁。尽管如此,批判的历史代表着反思的历史学在其进程中的另一个阶段。

最后,有一种抽象的或特殊的历史(L 13、14)作为一种向着哲学的世界史的过渡。至于何以是这样,并没有得到充分的阐述。黑格尔称之为"一种普遍性视野中的特殊历史",并以艺术、科学、

---

① 实用主义的积极面相只在手稿($M_{22/28}$ 136、137)中得到了详尽阐述,不见于讲演记录稿。

② [译注]在19世纪的圣经批评中,"高等批判"(higher criticism)指的是对圣经的历史考证,与"低等批判"(lower criticism)相对,后者指圣经的版本学和文本校勘。

政体、法律、航海的历史作为范例。这些历史都是基于特定的主体而书写的,提供了丰富的细节,但是只有与作为整体的国家或作为整体的历史相联结,这些历史才说得通,而作为整体的历史或许能也或许不能在特殊的历史中得到清晰的展示。

看到反思的历史学的子类型再现出原始的历史学并预示着哲学的历史学,我们或许能在一定程度上开始理解黑格尔是如何思考的。奥布莱恩(George Dennis O'Brien)提出了下述有趣的解释。① 实用的历史学带着对当下意识的兴趣,以一种更为复杂的扮相退回到原始的历史学,并居于一个理想的层面。[18]从客观性扩张的普遍的历史学到主观性收缩的实用的历史学的偏移,其结果是,原本素朴地融合在原始的历史学之中的两极——事件本身与历史家的叙事——如今已被带入意识之中,但仍未得到解决。由此构成了第一种三连体(triplet):原始的-普遍的-实用的。紧接着,第二种三连体登场了:批判的-抽象的-哲学的。这一三连体运用理智对历史问题的意识,以获取历史的或哲学的成果。批判的历史学家从叙事而非事件中攫取成果;描述是物质性的证据,而描述本身则成为事件。

现在,观念性的(ideational)材料(精神的产物)成了首要的素材。批判的历史学的问题在于,它可能会变成纯粹主观的东西,并

---

① George Dennis O'Brien,*Hegel on Reason and History:A Contemporary Interpretation*,Chicago:University of Chicago Press,1975,页 16-26。我认为奥布莱恩的解释很合理,因为他的解释表明了反思的历史学的四个子类型如何与一个更大的辩证结构相连。

且对历史学家的幻想和学术上的突发奇想敞开大门。因此,也就需要一种从单个探索者的意识形态视角到对观念的一般历史考察的扩展。这种扩展最初发生在一个民族的历史中基于特定主题的专门史里,如艺术史和科学史,但它只有在"整个内部联系"成为探究的主题时才能完成。这便是哲学的世界史所做的工作。其视角为 Vernunft[理性]与 Verstand[知性]的对立,这便是实用主义的运作方式,并且事实上也是作为一个整体的反思性的运作方式。知性无法在不破坏差异的前提下去设想,如何将判然有别的实体融入到一个活生生的统一体中;知性无法把握同一与差异、部分与整体、有限与无限、特殊与普遍、主观与客观。对同一与差异的把握是思辨理性的洞见,思辨理性所获得的不是单重的而是双重的映照:①用对象映照出意识,也用意识映照出对象。

黑格尔简要提及了与之同时代的尼布尔(1776—1831)和兰克(1795—1886),这为他对反思的历史学的赞赏和批判提供了一个良好的说明。年轻的兰克于 1825 年进入柏林大学,加入了系里所谓的"历史学派"——这是由尼布尔、萨维尼(F. C. von Savigny)、艾希霍恩(J. G. Eichhorn)、弗里德里希·施莱尔马赫(Friedrich Schleiermacher)组建的——而黑格尔则居于"哲学学派"的核心。这两个派别之间本来就有些紧张,而历史学派在 1827 年阻挠黑格尔进入著名的科学学院(*Akademie der Wissenschaften*),至少加剧了

---

① [译注]mirroring[映照]是 mirror[映照,镜子]的分词形式,源自拉丁文 mirare[惊奇,凝视]。

这一紧张。作为反击,黑格尔建立了自己的机构——科学批判社(*Die Societät für wissenshaftliche Kritik*)。[19]据说当兰克的名字被推荐给黑格尔时,黑格尔回应道:"他不过是个一般的历史学家(das ist nur ein gewöhnlicher Historiker)。"①

在前一注释所引的文章中,拜泽尔(Frederick C. Beiser)审视了黑格尔与兰克之间的关系。兰克成为黑格尔世界史哲学最有影响力的批评者,他认为黑格尔的历史路径称不上是一门"科学";他似乎由此而永久性地影响了历史学家们对黑格尔的看法。拜泽尔指出,尽管有这样的批评,但黑格尔和兰克其实在科学的历史上有几条核心原则是彼此一致的:批判、无偏见、归纳优先于演绎,乃至"个体性"在历史中的重要性。他们都拒斥为启蒙主义所青睐的实用的历史编纂学,这种历史编纂学强调历史的道德引导作用。但是两人是从不同的哲学视角出发而展开工作的,尽管他们毫无疑问都分享了一种共同的观念论遗产。二者的差别是认识论和形而上学层面的。在认识论上,兰克是康德(Immanuel Kant)和雅各比(F. H. Jacobi)的追随者。他接受了康德关于理论知识界限的批判;因此,黑格尔所谓的"普遍的世界史"就必须是一种规范性的而非概念上的理想(ideal),一个可以接近但绝不能达成的目标。他还接受了雅各比有关具体存在(concrete existence)的直觉洞见之价值的学说,以及雅各比以信仰取代关于上帝的知识和上帝的目的

---

① 参见 Frederick C. Beiser, "Hegel and Ranke: A Re-Examination," in *A Companion to Hegel*, ed. Stephen Houlgate and Michael Baur, Oxford: Blackwell, 2011, 页 332-350, 尤参见页 343、344。

的做法。费希特即是兰克所谓的一位哲学式的历史学家之典范。兰克将黑格尔看作一位把先验范畴加诸历史的费希特式哲学家;而黑格尔则视兰克为一位反思的历史学家,尽管兰克有着对上帝的个人信仰,但他永远也无法达到哲学的世界史——理性的现实知识和历史中的上帝。在形而上学层面,兰克脱离了黑格尔的有机整体论,给予个体以本体论上的独立性。个体并非从对一种伦理共同体的参与中寻得其身份(identity),而是在自由选择的能力中寻得,这种自由不被管辖自身的法律妨碍。通过接受康德-费希特式的超越性的自由概念,兰克成为黑格尔批判的靶子,后者批判他将任意(Willkür)作为一种扭曲形式的自由。①

[20]但是这些认识论和形而上学上的差异在黑格尔 1828 年的手稿残篇中并未谈及。兰克在那里作为反思历史之"普遍"形式的范例被提及。兰克正确地洞察到,通常的历史研究过于抽象干瘪。但为了补足这种倾向,他将细节堆积起来,以至于人们最后迷失在其中而无法抓住整体。黑格尔将兰克的罗马史和日耳曼民族史与司各特②的小说作了对比,暗示这样的叙事最好留给小说家而不是历史学家($M_{22/28}$ 135)。在一种比较宽泛的意义上,兰克应该会同意黑格尔所说的,即历史并不是简单地确认事实、精于细节。黑格尔对兰克提出了一种内在性的批评:他并没有达到自己理想

---

① 同上,页 339、340。
② [译注]沃尔特·司各特(Walter Scott),英国历史小说家、桂冠诗人,其历史小说大量取材于英国史和欧洲史。

中的统一性——兰克本人及其批评者后来也承认了这一缺陷。①因此,普遍历史不过是一个辩证过程中的一个环节,必须穿过其他反思的历史学形式而最终进入哲学的历史学。

尼布尔被视为反思的历史学之"批判"形式的一个范例。批判的历史是为历史之历史,是对历史性叙事的批判性评价。同样地,黑格尔对尼布尔的罗马史著作提出了内在性的批判。尼布尔以及其他批判的历史学家将各式各样主观任意的表象和幻想读入历史之中;例如,尼布尔认为,一部罗马史诗中提及的一个原住民民族也发现于罗马历史的开端(M 142,含注释 11;L 12)。② 因此,批判的历史必须超越单个探索者的偏见,进入一种理念性的、更为一般的历史之中。拜泽尔总结道,黑格尔对兰克和尼布尔的论战性反驳表明,他本人对历史学派所提出的方法论问题异常地敏感。③ 他并没有否定"一般的"历史学家所做的那类工作,而是论证了在他们论述事件与叙事、对象与意识的根本差异时会出现多少种疑难;这些疑难在思辨的路径中得到了解决。

---

① 同上,页 344、345。

② 同上,页 345、346。在 1830 至 1831 年的讲演中,黑格尔在谈及罗马世界之时数次提到尼布尔。他说尼布尔关于意大利民族的论文与罗马民族的历史毫无关联;之后他宣称,尼布尔对农业法所作的区分是"无稽之谈"。(L_{30-31} 297、323、324)

③ Frederick C. Beiser, "Hegel and Ranke: A Re-Examination," in *A Companion to Hegel*, ed. Stephen Houlgate and Michael Baur, Oxford: Blackwell, 2011, 页 346。

哲学的世界史

[21]关于哲学的世界史,黑格尔有两种形式的详细阐述:在1822至1823年讲演中,它是历史编纂的第三种方法(L 14-24);在1830年手稿中,它是"世界史的一般概念"(M 140-151)。由于上下文的差别,还是分开讨论更为有益。

1822至1823年的讲演。哲学的世界史与前一类型的历史(亦即专门的或抽象的历史)相连,因为它专注于一种普遍——不是一种特殊的普遍事物,而是一种实在的普遍事物。

> 这种普遍是指引事件的灵魂,是墨丘利,是个体灵魂、行动、事件的向导。理念是各民族和世界的向导;精神指引着世界,而我们想要了解的正是这种指引。(L 14)

这种普遍是"无限具体且全然当下的",因为"精神永远保持在其自身"。这一精神原则显现在各式各样的个体民族精神之中,但它们合起来构成了"那个世界精神的整体性"——绝对精神的历史的、世俗的样态(configuration);它们并立为一种"必要的连续阶段"。在一个精神之网上,一切事物都相互联系着。正因为其绝对性,精神之网不是抽象的,而是全然具体的,与每一存在实体联系着(L 14-16)。黑格尔的绝对并不是孤立的、超验的,而是将自身消散("赦免")于各种联系之中。

要熟悉这些联系,我们必须辨识并了解它们。相应地,知识需要思想。"精神最深邃的层面是思维,其最高级的活动是领会自身",这一活动多半只是在思考关于确定的事物时间接达成的。然而,一旦精神把握住了自身,它就经历了一种死亡,必须走向一个新的阶段,一个不同的世界史时代。高级的原则便是这样产生的,这个世界也正是这样朝着一个看似不断后撤的目标推进。精神认识到自己的界限,被迫提升到一个更高的阶段,以寻找一个新的问题和新的解答:"世界史的任务就是展现这一事物生发于其中的那个母体。"它的关注点不在于个别场景和情形,而在于这一切都发生在其上的精神之网(L 16、17)。

哲学的世界史的三个主要范畴已经被指出。一个范畴是变化或改变(Veränderung),紧跟着方才所说的与精神相关的事物而来。民族和国家兴起,存留片刻,然后消失无踪。这一层面"能够唤起深切的感伤,这种感伤在人们观看古代杰作的遗迹之时尤其容易被唤起"。[22]这种感伤并不是针对逝去的个别事物,而是针对"各个民族,一种文明过后的衰落和毁灭。每一个新的阶段都建立在过往的遗迹之上"(L 18)。

第二个密切相关的范畴是新生命的创造和出现。黑格尔将之描述为东方形而上学的根本理念(radical idea),新的生命实际上出自死亡。这一理念可以在对灵魂转世和不死鸟(phoenix)形象的信仰中发现,在供火葬使用的柴堆中,不死鸟从自己的灰烬里再度升起。但是这一形象只适用于自然的躯体,而不能用在精神上。"西方的看法则是,精神并不只是以回复青春的方式出现,更是得到了提升、改换了容颜。"精神不是回复到相同的形态,而是通过自身的努力提升到一种新的、更高的形态。因此,简单变化的概念成为了精神的概念,"将自身的力量散布各方"。提升和转换的观念被基督教的复活形象捕捉到了,尽管黑格尔并未在此处提及。在这一文本中,黑格尔强调的是精神始终是活动着的,它产生结果,将其耗尽,再提升到新的形态。其活动的结果是多层次的、含糊不清的,因此在历史中没有一个简单的线性过程,也没有作预测的可能性。"有时,现象的显现照射出美和自由;有时,力量,即便是堕落的力量,也创造出统治和权力;有时,积聚一个人所有的力量只产生出微小的成果;有时,一个微不足道的事件却造成了极其深远的影响。"历史是人类精神色彩斑斓的产品,饱含着所有的苦难和夺目的光彩(L 18-20)。

第三个范畴的导入源自对这一切事件的意义以及对历史斗争的"巨大代价"的终极目的的追问。黑格尔写道:

> 我们面临着这样的问题,在[历史]喧闹嘈杂的表面显象(surface appearances)背后,是不是就没有一种内在的、静穆的、隐秘的劳作,这种劳作将一切现象(phenomena)的力量汇集起来并且从中获益——这一切都是[为此]而发生的。这便是第三个范畴,即理性的范畴,在自身之内的一个终极目的的概念……真理就在于,在发生于各民族的事件中统治着自身并独自完善着自身的,正是这样一个终极目的,由此才有了世界史中的理性。(L 21)

在这一环节,真理必须已经被预设;这一真理的证据将会在实际处理世界史时找到。我们必须追问的一个问题是,黑格尔的论述是否在事实上提供了证据。我们将会发现,真理的问题很少浮现出来,[23]对此所作的证明仍不清晰。事实上,黑格尔说,哲学的世界史与其说是对现身于历史中的理性的一种"证明",毋宁说是一种"显露"。这一证据由对理性本身的认知提供,而理性本身主要出现在逻辑中(L 21)。

在历史中,我们发现了那"一个原像"(Urbild)的"映像"(Abbild)。原像是在历史中自证的理性,悄无声息,而映像却是真实地出现在各个历史民族之中,伴随着他们的斗争和辛劳。黑格尔由此作出了著名的评断:

> 为了认识历史中的理性或为了合乎理性地认识历史,我们毫无疑问需要具备理性。因为我们怎样看待历史和世界,理性也就怎样看待我们……历史是空的,当人们还不具备理性和精神的时候,我们从历史中是学不到什么东西的……一个人必须事先知道什么是合乎理性的。没有这种知识,我们就无法[在历史中]寻找到理性。(L 21、22)

黑格尔认识到了我们现在所谓的"诠释学循环"。所有的知识都是一种循环,在某种意义上,要想开启认识的进程,就需要某些先验的预设。如果我们不带着理性上路,那就得带着别的东西——或许是对机遇和偶然的假定,或许是对支配人类活动的社会心理规律的假定,又或许是自然科学解释的假定。规律和解释当然是理性的一种形式,但并不是黑格尔的思辨理性,思辨理性还蕴含着本体论神学的弦外之音。

在讲到如果不带着理性概念上路时,黑格尔明确了这些弦外之音:"那么我们至少必须具备信念——对历史具有一种真实的因果性的信念,以及对理智和精神并未将自己交付给机遇的信念。"(L 145)就像理性本身一样,信念告诉我们:"精神的世界没有被上帝摒弃,一种天意和终极目的统治着历史。上帝统治着这个世界。"因此,"上帝"就是理性的一个神学密码;而黑格尔所关注的那种理性则有一个神学的指示对象,它既不是作为一种最高存在,也不是作为一个宏大的实体,而是作为存在在质的层面上的唯一来源,作为彻底的关联性的无限本质或主体,创造并统治世界,在世界之中受难并死去。这就是人们所说的"天意的安排",但他们在具体地阐述这一安排、探究其如何运作时却犹疑不定;他们像看待上帝的存在本身一样,将上帝的天意看作是"不可捉摸且无穷无尽的"。

至此,我已侵入到将要在第五章讨论的主题,具体说来也就是关于上帝的知识、上帝的天意以及上帝的正当性(神正论)。[24]目前只要说出这一点就够了,即黑格尔以一段有力的陈述结束了其在1822至1823年讲演中对哲学的世界史的论述,这段陈述让人联想到亚里士多德:

> 因此,我们的任务就是考察世界史并探究其终极目的。这一终极目的就是上帝关于这个世界的意愿所向。为了这一目的,一切都被献祭在了这个世界祭坛之上;这一目的是有效

的东西,是使人振奋的东西。我们从这个目的知道,它是最完善的东西,且是上帝意愿着最完善的东西;只有它本身能够是上帝希望有的东西,并且能够是跟上帝一样的东西,即上帝的意志。上帝的意志同它没有差别,我们在哲学上把这个东西叫作理念。在此,我们必须撇开宗教的表述方式,必须以思维的形式理解概念。(L 24、25)①

世界的终极目的、上帝的意志、上帝自身、理念——这些范畴都分析性地彼此关联着,为我们提供着在世界史之中的关于理性的知识。

1830年的手稿。1830年的手稿与1830至1831年的讲演一样,都直接以世界史哲学这一概念为开端。黑格尔说,他的意图在于哲学地"对待"历史,这意味着以思维的方式沉思历史。人不过是在思维着的存在,而思维囊括了他们全部的所作所为,包括其对历史的研究。但批评家说,谈及历史,思维应当被归给那些存在着的东西,即被给予的东西。他们相信,哲学将自身的思想导入了历史之中:"哲学并不让历史保留其本来的面貌,而是按照思想组织历史,并先验地建构出一套历史。[据说]历史只需以纯粹的方式把握当下和过往的事物,即事件和行动。"(M 139)

---

① 黑格尔在《哲学科学百科全书》的结尾(§577)引用了亚里士多德《形而上学》$1072^b 18-30$;参见 G. W. F. Hegel: *Theologian of the Spirit* (ed. Peter C. Hodgson, Minneapolis: Fortress, 1997) 页153、154 的译文。[译注]原书在引用或提及亚里士多德著作时均未指明具体版本,而是按照通行学术标准给出贝克尔码,任何现代语言的学术译本均附有此页码,以供查证。

我们由此认识到,这里的问题与黑格尔在1822年和1828年讲演中所谈及的问题相类似,即事件与叙事的关系;但史学史这一部分被省略了。

对于认为哲学将自身的思想导入历史的批评,黑格尔写道:

> [哲学]带来的唯一思想是关于**理性**的真纯思想,亦即理性支配世界这一思想,因而世界史是一个理性的过程。从历史本身来看,这种确信和见解是一个**预设**的前提。在哲学自身之中,这并非预设的前提:借由思辨认识的方式,**理性被证明**——在这里,我们可以暂时采取这种表述,[25]而不用进一步探讨其与上帝的联结和关系——是实体和无穷的威力。[理性]本身[就是]一切自然生命和精神生命的**无穷的材料**,也是**无穷的形式**以及这种形式的内容的实现。[它是]实体,一切现实性都凭借这实体且在这实体之中有其存在和持存。[它是]无穷的威力,因为理性不是如此无能,以致仅仅将现实性的存在和持存带到理想和道德应然的层面……[它是]无穷的**内容**,即一切本质性和真理,包括它们自身和它们的材料,理性将其交给它的能动性去加工……理性靠自身过活,它自己就是它加工的质料。正如理性就是它自己的前提、目的、绝对的终极目的,因此,它本身就是活化和生成,由内在性进入显象——并不局限于自然宇宙,还包括精神领域——进入世界史。唯有这样的理念是真的、永恒的和威力无比的。这样的理念在世界中显现,除了这理念及其尊严和荣耀,没有什么

东西在这个世界中得到揭示——这便是……在哲学中得到证明的东西。(M 140、141)①

这"唯一的思想"被证明是一种大胆的思想。理性(以及"上帝")是无限本质和无限力量——这种力量构成了"它凭借自身的活动而运行在其上的材料"。它既是无限的本质,也是无限的主体(能动性[agency]),二者共同构成了"绝对精神"。绝对精神使得自然和精神世界朝向最高目的或目标,这是它自己的尊严和荣耀。黑格尔指出,这一预想事实上更多是一种对整全的历史的"概览",是他将要着手探索的结果。在对世界史本身的考察中所显明的是,"一种理性的进程已经出现在其中,世界史是世界精神的理性的、必然的进程"。世界精神(Weltgeist)便是历史的那一本质和主体。在其逻辑的或前时间性的面相中,它是绝对精神(absoluter Geist);其历史的形态包括民族的或种族的精神(Volksgeister)以及个人的精神(Geister)。这一切既是预设,也是历史的结果本身(M 141、142)。这一预设和结果,这种"思辨性认识",可以被描述为黑格尔的元史学(metahistory);不论承认与否,每个历史学家都有一种元史学的视角。②

---

① 这一构想与黑格尔在《关于上帝定在的证明的讲演》(*Lectures on the Proofs of the Existence of God*, ed. and trans. Peter C. Hodgson, Oxford: Clarendon, 2007)中所作的证明相似,其相似性将在下文第五章讨论。黑格尔在1829年夏季学期讲述了那些证明,这恰好是他写下1830年手稿的前一年。那些证明将上帝确立为无限本质、无限力量、无限形式(或主体)。

② 参见 Hayden White, *Metahistory: The Historical Imagination in Nineteenth-Century Europe*, Baltimore: Johns Hopkins University Press, 1973, 章2。

[26]黑格尔为他的论断提出了一个经验性的验证。历史"必须被如其所是地对待;我们必须以一种历史的、经验的方式去推进"。他并没有详尽地阐释这一主张,而是对比了自己的观点与职业历史学家们将"先验的虚构读入历史"的做法——例如,声称历史开始于直接来自上帝的一种天国般的完善知识和洞见。如其所是地对待世界史能否在事实上产生出一种信念,即一种理性的进程就诞生于其中——尤其是黑格尔所强调的那种思辨理性,自这些文字被写下来起就一直争论不休。黑格尔同意,人们应该"准确地"理解历史,但"准确"和"理解"这两个词是含混不清的。他解释道:

> 即便是一般的、中人之才的历史著述家,他认为……自己仅仅是在专注于既定的东西,鉴于他的思维,也不会是被动的,他带着自己的范畴,并通过这些范畴看待现有的东西。真理并非流于感性的浅表层面;对待任何东西,尤其是应当具有科学性的东西,理性不能心不在焉,反思(Nachdenken)必须得到运用。谁理性地看待世界,世界也就理性地看待他;二者存在于一种交互式的关系之中。(M 143)

在此,诠释学循环又被引了出来,这一论点与1822至1823年讲演中的论点相似,但是细节有所区别。这里引入了"反思"的范畴,这表明了神秘主义传统对黑格尔哲学的影响——一种理性的神秘主义或"赫尔墨斯主义"。① 理性的范畴并不仅限于人为构建的科学(自然的、社会的、心理的等等),还必须有一个在感官的浅表层面之下的深层维度。此外,世界和理性存在于一种"交互式的关系"之中,这意味着理性必须被带入世界并在世界之中被找寻到。

黑格尔没有再拓展这些评议,而是引入了关于信念的两个要点:理性业已统治并将继续统治世界。前苏格拉底哲学家阿那克萨戈拉是第一个提出努斯(nous)统治着世界的人。努斯意指一般意义上的知性或理性;[27]努斯被表述为自然法则,而非自我意识的理性这种意义上的理智,因而不是精神本身。正如苏格拉底所发现的那样,从这个角度来说,努斯是一个有缺陷的概念,但它成为哲学中的一个统治性原则,这与将一切归结为机遇的伊壁鸠鲁主义观念形成了对照。那些在我们看来是出于机遇的事物,实则是精确完善的自然法则作用在特定事例上的结果。相对于自然事件来说,历史事件的问题更为复杂,在这里起作用的是自由而不是自然因果性,不过黑格尔在此并没有就这一主题做进一步的探究(M 144、145)。在此,他转向了第二个要点,亦即"宗教性的真理:世界并未将自己交付给机遇以及外在的、偶发的原因,而是受到天

---

① 参见 Glenn Alexander Magee,"Hegel and Mysticism," in *The Cambridge Companion to Hegel and Nineteenth-Century Philosophy*, ed. Frederick C. Beiser, New York:Cambridge University Press,2008,页 253-280。《秘义集成》(*Corpus Hermeticum*)是一部乞灵于众神使者赫尔墨斯之名的古代诺斯替主义文本汇编。在 L 14,黑格尔提到赫尔墨斯的拉丁名"墨丘利"。"诠释学"一词也来源于赫尔墨斯之名。

意的指引"。"神圣天意乃是有着无尽的威力去实现自身目的的智慧。"这是一种运行在自由人类活动之中的智慧,但它如何做到这一点以及天意意味着什么,是后面几章的主题。黑格尔以关于知识、启示、上帝的正当性(神正论)的附带讨论结束了这一节,我将在后面回到这几个主题(M 146-151)。

评价和批判。在能够提出的几个关于哲学的世界史的问题中,有两个特别值得注意。在此我只作简要的提及:(1)说理性支配或统治世界史是什么意思?(2)黑格尔的思想能否严格地用人文术语来阐释?

第一个问题可以通过反思最近发生在美国历史上的一次悲惨事件(在我开始撰写这些文字之前几周发生的一个事件)得到论述。2011年1月8日,一位精神失常的持枪者在一场刺杀行动中重伤了众议院议员加布里埃尔·吉福兹(Gabrielle Giffords),该议员正在参加亚利桑那州图森市一家本地超市主办的名为"国会在你这边"(Congress on Your Corner)的集会,另有六位参加集会的人员被杀害。死者中有一名美国地方法院法官和一位9岁的女孩,女孩名叫克里斯蒂娜-泰勒·格林(Christina-Taylor Green),邻居兼友人苏珊·希尔曼(Suzi Hileman)一早陪她外出观看"民主在行动"(democracy in action)。这一事件可以"解释"为由一系列原因将各种条件汇集在一起而产生的致命的、极其可怕的时刻:持枪人显然承受着未经治疗的精神疾病的痛苦,受间歇性暴怒的驱使;联邦和地方法律让枪支的获得过于容易;精神卫生治疗的优先级很低,几乎不存在;近来的政治演说充斥着暴力形象;物理、化学、生物学的法则像往常一样在运作;个人所作的自由的(即便是"受动机驱动的")选择将他们聚集在一起。

[28]虽然这一事件可以在这种意义上被理解为"理性的",但在这里所要展现的是理性的悲剧性和非理性层面。这并不意味着这样的事件是由上帝的意志或统治世界的理性造就的结果。在世界上起作用的原因多种多样——质料因、动力因、形式因、目的因①,但只有目的因表述的是一种目标或目的。统治着世界的理性是一种目的性的因果性,它"巧妙地"同惯常统管世界事件的强力作斗争。它还充当着一种诱饵、一种依靠个体力量寻求自身实现的理想,这是精神性的力量,而不是物理性的力量。伤口复原之后,希尔曼女士接受了一次采访,谈论了她的痛苦。她和克里斯蒂娜过去一直在谈论美国的代议制,以及克里斯蒂娜本人如何能够在某一天成为一名代表。转眼之间,一切都发生了变化(她猛地一拍手以示说明)。她说:"我不过是一个把一位小姑娘带到商场的女人,对此我并不感到内疚。我对发生的事情感到难过,但我不觉得出现在那里有什么错。事情的发生与我和克里斯蒂娜,与我们为什么在那里没有半点关系。"她们为什么在那里与历史的目的有关——上帝对这个世界的意愿,人类自由之理念——而这个目的不会因为枪击而停止。她们的特殊目的参与到了终极目的之中。在历史中,我们看到的只是一种"样貌",而不是目的本身。终极目的将会建立在这一令人震惊的事件的残存物之上,这是由于人们反

---

① 关于亚里士多德的原因范畴及其在黑格尔的世界史哲学中如何发挥作用,参见 George Dennis O'Brien, *Hegel on Reason and History: A Contemporary Interpretation*, Chicago: University of Chicago Press, 1975, 页 45-47。

省他们自身的道德,反思一位有着美好前景的姑娘出生在"9·11"事件当天,死于一场民主运动,意味着什么?一位老妇人得以再度发出自己的声音,受伤的女议员能够努力从严重的脑损伤中恢复过来,这又意味着什么?即便国家不能改变其关于枪支、战争、暴力的谬见,或是反转其文化死亡的螺旋桨,终极目的仍将胜出。

第二个问题的答案乃是,黑格尔的世界史哲学确实可以用人文术语来阐释,但这种术语并非严格的或排他的人文术语。平卡德(Terry Pinkard)在一篇令人钦佩的文章中给出了这样的阐释,① 他以此代表了这一时代即便不是绝大多数也是相当多的黑格尔研究者的观点。[29]他的论证如下。历史考察的不是自然规律,而是 Geist[精神]在时间中给出的有关自身的各式各样的阐明,亦即对"人之为人究竟意味着什么"的相互对立、判然有别的阐释。这需要对事实的经验性研究,但人还要认识到有某种必然性即自由的逐步实现在历史发展的原则中起着作用。在历史中,我们遇到的不是一个纯粹的理性(逻辑)空间,而是被限定的理性、一种相互承认的复杂社会结构。对理性的承诺是一个更大的承诺体系的一部分,但在理性之外,没有什么东西可以为其声明负责。历史的逻辑导向了自由的现代提升,自由作为现代生活的最高准则,同时也确实是这整个故事的结局。我们无需向天意或自然祈求外在性的指引。差遣我们的并不是天意或自然,而是我们自己,亦如那些形

---

① Terry Pinkard, "Contingency and Necessity in History: Rethinking Hegel," in *Die Weltgeschichte—das Weltgericht: Stuttgarter Hegel Kongreß* 1999, ed. Rüdiger Bubner and Walter Mesch, Stuttgart: Klett-Cotta, 2001, 页95-118。

塑了各式各样的自我诠释并将其强塞给我们的人,而我们过去就是据此为生的。绝对者并不是绝对本质或绝对主体,其本身乃是纯粹的否定、一种自我决定的历史活动,这便是作为主体的含义。历史的宿命便是如此,它既不遮蔽偶然,也不阻止倒退的发生。黑格尔自己的视野难免褊狭,而历史的进程依然敞开着;然而在现代性(modernity)中,关于生活以及欧洲文明在一种新近出现的世界文明的多元性中所处的偶然性地位,我们有着一种前所未有的、难以逾越的自我意识。这一切似乎都是我们的历史宿命。对于我们为何走向这样的宿命,并没有进一步的解释。

一种人本主义的诠释是可能的,因为黑格尔能够而且必须被阐释为这样三个层次:历史-人文的、伦理-社会的、本体-神学的。[1] 尚不理解最后一个层次的人仍旧从前两个层次寻求资源。这解释了拜泽尔所说的"令人困惑的黑格尔复兴":[2]

> 如果我们的学术具有历史准确性,我们面对的是一个对形而上学抱有深切关怀的黑格尔,这将与不信任形而上学的当代哲学文化精神格格不入。[30]然而,如果我们继续以一种非形而上学的方式来阐释黑格尔,我们就不得不承认,这样的阐释更

---

[1] 参见 Alan Patten, *Hegel's Idea of Freedom*, Oxford: Oxford University Press, 1999, 章 1 和 Rudolf J. Siebert, *Hegel's Philosophy of History: Theological, Humanistic, and Scientific Elements*, Washington, DC: University Press of America, 1979。

[2] Frederick C. Beiser, "Introduction: The Puzzling Hegel Renaissance," in *The Cambridge Companion to Hegel and Nineteenth-Century Philosophy*, 2008, 页 1-14, 尤其是页 6-9。

多的是一种基于我们当代兴趣的构建,而非真正的历史学派……我们越是基于我们的立场并且按照我们的兴趣去诠释历史人物,就越会造成时代倒置,把现在强加给过去;但我们越是从他们的立场出发来诠释他们,就越会陷入一种古物学研究之中,就好像任何历史事实就其本身来说都是有趣的一样。

拜泽尔的解决方法如下:

我们还需要提出强有力的辩护,以便将我们自己的当代哲学兴趣搁置在一旁,并且在黑格尔所处的历史语境中去检视他。在这种情形下,我们将黑格尔的立足点重构为一场致力于过去的对话。

我对这一解决方案的反驳是:如此一来,留给我们的黑格尔就是一个不折不扣的老古董,他那形而上学的内心世界无法参与我们的当代对话。一种更好的解决办法则是,承认黑格尔本人将历史-人文的、伦理-社会的层次整合进了本体-神学的层次,而后者可以在一种当代理解中得到恢复。这就需要承认,黑格尔曾经致力于一种针对传统而作出形而上学断言和神学断言的重建工作,他以此对现代哲学和神学作出了深远的贡献。[1] 由于缺少现代神学方面的

---

[1] 有关黑格尔的重建工作,参见他在逻辑科学中的"预备性概念",《小逻辑》(*The Encyclopaedia Logic*, trans. T. F. Geraets, W. A. Suchting, and H. S. Harris, Indianapolis: Hackett, 1991), §§ 19-78, 页 45-124; *Lectures on the Philosophy of Religim*, 卷一, 页 83-184。

历史知识,平卡德和拜泽尔这样的批评者裹足不前。当平卡德说,无需"向天意祈求外在性的指引",或者天意一直在"差遣着我们",或者当他认为精神严格说来是人为的产物时,神学家就会感到尴尬不安。这类语言所暗示的是一种静态的神学,它总是与一种超自然的因果性或是一种直接介入人类和历史事务的、至高无上的存在密切相连。这不是黑格尔对天意的看法,关于黑格尔的 Geist[精神]并非一维的这一点将在接下来的章节中作出论证。问题在于这三个层次如何相互依赖,以及如何在不损害每一层次的完整性的前提下将它们整合在一起。若是没有这第三个层次,我们就只有这一偶然性的事实:人类业已达到某种自我诠释,然而我们缺少用以应对历史中蕴含的深刻悲剧性的资源。能说的就是这么多,人们应当尊重这么说的人,他们说的可能是真的;但这不是黑格尔本人的观点。

第二章　历史与自由意识的进程

[31]1822 至 1823 年讲演的导言部分论述的是"世界史的概念"。1830 年的手稿在一定程度上与早期讲演彼此一致,但是两份文稿的组织方式并不相同。下面对这一差异作概要性阐述。

1822 至 1823 年讲演以探讨"论述历史的方式"开始,这在 1830 年手稿中并未出现(而是出现在 1822 年和 1828 年的手稿残篇中)。作为核心的第二个部分是由"人类自由之理念"组成的,以编织经纬线的意象为开端,接下来便是论述作为内在自由且对自身显现的精神概念。第二部分继续讨论精神概念的发展(历史的"开端""进程"以及"终结");该部分以一种对初始意象的扩展作为结束,展示了精神是如何在人的激情与神圣理念的交织中实现的。第三个主要部分论述"国家的本性"(包括国家与精神以及自然或"地理"的关系),最后以"世界史的划分"结束。

1830 年的手稿分为三个主要部分:"世界史的一般概念""精神在历史中的实现""世界史的进程"。这一概要表明了这三个部分的内容如何对应于 1822 至 1823 年讲演中的相关要素。手稿的第三部分"世界史的进程"骤然中断,并且与 1830 至 1831 年所作讲演的记录稿中的内容全然不同。其后的讲演继续讨论了"世界史与地理"和"世界史的划分",但它不是作为导言本身的一部分（如在 1822 至 1823 年讲演中那样），而是作为一个附录出现在导言和"东方世界"开篇之间。

[32] 两个版本的导言

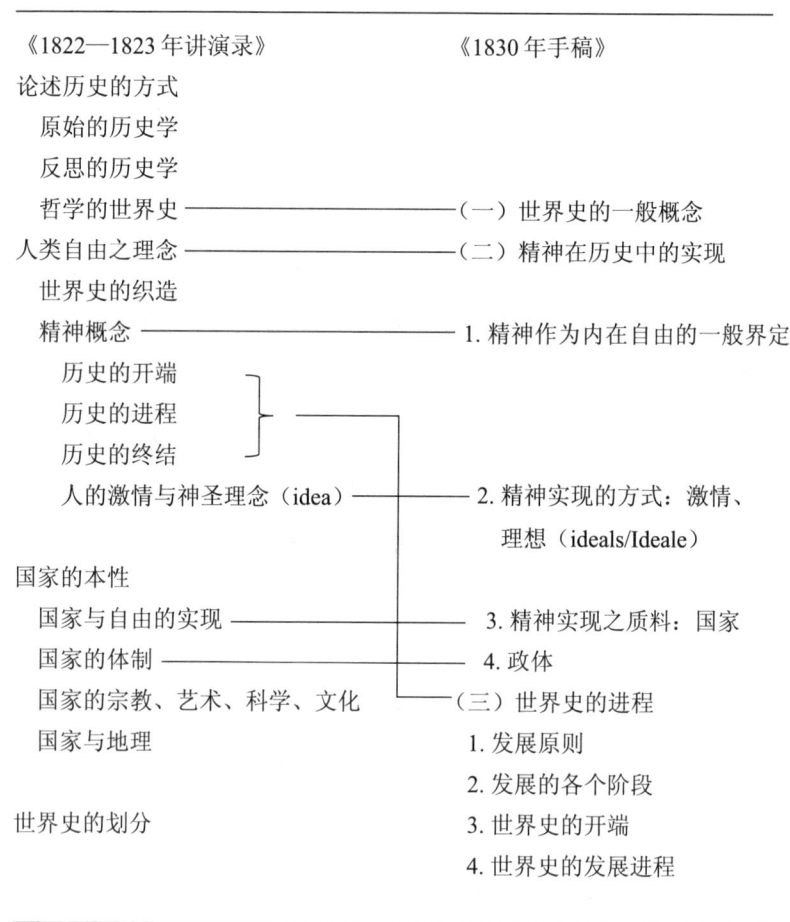

在本章的论述中,我把取自两份材料的内容结合在一起,加以组织安排。怀特(Hayden White)认为,对黑格尔来说,历史领域可以理解为一种双重的结构。① 作为一种共时性结构,它考虑的乃是将历史构筑为自由之实现的那些要素。[33]这就包括黑格尔在手稿第二部分提出的主题:作为自在地自由的精神的定义、精神实现的手段(激情和理想)、精神实现之质料(国家和体制)。这里的核心问题在于,在表面的混乱(激情、自私自利、暴力、受挫的计划和项目)之下有着一个目的。作为一种历时性结构,历史遵循手稿第三部分论述世界史进程(在该作品的主要部分作了详尽的阐述)之时对精神发展的各个阶段的阐述。前文的纲要表明,这两层结构交织在一起,"发展"这一主题被插入在精神概念与精神通过激情和理想的相互作用而得以实现之间。每种组织方式都有其优点,我们不能确定无疑地说黑格尔偏爱的是1830年手稿中的结构。1822至1823年讲演的主要优点在于,能够更加充分地论述国家以及国家同精神产物(宗教、艺术、科学、文化)和自然地理(被视作国家所必不可少的一部分)之间的关系。不管怎么说,在黑格尔的思想中,历时性与共时性的维度、目的和发展都交织在一起,因为历史既包含着"自由意识"又承载着"过程"。这便是本章的主题,论述的材料既取自1822至1823年的讲演,也取自1830年手稿。第三章论述作为精神实现之质料的国家,绝大部分细节取自1822至

---

① Hayden White, *Metahistory: The Historical Imagination in Nineteenth-Century Europe*, Baltimore, MD: Johns Hopkins University Press, 1973, 页118-122。

1823年的讲演;第四章总括该著作主体部分中的世界史进程,材料主要取自1822至1823年的讲演,但在适当的地方也附带性地参考了1830至1831年的讲演。

第五章将引入怀特并未提及的第三种结构,可以称之为超时性。所谓"超时性",并不是指一种非时间性或无时间性,而是指在一种对时间的强化意义上的超越了时间的东西,正如"超现实"(surreal)意指一种对现实的强化。超时性是一种更为原始和无限的时间性,时间的各个维度(过去、现在、未来)在其中是彼此内在的(coinhere),不会消散到同一性之中。① 这便是黑格尔所谓的上帝的永恒历史,它为目的和发展提供了一个深层的维度。这三层结构表现了时间和历史的不同面相,三者的交互作用产生出一个三维的整体。[34]黑格尔是第一位将时间性和历史性引入自身思想构造之中的伟大哲学家。

作为自在地自由的人类精神

1830年手稿(以及讲演)。黑格尔以精神"自在地"是什么这一抽象定义作为开端,即精神即"自由"。根据这一定义,他直接导入了有关自由意识的三种模式的讨论,这三种模式均出现在历史

---

① 参见 Martin Heidegger, *Being and Time*, trans. Joan Stambaugh, Albany, NY:State University of New York Press,1996,页416,注释13。

中,亦即一个人(one)是自由的、一些人(some)是自由的、所有人(all)都是自由的——这一主题将在本章第二节中讨论。黑格尔继续指出,精神对于自身自由的意识"业已被宣告为精神的具有自身规定性的理性"。理性的自由是精神世界的宿命;而且,由于自然世界从属于精神世界,这便是世界作为一个整体的终极目的。但是这一自由还没有得到界定,易于受到各种误解和偏离的影响。这样一来,自由主要关乎个体的自由选择,或是在历史的开端就已完全显现。他还指出了"自在存在的原则与现实存在的东西之间的无限差别的重要性"(M 152-154)。

在手稿中,黑格尔并没有对自在的精神概念作出界定,但是他在1830至1831年所作的讲演中这样做了。① 他在那里说道:精神的对立面是物质,物质的本质是质量,而精神的本质则是自由。一切精神的属性只有借助于自由才能持存,自由是精神唯一的、真正的品质。物质有重量是因为它的重力朝向一个外在于自身的引力中心。在被重力吸引着朝向中心的过程中,物质寻求自身的一体性(oneness)、理念性(ideality),这与它实际之所是正好相反,物质在那里是分散着的。与此相对,精神在自身之内有自己的中心,并不在自身之外去享有一体性。精神存在于自身之中并且在其自身。②

---

① 参见 M 152,注释 30,那里指出了手稿中缺失这部分材料。
② [译注]"在其自身"的英文为 present to itself,对应的德文为 Bei sich selbst;下文的"在其自身的存在"(being present to itself),对应的德文为 Bei sich selbst seyn。

> 这种在其自身恰恰就是自由,因为在我并不独立的时候,我把自己同一个不是我的他者联系在一起,没有一种外在[于我]的东西,我就不能存在。在我向自身显现之时,我是自由的。精神的这种在其自身的存在就是**自我意识**,就是精神对其自身的意识……精神认识到它自己,[35]这就是精神自身的原初分化(das Urtheilen)。① 精神成为它自己的对象,并且为其自身而存在——这便是自由的特性。物质的特性则是脱离自身并寻求统一。($L_{30\text{-}31}$ 10-11)

精神之轻与物质之重这一对比很有启发性。精神被拉着向内,朝向自己的精神性内核,而物质被引力②拉着向外,朝向物质性的内核。但精神的内核不是简单的同一性;那是一种"原初分化"、一种精神与精神的内在关联性,存在(presence)与自我意识就是由此构成的。精神是一种社会现象、一种自在为他的在其自身的存在(being-with-self-in-and-for-another),而不是一个自由选择的孤立原子。黑格尔将后者称为 Willkür[任意],而不是 Freiheit[自由]。在他看来,自由选择是一种以自然的话语思考自由的方式。就黑格尔的伦理生活概念和国家概念以及他对私人化或特殊化的

---

① [译注]作者将 Urtheilen 一词拆开,译作"原初(ur-)分化(theilen)",而没有按照这个词的通常用法译作"判断"。

② 引力是黑格尔所处时代已知的一种自然力量,此外还有电力和磁力,而将它们结合在一起的核力直到 20 世纪才被发现。

批判来说,自由的社会性均有着深刻的意涵。① 我们记得,精神是多维度的,它同时是个体精神、社会精神、普遍精神;只有这三个维度相互作用时,自由才能完全实现。绝对精神是精神世界的核心,与太阳系的引力相对;但这一核心是动态的,是内在复杂、外在相连的,因此它在各民族和国家中表现为世界精神,在个体精神中表现为自我意识。

黑格尔在1830至1831年讲演中继续说道:

> 世界史是对精神抵达意识自在地所是的方式的展现……精神必须首先抵达自由这个节点;它在一开始并不知道自己是自由的——两千五百年的辛劳第一次将它带到了那个节点上。(L_{30-31} 11、12)

至此,讲演记录稿与手稿再度重合,阐述了自由意识的各个阶段。这种辛劳还远没有结束,在对自由的阐明方面还留有进一步的任务;由于永恒常新的压迫和误解,这是一项永无尽头的任务。

[36]1822至1823年讲演。黑格尔在早期的讲演中引入了自由概念,认为"我们必须思考人类精神要素中的理念,或者更准确

---

① 帕滕(Alan Patten)在 *Hegel's Idea of Freedom*(Oxford:Oxford University Press,1999)章1、4对自由与伦理生活(Sittlichkeit)之间的联系作了阐述。他说,黑格尔拒斥对自由所作的这两种常识性理解:"能够做自己想做的事"和社会契约论。社会契约论将个人假定为自主的单元,并且通过订立契约以达成某些目的。相反,在黑格尔看来,自由只有在社会政治有机体中才能获得其现实性。这种有机体巩固了个体性,却没有破坏个体性。

地说,人类自由之理念"。这个理念便是绝对精神或上帝,但我们是在人的自由要素或伦理生活中考察它。

> 自由不过是理念在其中产生出自我的方式,自由第一次按照自己的概念成其所是。这样的产生过程呈现于一系列伦理形态中,其结果构成历史的进程。(L 25)

对伦理形态的指涉意味着自由在其自身的概念中有着一种主体间性的或社会性的维度,正如意识自身一般。黑格尔写道:

> 就我是自我意识而言,我具有意识。这就是说,我认识一个对象。因此,就我在此中认识到我自己是另一个确定的、可能的东西而言,我只认识一个外在的对象,所以我在此中是认识我的规定,我不仅是这个或那个东西,而且是我所认识的东西。这就是说,我认识到,我所是的东西即使对我来说,也是一个对象。我认识我自己与我认识一个对象不可分割。(L 26)

将人类自己作为他们自身的对象恰恰消除了人类的直接性,并且将人类区别于动物。动物遵从感受并且有着寻求直接性满足的冲动,只有人才会思考。思考的冲动将真实的事物转置到人类自身之中,作为某种普遍的和理想的事物。这样,人类便能阻断感官的冲动并控制它们。接下来,人类就能让自己转向目标,转向普遍的事物。"最无边无际的普遍事物是无拘无束的自由。人类可以将这自由设定为他们的目的或目标",这反过来把他们造就为自主自愿的存在(L 27-29)。这种转置并非即刻完成,而是经过一种中介活动,在这种中介活动中,人出离自身,否定自身的直接性,回到他们自身。"因此,精神不过是凭借自身的活动而造就自身。"我们不应把这一过程描绘为这样一种图景,即从一个地方离开再回复到先前的位置,因为这样的图景假定了主体是在先的东西。事实上,黑格尔说:

> 正是这第二个面相,即回到自身之中,第一次构建了主体,构建了现实的东西、真的东西;换言之,精神只是作为它的结果而存在,而非作为单纯起始的、直接的东西而存在。这便是整个世界史的指导原则。(L 30)

黑格尔用种子的意象来阐述这一原则。种子既是开始也是结束,既是果核也是果实。一株植物由一粒种子长成,[37]结出果实,再成为一株新植物的种子。正如一株植物不会再给自己授粉,一个民族结出的果实也不会回到繁衍出它这一后代的幼苗上;生产出这一果实的民族并不会享用它,对他们来说,果实成了"苦酒",因为它被传递到了另一个民族的种子之中。① 这种传递部分地构成了历史的悲剧的一面,即精神总是处在这样一个过程中:成

---

① 这是对黑格尔的观点的叙述,即一个民族只能做一次精神的最初承担者(L 165),尽管精神当然会以从属的形式继续存在于过去的世界历史民族中。这一理论似乎没有考虑到的是,当精神环绕了整个世界,它可能会回到它的地理源头,并再次出现在一个怀着新目标而重生的古老民族身上。这正如21世纪似乎正发生在中国和印度的情况。无论如何,每一文明都是短暂的,都在孕育着自我毁灭的种子。

为其内在所是、超越并否定曾经所是、死去并在一种新的形态中升起。精神不能休息太久以享用自己的成果。精神只有在作为一种感召、一种命令之时才有其潜力,这需要约束、管教以及逐步前进。"因为人是精神性的存在,必须为自己谋得一切,必须使自己成为应该成为的东西,否则他们本应当成为的东西就不过仍是一种潜在性……因此,精神是人自身的成就。"黑格尔以令人惊诧的说法作为结束。精神的这一品质的最崇高范例发现于上帝的本性之中,然而上帝并不是一个恰当的范例,而是"真实本身,而其他事物不过是一个个示例"(L 31)。在此,我不会继续那样的比较,而是留到第五章再作比较,讨论上帝作为自我产生的三位一体的本性。人自身的成就——自由意识——是绝对精神的终极实现。

自由意识的进程

在1830年手稿中,黑格尔借由区分意识的三个阶段而继续分析精神的内在自由。首先,在东方世界,人们尚未察觉到人类本身是自在地自由的。东方人认识到,只有一个人是自由的,故而"这样的自由不过是专横、暴行、愚钝的激情"。因此,这个人不过是一独夫,算不上是一个真正自由的人。自由意识首先出现在希腊人中,但是他们像罗马人一样,认识到只有一些人是自由的(对希腊人而言是公民,对罗马人来说则是贵族),[38]而非人就其本身而言是自由的。希腊人和罗马人继续保有奴隶,他们的生活和自由依靠奴隶。因此,他们的自由是不完整的自由,这种自由将残酷的奴役状态强加在了他人身上。日耳曼民族或欧洲民族"通过基督教,最先意识到人之为人是自由的,精神的自由构成了人所固有的真正本性"。尽管基督教在原则上获得了这种洞察力,但要将无限和有限的精神结合到一个特定的人身上,还需要一种"漫长而艰辛的劳作"来把这一原则融入世俗的存在。"将这一原则应用于现实,通过自由原则渗透和改造世俗条件,这一漫长的过程便是历史本身。"①黑格尔由此引入了他的著名构想:"世界史是自由意识的进程——一个我们必须认可其必要性的进程。"(M 152-154)在页边注释中,他间接提到了莱辛,指出这一进程使得一种"人类教化"成为必要,这是一种通向自由的教育,但不是直接指向自由,而是通过最终的结果来实现自由。② 渐进式教育是启蒙运动的一个流行主题,但黑格尔对其进行了深化和历史化。③ 通向自由的教育需

---

① 这种自由意识阶段的分类方式在黑格尔 1820 至 1821 年的哲学史讲演中就已出现,后来又重复出现在几个场合的不同文本中。参见 *Lectures on the History of Philosophy*,ed. Robert F. Brown,trans. R. F. Brown and J. M. Stewart,Oxford:Clarendon,2009,卷一,页 181、195。

② 参见 Gotthold Ephraim Lessing,*Die Erziehung des Menschengeschlechts*,Voß:Berlin,1780。1830 年的讲演明确提到了莱辛(L_{30-31} 13)。

③ 参见 George Dennis O'Brien,*Hegel on Reason and History*,Chicago:University of Chicago Press,1975,页 107-110。奥布莱恩偏向于一种艺术式的类比:一边是自由观念与其在历史中的实现之间的关系,一边是艺术家心目中的艺术观念与其在媒介中的实现的关系,二者类似。我们只有在媒介中才拥有该观念。如果上帝被理解为那位内在的艺术家,自由观念的神学面相便借由这一类比而得到确认(参见下文,页 146、165、166)。

要在精神方面持续劳作,需要与不自由的、激情的、无知的、邪恶的力量艰巨斗争。这一教育耗尽了整个历史,并且确实提供了一种世界史所应当采取的划分(东方世界、希腊世界、罗马世界、日耳曼-欧洲世界)。

后来,在手稿中("世界史的进程"这一章节)讨论世界史的发展阶段时,黑格尔重新阐述了自由意识的进程。他在手稿中写道:

> [39]第一个阶段是直接的阶段……在这个阶段,精神耽于自然性,在这种自然性中,精神只具有不自由的个别性(一个人是自由的)。在第二个阶段,精神出现于对自身自由的意识,但这第一次分离是不完善的和局部性的(一些人是自由的),因为这种分离起源于直接的自然性,因此与自然性发生联系,仍然具有自然性——作为一个环节——的属性。在第三个阶段,精神从这种仍然**特殊的**自由向自由的纯粹普遍性(人之为人是自由的)提升——向着关于精神性之本质的自我意识和自我觉知提升。(M 185、186)

在此,这些阶段被归结为自然中持续存在着的"羁绊",这种"羁绊"将自由单一化或具体化,将其视作一个自然实体,从而阻碍了自由通过自我调解而显现。人逐渐摆脱这种自然的残余物,但从来不曾完全摆脱;在战争、暴力、独裁统治等中,人们发现了朝向它的逆转,在此盛行着的乃是不折不扣的力量。然而"恰恰是这一冲动,这在其自身的精神生命的脉动,要冲破自然、感性生命以及异在性的束缚和外壳,并走向意识之光,亦即走向它自身"(M

186)。

黑格尔1822至1823年讲演中没有明确地讨论自由意识的进程,但在讲演中确实强调了自然的"层级"和精神的"阶段"之间的区分。黑格尔认为,在自然中,物种以不同的层级存在着,但没有进步(progress),而发展(progression)是内在于精神的。

> 精神攀爬的阶梯和把握自身概念的辛劳清楚地表明,概念通过扬弃、改造先前的低级阶段而向前推进,而低级的阶段一经时间的改造,就落入过去之中……一种新的形态作为先前的、低级的原则的变形而出现,这就证明,一系列的精神形态诞生在时间之中。(L 39)

时间构筑历史,并且只有精神才有历史。

一系列的精神形态形塑了一种自由意识的历史。在穿越所有这些形态之后,黑格尔从其故事高潮部分的视角往回看,这一视角即新教改革所表达的"信仰自由"的视角。这种信仰在本体论上介入真实的内容中,并使这内容从属于自身,以此统一客观真理和主观信念。

> 这是聚集起各个民族的最后的新口号,是自由的旗帜、真正的精神的旗帜。这是新时代的精神,标志着新时代的这个时期。到我们目前为止的时代没有什么其他的苦劳和功劳,[40]无非就是把这个原则塑造为现实,从而使这个原则获得自由的形式和普遍的形式。(L 502)

我们所面临的一个问题在于,基于近现代的新教教义及其西方的世俗化这一版本的历史目标,是否能够扩展到一个包容不同民族见解的、文化多元的世界。我们从亚洲、非洲、南美、中东式自由的具体事例中能学到什么?如果我们说的"整体"是指"一元形式"(uniform),而不是"多元形式"(pluriform),一种整体性的世界自由概念是否可能?后现代的黑格尔主义所需要的或许正是一种包容多元形式的视角,这从本书的标题"自由诸形态"便能清晰地看出来。虽然黑格尔在他自己的时代并没有认可一种包容多元形式的视角,因为他对文化的演进似乎是持一种线性的观点,但可以想见,他若是处在我们这个时代,应当会持有这样一种视角。他必定已经注意到了精神的确定形式的多样性。

我现在不探究这一问题,而是将本章的剩下部分用于论述自由意识进程的两个面相:自由意识通过激情和理想的交织而得以实现的手段(共时性的面相),以及精神的发展(历时性的面相)。共时性的模式将在第三章再度出现(国家作为精神实现之质料),而历时性的模式将在第四章再度出现(世界史的进程)。

人的激情与神圣理想的交织

1822 至 1823 年讲演。在确立了哲学把上帝以及上帝的意志作为神圣理念来探讨之后,①黑格尔继续说道,"我们必须思考在人类精神要素中的理念,或者更准确地说,思考人类自由之理念"。理念在纯粹的思维(逻辑)中显露自身,将自身浸润到有形的自然中,并以一般意义上的精神形态呈现出来。在其中,人类自由在民族的伦理性存在中得以体现,成为更为切近的土壤。

> 自由不过是这样一种方式,理念在其中产生出自身,第一次按照自己的概念成其所是。这种产生呈现在一系列的伦理形态之中,其结果便构成了历史的进程。(L 25)

[41]接下来,黑格尔引入了纺织经纬线这一强有力的比喻:

> 因此,在这里,我们拥有的是作为伦理自由之总体的那种自由。这里出现了两个环节:首先是作为抽象东西的理念本身,其次是人的激情。这二者一起形成了世界史在我们面前摊开的地毯的纬纱和经纱。② 理念是实质性的力量,但就其自身来看只是普遍的东西;它借以实现自己的力量则是人的种种激情。这是一些端项,把它们结合起来的中项,即二者在其中有其活生生的统一的和解,则是伦理自由。(L 25、26)

因此,历史就是一件织造物,由作为实质性力量的神圣理念和人的激情所织就,这种人的激情乃是理念借以实现其自身的手段。

---

① 参见本书,页24。
② 此处的译文采用格里斯海姆的读法(den Einschlag und die Kette[纬纱和经纱])而非霍托的读法(die Kette und den Einschlag[经纱和纬纱])。

译作"纬纱"的术语 Einschlag 字面意思为一种"敲打"或"敲击",与表示"击中""击打"的 Schlag 一词相关联。这是黑格尔将之与理念相联系的意象。理念在人的激情的"经纱"或"经线"(Kette)中来回穿梭,编织出历史的织造物,设定了"伦理自由"(sittliche Freiheit)的模式。我们在其他讲演中也找到了神圣理念与 Schlag 相关联的证据。例如,黑格尔(在提及国家的时候)说"神圣理念突破(eingeschlagen)并进入现实的领域",① 以及理念构成了将有限到无限的过渡逆转为无限到有限的过渡的"回击"(Gegenschlag)。② 历史是一种神-人作用的产物,在其中,理念提供了指导性的力量,激情则提供了物质性的能量。

黑格尔后来在 1822 至 1823 年讲演的导言中重拾这一意象。那时,他开始论述"各种激情以及它们与神圣理念的关系……理念的支配作用、力量、统治恰恰要在种种激情之中并通过种种激情而被认识"(L 59;参照 L 59-72)。

> 如果我们将激情形形色色的冲动同本身就具有和完成绝对终极目的的理念之质朴宁静的生命作对比,那就会产生最先遇到的关于它们之间的关联的性质问题。[42]世界史的理念必然会展现出这种关联,并且拥有那两者的统一。这种统一绝对以世界史的理念为基础。(L 60)

---

① *Lectares on the Philosophy of Religion*,卷三,页 342,注释 250。
② *Lectures on the Proofs of the Existence of God*,页 165。

黑格尔解释道,理念有两个面相。首先,理念"可以说是上帝在其本身的永恒生命,它仿佛先于世界创造;理念是逻辑上的联结点"。紧接着,理念进入反题,并把有差别的东西设定为自为地存在的。这些区别构成了囊括人类活动的物质世界,而且这些区别对于理念由理想转入现实至为重要。理念作为概念和对象性的统一,必须实现自身,既在自然世界也在人的激情中实现自身。因此,"理想地"看,理念包含着它与物质性激情的关联。

激情构成了人类的特殊目的、兴趣、冲动,这些因素驱使着他们成为现在所是的样子(L 59—72)。激情关联于感官欲望,为人创造出确定性、特殊性和个体性。人们把自己"双重化":他们是有限的,他们通过自身的激情把自己的有限性现实化。如果他们通过这种双重化获得了和谐并且为自己的存在感到愉悦,他们就被称作是"幸福的"。幸福可以被视为历史中的一个要素。然而,"世界史并不是孕育幸福的土壤;在历史上,幸福的时代是白纸一张,因为历史的对象毕竟是变化着的"。在世界史中,对于超越了特定存在领域的普遍目的的满足并不会产生幸福。每当变化或进步发生,幸福都会被打断。幸福出现在历史的间隙和个人生活中。伟大的历史人物,如尤里乌斯·凯撒这样的世界性历史人物,他们扮演的角色是把握新的普遍性,并将其用于达成他们自己的目的。他们采取行动以满足自己,而不是他人,但与此同时,他们也效命于普遍性。他们渴望并践行正确与正当之事,尽管后者似乎是出于他们自己的激情,因为其他人尚未认识到这一点。

> 这就是激情与理念的真正关联。理念的必然性只有凭借历史人物的激情才是合乎伦理的,并且同激情联系在一起……激情显现……为大人物身上的某种动物性的东西,其存在作为精神与自然物是完全合为一体的,而这统一铸就了它的强大实力。当他们被不可抗拒地驱动起来做这样的事情时,他们就得到了满足。就这样,他们满足于自己的激情。他们并未得到幸福,因为[他们的劳作]于他们或许已经成了痛苦。或许在他们实现了自身愿望的刹那间,他们已经死去,已被谋杀,已被流放。[43]他们牺牲了自己的个体性,他们献出了整个一生。若说他们是不幸的,这对于需要这样一种安慰的人来说就是一种安慰。(L 70)

丘吉尔在第二次世界大战中帮助领导盟军取得胜利之后,等待他的命运就是一个现代的例子:他在1946年被英国选民毫不留情地抛弃,但是没有遭到杀害或是被流放,他作为一名作家和业余画家安享了幸福的"晚年"。另一个更为悲惨的例子是梵高,他那饱受挫折的短暂人生是为他那些惊倒众人的画作而作出的牺牲。几年时间里,梵高完成了他所有的作品,之后便结束了自己的生命。

在1822至1823年的讲演中,对于理念如何通过历史个体的目的而实现自己的目的,黑格尔并没有发展出清晰的解释;要寻求这种解释,我们必须转向黑格尔在1830至1831年的手稿和讲演。

1830年手稿和1830至1831年讲演。黑格尔在1830年的手稿中确立了精神的内在自由,之后论述精神现实化的方式,亦即人的激情和神圣理念(M 155-171)。理念的否定性工作是参与到激情之中,但理念还有一种肯定性的工作。历史表明,人类的行为源于其自身的需求、激情、兴趣,尽管个人有时也追求有限的善好和美德。激情、个人兴趣、对自私自利的冲动的满足是历史中最强大的力量,因为它们并不在意公正和道德的限制。它们不仅仅是感官性的、非理性的工具,而且是由情绪、自利、恐惧、贪婪、欲望所统领的理性。事实上,通过运用理性,激情在其破坏力方面被极度放大;动物为猎物和生存而互相攻击,但它们并不参与系统性战争或无端的暴力(猿类可能是例外)。黑格尔雄辩地说明了这些激情所造成的毁灭、无尽的邪恶、无以名状的个人苦难,发生在甚至最优秀的文化创造也要遭受的不幸,以及一切事物的转瞬即逝。我们退回到悲伤、顺从、沾沾自喜,以回应历史呈现给我们的可怕图景。

> [我们]甚至[退回到]那种自私自利的沾沾自喜:站在较为宁静的海滩上,在一个安全的位置,从那远处的骚乱和残骸的景象中寻求满足。[44]但在我们也将历史看作这种使人民的幸福、国家的智慧和个体的德性都被变成牺牲品的屠宰场时,这样的问题也就必然会呈现在思想面前:这些数量庞大的牺牲品是为了谁、为了什么终极目的而牺牲的?(M 157)

黑格尔并没有以概念的方式回答这一问题,而是采用了举例和比喻的形式,这也许道出了答案不容易被把握的事实。他首先指出,激情是必要的,因为它提供了任何事情由以发生的意愿和力量。要想完成点什么,我们就不得不拿自己的利益冒险。但是,个人借以满足其需求的一切个体活动"同时也是一个更高、更远的目标的手段和工具,他们对这一目标一无所知,但却无意识地实现着它"(M 162)。他举出了人的行动如何产生出完全不同于其所预期的结果的事例:有一个人,他为了复仇(不论正义与否),纵火烧毁另一人的房子,但火势蔓延,众多财物损毁,许多生命牺牲,纵火者没有被宣告无罪,而是按罪论处;或如凯撒,他出于自身利益而反对他的对手,实现了对帝国的完全统治,从而不仅达成了他自己的否定性目的,也达成了他的时代业已预备好的目的(M 163—165)。

手稿在讨论这一点时出现了中断,黑格尔在讲演中口头讲述的材料并没有包括在其中。① 卡尔·黑格尔的记录如下:

> 在外部历史中,那些特定的事物,亦即冲动和需求,都摆在我们眼前。我们看到这些特定的元素相互摧毁,走向堙灭。[然而]理念是普遍的东西,它在斗争中免遭攻击,未受损害。这一特征可以被称作理性的狡计(die List der Vernunft),因为理性使得自己能够利用这些工具并毫发无损地闪亮登场,或者自我产生出来。理性的目的(der Vernunft-Zweck)通过人类的需求、激情等等而实现自身;个人的或私有的事物与普遍的

---

① 参见 M 165,注释 44。名为"亦是纠缠不尽的一出出戏"(Also Spectacles of Endless Complexities)的活页(页 209、210)以并不完整的注释填补了这一空缺。[译注]德文版编辑以手稿的第一行文字 auch Schauspiele der unendlichen Verwiklungen 作为标题,此处按照英译本译出。

事物相比显得微不足道;个体被牺牲、被放弃了。世界史将自身显现为个体间的冲突;在特殊性的领域中,事物自然而然地向前发展,也就是说,强力(Gewalt)终将胜出。在动物的本性中,保存生命是目的、冲动、本能,激情的目标所从属的自然领域也按照这一方式行事;这些目标陷入彼此冲突之中,它们是成功的,[45]但也有被摧毁的可能性。只有理性才能发挥作用,在世界的骚乱中追求自己的目的,并提升自己。(L_{30-31} 19、20)①

"理性的狡计"这一比喻背后的概念性真理可以被阐释如下:理性,因为是精神的而非物理的或自然的力量,必须否定性地发挥作用;它不是直接克服对立和罪恶,也不是借助对自然过程的干预或超自然的手段,而是间接地让罪恶与罪恶作斗争,从而使激情自行消耗殆尽,用工具去对抗它们自己的目的。理性在它的"狡计"中颠覆了人的意图,有着看似柔弱的力量(不是"强力"或"暴力"),从罪恶中引出善好。历史的深刻悲剧在于,这个过程中有太多牺牲,人类自由的代价极为巨大。然而,这一愿景终归是悲喜交

---

① 这种认为"理性的狡计"最初出现在 1830 至 1831 的讲演中的提法似乎是值得怀疑的,因为在 1840 年的友人版《著作集》(*The Philosophy of History*, trans. John Sibree, New York: Dover, 1956, 页 32、33),以及拉松-霍夫迈斯特(Johannes Hoffmeister)版 *Lectures on the Philosophy of World History: Introduction: Reason in History* (trans. H. B. Nisbet, Cambridge: Cambridge University Press, 1975, 页 89)中,我们发现了不同年代、不同版本的段落。这一观念本身并不新颖:"理性的狡计"这一提法在《大逻辑》和《小逻辑》中就已经出现(参见下一条注释)。

加的,因为善好的确出自罪恶。不论是以多么不完美的方式,和解都是借由冲突而得以实现的。

这种解释得到了《大逻辑》中的一个段落的支持,黑格尔在那里将"理性的狡计"与"强力"或"暴力"(Gewalt)作了对比,如果理性直接干预自然进程,就会产生这样的结果。① 狡计有着看似柔弱的力量,这个隐喻可以进一步延伸,以表明狡计的力量犹如十字架的力量,上帝在那里以人的形态死于人的暴力之手,但上帝的目的仍然胜出了。上帝"让"人类按照自己的意愿行事,但上帝的意志终将胜出。十字架代表着巨大的逆转,亦即理念的反击。[46]诚然,黑格尔也说过,理念在斗争中免受攻击,毫发无损。这一说法或许会让人质疑十字架的类比。但即便是在被钉上十字架的过程中,上帝作为上帝仍然没有受到损害。上帝的独特力量在于,上帝既承受了死亡又战胜了死亡,将死亡带入祂的永恒生命之中。十字架是上帝的力量在这个世界之中的一个否定性符号,而正是借

---

① *The Science of Logic*, trans. A. V. Miller, London: George Allen & Unwin, 1969, 页 746、747。亦参 *The Encyclopaedia Logic* § 209 附释, 页 284:"理性是有威力的,同时也是有狡计的。理性的狡计一般表现在有中介作用的活动中,它在这种活动中让各个客体按照它们固有的本性相互影响和相互磨损,而它自己并不直接介入这个过程,却仍然完全实现着它自己的目的。我们可以在这个意义上说,神圣的天意对于世界及其过程是绝对的狡计。上帝任由那些有着特殊的激情和兴趣的人按照自己的意愿行事,但由此产生的结果却是上帝的目的之达成,这个目的不同于那些受上帝利用的人原本想要达成的目的。"我将在第五章讨论天意这一主题。[译注]此处引用的是梁志学先生的译本,楷体部分是本书作者所加的强调,参见黑格尔,《哲学全书·第一部分:逻辑学》,北京:人民出版社,2002,页 350、351。

助否定之否定,精神的力量才胜出了。这一切都不应被这样解释,即历史的"屠宰场"就其自身而言是合理的(justified);或者由于罪恶能产生善好,所以罪恶本身合理;或者罪恶是一种隐蔽的善好,因为它为一种更好的善好作了准备。合理的是上帝,而非罪恶。

云格尔(Eberhard Jüngel)对前面所引的段落作了这样的评论:

> 不管一个人想要如何去理解黑格尔的"理性的狡计"(一个不太让人放宽心的表述),他无论如何都不应当忽视这一事实,即黑格尔并未将世界史中"为数众多的全部具体罪恶"予以合理化。相反,他严肃地对待"理性的狡计"对和解的呼唤。事实上,这种和解发生在自我消解的上帝身上……这种和解发生在历史自身的进程之中。"事实上,对这样的和解性认识的要求在任何地方都不如在世界史中那么大。"而这种和解性认识的发生地则是一个关键,世界史的"思考"在此转变为"一种神正论,一种对上帝的正当性的证明(Rechtfertigung)"。对于在世界史中被视作神正论而发生的末日审判(Weltgericht)来说,也就意味着这不是以惩罚(Vergeltung)为目的而作的审判,而是一项服务于和解(Versöhnung)的审判。上帝并非通过实施惩戒来证明其正当性,而是采用和解的方式。①

---

① Eberhard Jüngel,"'Die Weltgeschichte ist das Weltgericht' aus theologischer Perspektive," in Rüdiger Bubner and Walter Mesch (eds.), *Die Weltgeschichte—das Weltgericht? Stuttgarter Hegel Kongreß* 1999, Stuttgart: Klett-Cotta, 2001, 页 25。云格尔的引文出自 M 85、86。

在这里,云格尔触及了一个主题:神正论,即上帝的正当性证明——我将在第五章论述这一主题。此刻的关键点在于,黑格尔并没有将罪恶合理化,哪怕是上帝为了更大的善好而允许其发生的罪恶。罪恶是历史的一个残酷事实,是有限世界的一个条件,自由、犯错、破坏性的力量参与其中。上帝不能取消罪恶而不同时取消这个世界本身。在我们所处的当今世界——一个后大屠杀的、遭受恐怖主义折磨的、环境被破坏了的核武世界——罪恶业已成为这样一种压倒性的力量,似乎无法得到救赎。但黑格尔会坚持认为,[47]向罪恶让步也就是让罪恶击溃我们。① 上帝的力量强过罪恶的力量,而上帝所做的并不是惩罚人类或施行报应,或是魔术般地清除罪恶,而是把和解带到罪恶面前。事实上,上帝借由卸下圣装(self-divestment)的方式来实现这一点。凭借这一行动,上帝参与到人类之中,承担罪恶,并且恰恰是在这一行动中克服了罪恶,通过容许部分罪恶的战斗力量存在而使其自我耗尽。这便是理性的狡计。在此,审判的范式被打破,并被爱的范式取代。

将理性的狡计与上帝的爱关联在一起,看起来可能有些怪异,但这是对这一比喻的神学解读所采取的方向。"狡计"是那些

---

① 这是法肯海姆(Emil L. Fackenheim)的观点,他说:向罪恶妥协并否认上帝,这等于是给希特勒补上了一场死后到来的胜利,即对犹太民族的毁灭。参见 Emil L. Fackenheim, *God's Presence in History: Jewish Affirmations and Philosophical Reflections*, New York: New York University Press, 1970 以及 Emil L. Fackenheim, *The Religious Dimension in Hegel's Thought*, Bloomington, IN: Indiana University Press, 1967。

缺乏客观存在着的力量来达到目的之人所采取的一种理性形式。例如,"布勒兔"(Br'er Rabbit)的故事就体现了这一点,它用狡诈和诡计来智取对手,因为它没有财富,没有社会地位或政治影响力。上帝的爱有一种类似的客观无力感,爱以一种颠覆性的方式运作,听凭罪恶和破坏性的激情自我耗尽,同时将自身保持为一种比世俗权力更加强大的力量;这是一种永远不会耗尽的力量,因为它就是创造力的力量本身。

甚至是神圣的爱的力量也会使用狡诈和诡计。关于神圣欺骗者的传统可以在希伯来圣经中找到,但对基督徒来说最著名的例子是所谓的赎价救赎理论(ransom theory of atonement),这是最古老的救赎理论。在这一理论中,魔鬼抓住了罪人的灵魂;为了解救他们,上帝同意做交易,他交出自己的独生子以换取人类;但这作为上帝的圣子重获新生,并战胜了魔鬼的力量,一种不得不间接攻击的力量。①

理性的狡计展现了理念的否定性工作。但理念还有一种肯定性工作,它在其中不再表现为一种反击,而是表现为一种诱导。[48]道德、伦理生活、宗教是适用于其目的的手段,因为它们受到理性这一神圣原则亦即自由这一神圣理念的统领。"在实现诸理性目的的过程中,[人类]不仅同时实现了他们自身的诸特定目

---

① 参见 Darby Kathleen Ray, *Deceiving the Devil: Atonement, Abuse, and Ransom*, Cleveland, OH: Pilgrim, 1998,以及 John E. Anderson, "Jacob, Laban, and a Divine Trickster: The Covenantal Framework of God's Deception in the Theology of the Jacob Cycle," in *Perspectives in Religious Studies*, 36, 2009,页 3-23。

(其内容全然不同于[那个普遍的终极目的]),还参与到了那个理性目的本身之中,同时也是在他们自身之中的诸目的。"(M 166)"参与"一词意味着神圣理念发挥着一种"诱导"作用,它将人类行动拽向更高的诸目的;它有着"劝导"的力量,而非强制的力量(也不是简单的狡计)。这种过程哲学的语言并不见于黑格尔,但他正在走向这种语言。① 他对人的责任与神的首创性的结合感兴趣,但他承认要展开这一主题需要一篇关于自由的完整论文。黑格尔关于这种联结的讨论在此非常有限。但是,历史的巨大工程就在于克服主观方面(认知着的、意愿着的个体)与客观的、实质性的方面(那个普遍的终极目的)之间的差异,并赢得二者的统一。这便是作为一个整体的世界史的主题(M 166-171)。

作为精神发展的世界史

在1830年手稿中,黑格尔论及精神实现的手段,接着就转向了其得以实现的质料,即国家和政体,这部分位于关于"世界史进程"的最后一节之前。我把1830年手稿中对国家的论述留到第三章,在那里,我主要选取1822至1823年讲演中的材料来探讨这一主题。由于本章关注的是历史作为自由意识的进程,我现

---

① 参见 *Hegel and Whitehead: Contemporary Perspectives on Systematic Philosophy*, George R. Lucas, Jr. ed., Albany, NY: State University of New York Press, 1986。

在要问的是,对黑格尔来说,历史进步或发展意味着什么？我将依据1822至1823年和1830至1831年讲演的材料来叙述他的看法。

历史的开端

在历史的开端,我们找到一种自然状态,如果我们所谓的"自然"是指一种直接性,①而非事物的概念或本质的话。像斯宾诺莎一样,我们只能为人类脱离这样一种自然状态而感到高兴,因为在其中缺少自由,[49]感官意愿与欲望居于最高统治地位。人只有在将这一开端抛在身后时才能获得历史性的存在(L 33、34)。黑格尔反驳了一种流行的观点,这种观点尤其为与他同时代的施莱格尔和谢林所秉持,亦即基于圣经故事和其他创世神话,确实存在一种原初的状态,那是一种美好的天真和纯粹知识。黑格尔承认,这里的假定在于:人不可能从"动物般的恍惚状态"发展而来。他说,这一假定是正确的,但人性大可以从人的恍惚状态发展而来,而这恰恰是我们在开端处所寻得的。精神已经印刻在了人身上,但还必须发展;在自身的辛劳中发现它自身并产生出自身概念的,是一种无尽的 energeia[潜能]与 entelecheia[实现],但这种产生最后才到来,而非在一开始就到来(L 36)。黑格尔区分了动物的恍惚和人类的恍惚,这意味着他缺少对人类从更高类别的动物进化

---

① [译注]这里的"直接性"原文为 condition of immediacy,霍奇森在 L 358 以此翻译 die Unmittelbarkeit。

而来的认知。在他看来,动物的生命力与人类的精神潜能有着质的区别,虽然人也是自然生物,与动物有许多共同特征。从后达尔文主义的观点来看,从"动物"到"人类"的漫长过渡中,精神的"发展"开始得比黑格尔想象的要早得多。对于人类最初出现的方式和时间,黑格尔含糊不清,但他的观点并不需要"特殊"创造的理论。对他而言,精神隐蔽地出现在自然中,在那里沉睡(或是理智在那里"僵化"①了)。精神先是在动物中觉醒,然后在人类中觉醒,这本身就是一个发生在数千年里的过程;从这个角度来看,他的思想是一种原始的进化论。

在1830年手稿中,黑格尔扩充了其针对这一理念的批判。这一理念认为,历史开始于一种原始的纯真状态,在这种自然状态中,自由和公正被认作是以完美的形式存在。圣经对天堂的描述并不能支持这种观念,因为那并不是一种历史记述;因此,施莱格尔和谢林关于上帝的原初的、纯粹的知识的主张乃是一种纯粹的虚构(M 186-188)。黑格尔继续批评天主教东方学研究中的一个运动团体,这一团体声称已经找到证据,来证明真正的宗教不仅是普遍的而且是最古老的。这一运动团体的领导者,[50]包括拉梅内神甫(Abbé Lamennais)和埃克施泰因男爵(Baron von Eckstein),都与法国复辟政治家有关联;黑格尔在手稿中留下了一个与之相关的详尽注释(M 188、189 注释79),这证明了他写下这份手稿的

---

① *The Encyclopaedia Logic*, § 24,附释1,页56。参见 Alison Stone,*Petrified Intelligence: Nature in Hegel's Philosophy*, Albany, NY: State University of New York Press, 2005。亦参 *Hegel's Philosophy of Nature*, §§ 245-251,页1-25。

目的之一即是要反对他们的观点。天文学家巴伊(Jean Sylvain Bailly)和德朗布尔(Jean Joseph Delambre)声称,在早期民族中存在着准确的科学和天文资料,它们后来被损毁了。这些假设都没有任何历史基础,他们也不曾期望取得一个这样的基础。这样的研究"直接表明了自身的虚假,因为它准备用历史的方法去证明它预先假定在历史上存在过的东西"(M 189、190)。

只有等到理性(rationality)开始作为世俗性的存在而出现——不仅仅作为一种隐含的可能性,而是走向意识、意志(volition)和行动——之时,我们才能开始讨论历史。在各民族组织起来进入文字社会之前的史前时期,他们或许已经有过一段较长的生活,但这不在我们的兴趣范围内,因为他们没有形成历史记录。黑格尔注意到那时新发现的印欧语言在语言学上的联系,这种联系表明,各部落民族从亚洲散布开来,且他们是以不同的方式从一种"原始的亲属关系"发展而来。早期的语言高度复杂,只有等到文字书写系统发展起来之后,语言才得以简化。伟大的成就仍然"掩埋在过去那无声的幽暗之中",因为他们缺少成文的语言。

> 那些时期——不管我们将其估计为几百年还是数千年——在历史得到书写之前便已消散在这些民族的生活之中了,那些时期里或许也充斥着变革、迁徙乃至最为野蛮的变动,但是没有客观历史,因为他们没有主观历史,没有历史叙事。(M 190-193、193-194)

因此,历史的"开端"全然不是真正的"历史",而是一段漫长的酝酿,人类在此期间逐渐将自己组织成社会单元,依靠狩猎和采集而延续自身,争夺领土,并形塑了原初的文化实践;这绝不是什么天真无邪和纯粹洞见的黄金时代。

历史的进程

1822 至 1823 年讲演。黑格尔在此所用的术语 Fortgang 并非简单的"改善"或"进步"意义上的"前进",还指"过程"和"发展"意义上的"进程"。应用在历史上的核心范畴是时间。黑格尔对时间给出了一个简要的思辨性附注。

> [51]否定乃是内在于时间的性质。对我们来说,这是某种肯定的东西,一个事件或偶发事件。然而也会有这种东西的反面,有这种现存东西对它的非存在的关系,而这构成了时间;就我们不单纯思考这种关系,而且也真正直观这种关系来说,这种关系便是时间。对存在与非存在的抽象直观即是时间。(L 37、38)

这一关于时间的定义摘自《哲学科学百科全书》第 258 节。① 黑格尔在那里说道,在"自然的"时间中,现在是指由存在过渡到非存在(未来之尚未到来),而未来则是由非存在过渡到存在。可以说,过去正是在这种交互作用的过程中残存下来的沉积物,而过去本身才是存在与非存在的统一,是有限时间的"真理"。然而,在

---

① 参见 *Hegel's Philosophy of Nature*,页 34;对照§§ 257-259,页 33-40。

"精神的"时间中,"现在"是时间的诸模式的共生物;对绝对精神来说,这种存在就是永恒。克罗诺斯,或自然时间,"吞噬"了其自身转瞬即逝的作品和成就;①政治之神朱庇特"是时间的第一个征服者,因为他创制出一部不朽的作品,即国家"(L 48、49)。自然时间的有限性被具有精神印记的不朽伦理作品取代,每个人都在这种有限性中进入非存在或死亡。变化伴随着精神在历史中的形态进入精神的概念本身之中,而精神的概念本身总是迫切地推进到一个新的阶段。在这一新的阶段,前一阶段并没有消失,而是变换了形态(L 39)。就这样,精神存续着,而作为自然创造物的人类个体却消逝了。

布劳尔(Oscar Daniel Brauer)将黑格尔的时间形而上学解读为一种辩证地克服时间与永恒之界限的尝试。② 对黑格尔来说,永恒不是一种永存的现在(nunc stans),也不是什么外在于时间或超出时间的东西,而是某种改造自然时间的东西。永恒本身是"绝对的在场",是时间过程本身的各维度之总体。永恒不是"一直存在",也不是在时间"之先"或在时间"之后",因为这样一来,永恒也就被

---

① [译注]有预言说克罗诺斯的统治将被他自己的孩子推翻,于是他在孩子们诞生后便将其吞下。

② Oscar Daniel Brauer, *Dialektik der Zeit: Untersuchungen zu Hegels Metaphysik der Weltgeschichte*, Stuttgart–Bad Cannstatt: Frommann–Holzboog, 1982,页135-148,尤参页142-147。布劳尔认为,尽管海德格尔批判了黑格尔,但亚里士多德的时间观与黑格尔的辩证法是不相容的,黑格尔的辩证法包含一种基于时间样式的存在(being sub specie temporis)的理论。布劳尔声称,海德格尔将历史性从历史转出到先验的此在中,并没有表现出对实际历史的兴趣,这一点与黑格尔本人的做法形成了对比(页 27、28)。

简化为自然时间的一个绝对化了的维度。精神并不高于时间,因为精神"就是时间概念本身"。永恒的绝对现在不应当混同于自然的定量意义上的现在。[52]绝对的现在是对时间的各个维度之同时存在的质的统一。永恒是时间概念,即逻辑上的生成(Werden),保持着纯粹的前后相继形式,以及逐步消亡之结构和重焕新生之结构。有限精神始终不懈地追求着永恒,并通过其文化生产物部分地实现永恒;反之,永恒则是通过历史中的精神形态来不断地实现着自身。精神时间就是世界史本身。

因此,我们把"变化"或"改变"(Veränderung)作为历史的一个核心范畴加以考察(这是在重提已见于"哲学的世界史"中的讨论)。在有形的自然中,一切都是暂时的,变化是循环的,因此没有什么东西是新产生出来的。

> 然而,历史中的精神形态却并非如此。在这里,变化不仅影响外表,而且进入到概念自身之中。(L 38)

> 精神的领域不同于自然的模式,因为精神所要攀爬的各阶段的阶梯以及掌握其概念所需的辛劳明确了这一点:概念通过扬弃(Aufhebung)和改造早先的、较低的阶段而推动自己前进,而那个较低的阶段一旦被时间改换容颜,就落入到过去之中。先前的阶段不复存在。一种新的形态作为先前的、低级的原则的变形而出现,这就证明,一系列的精神形态诞生在时间之中。(L 39)

但是,由于历史上的各民族在某种程度上也是自然的产物,他们所塑造的形态不仅在时间上前后相继,而且在空间上也能够漠不相干地相互并立在一起。因此,我们在真实的历史中既发现了停滞也发现了进步,不论是在中国还是在欧洲。但是,我们并未发现所有在过去的时间里业已消失了的形态现在仍然相互并立共存。例如,希腊人、罗马人、古代日耳曼部族都已经消失了。至于为什么会这样,这只能基于历史形态的特殊本性而作讨论,因此要留到我们论述世界史本身之时再做处理(L 39、40)。

在将变化视为时间性最直接的意涵之后,黑格尔提出了关于一个民族所经历的特定进步模式的问题。这一模式适用于该著作主体部分所考察的每一个文化世界。他将文化的形成(Bildung)分为三个子范畴:教化(Bildung)、过度教化(Überbildung)以及畸形教化(Verbildung)(L 42)。一般说来,修养或教化是普遍性的活动,是思维的形式,能够限制特定的事物。在历史中,行动表现为行为、对象以及成果。[53]一个民族的精神活动在于使自己进入一个尚存着的世界之中,一个存在于时间和空间中的世界,这种活动凭借其成果来实现。一个民族在其历史上的最初环节(Bildung[教化]的环节)提出并执行它的内在原则,该民族就是为了它的成果而活着。它得到自我完成,并感到满意(L 43-46)。

到了第二个环节,即过度教化(Überbildung),精神已经完成了自身并创造出了自己想要的东西,不再需要它的活动了。精神已经失去了生活的最高兴趣,一个尚未实现的目标;精神经历了从成年到老年(一个享受它所取得的成就的年纪)的转变。精神现在按照它的日常惯例生活,这便也导向了它的自然死亡(L 46、47)。

现在来到第三个环节:畸形教化(Verbildung)。一个民族继续无所事事,不再拥有一种渴望实现某类新事物的活跃精神。精神之为精神预备着自身的灭亡,这也是一个新生命的诞生。当自利和激情作为破坏性的品质得到释放时,一个民族的灭亡便近在眼前了(L 47)。从一个世界历史民族到下一个世界历史民族的过渡(Übergang),这牵涉到将现存在手的事物交由思想支配,它揭示政治或伦理体系的内部矛盾,并将之与普遍真理对照检验。在这一意义上,这种思想具有负面的、腐蚀的性质。精神主要就在于把握普遍性,普遍性存在于哲学中,哲学就是精神的思辨意义。因此,黑格尔认为,哲学出现在一个民族生命的第三个阶段。普遍性乃是实质,是本质性;而特殊性,例如仅仅作为一个雅典公民,将会逐渐消逝。"这样的特殊性在思想之光下消融,正如积雪在阳光下融化。"当一个民族的思想把握到普遍性时,这个民族就不能再保持它原来的样子,而必须达到新的、更高的规定性。如果思想的发展使一个民族的特定原则不再必要,这个民族就不能继续存在下去,另一个原则也就产生了;一项新的事业就摆在眼前。世界史实现了从一个曾经显赫的民族到另一个民族的过渡。

> 一个民族不能有更多这样的原则,不能经过更多的发展阶段;这个民族不能再度在世界史中开辟出新的时代,虽然它的发展有若干个阶段……因此,这是变化的更进一步的环节。

此中有概念在其必然性中的各个环节。这些环节都是推动进展的灵魂。(L 55)

[54]普遍性永远不能完全、确定地被任何单一的观念(formulation)把握,而是只有在不可穷尽的观念中才能被把握,其中的每一观念都贡献了自身的确定性,并且紧接着就被超越了。

鉴于历史进程的现实,随着文化的兴起和不可避免的衰落,奥布莱恩认为,最合适的说法是历史不是简单地阐述了一种进步,而是一种为了人类自由的永久斗争。① 这是一系列高尚的尝试和悲惨的失败;时而发生进步,时而造就衰落。黑格尔时常显得近乎于接受这样一种观点,即多种文化朝着一种理想的状态发展,每一文化都有其胜利和灾难,然而没有累积性的进步。他确实有一个关于文化衰落的理论("过度教化"),但衰落不是自然力量导致的结果。斯宾格勒和汤因比所推崇的各种生物学模式,同时也是部分地为弗洛伊德所推崇的模式,但黑格尔并未采纳这一模式。他的解释毋宁说是历史性的:文明通过与理性选择相关联的内在矛盾而自我毁灭。理性是国家产生和毁灭的动力因。每一次毁灭都包含了被破坏的文化,因为它是借由并通过文化而造成的毁灭。一种文化之所以走向衰落,是因为它以具体事例表明了它对于个体自由和社会自由的信仰,然而却未能充分实现这一信仰,因此,它的衰落不可避免。问题在于,即便我们能从历史中学到什么东西,

---

① George Dennis O'Brien, *Hegel on Reason and History: A Contemporary Interpretation*, Chicago: University of Chicago Press, 1975, 页145-158.

这一过程也很缓慢,而且我们常常以新的形式重复过去的错误;尽管如此,自由意识还是发生着缓慢的进步。奥布莱恩指出了黑格尔关于自由进步的观点与启蒙运动的观点的不同之处。黑格尔并非天真地乐观;他认为人类本质上是历史性的,历史无从逃避。对未来的长期预测并不可能;我们只知道,自由的实现是历史斗争的最终产物,而不是最初的设想。我们只有在回顾历史时,才会看到历史的"必然性"或"不可避免性"。

这一毁灭牵涉到一种完整的文化及其向一种新文化的过渡,黑格尔说过,世界史上没有哪种文化可以再度在世界史中开辟出新的时代,尽管它当然可以继续存在。但他似乎没有预见到,当精神环绕地球一周后再回到它的地理发源地时,会发生什么。当然,这种回归将会把接下来的各种文化的成就囊括在自身之内。[55]因此,精神将螺旋上升,形成另一种形态,例如一个新的亚洲。这一运动不是简单的直线或圆形,而是螺旋形的,世界史是由一系列这样的螺旋构成的,而不是从东方到西方的线性发展。对于处在19世纪早期的黑格尔来说,历史看起来或许仍然是线性的,但对于处在21世纪的我们来说,历史更像是一个多元文化的螺旋。这与黑格尔的深刻见解非常接近,即精神的进步不是一条直线或一个重复不止的圆圈,而是一个开放的螺旋。

1830年手稿。在我们讨论黑格尔的历史的"目的"所谓何意之前,总结一下他在1830年手稿中所阐述的关于"世界史进程"的观点当能有所助益,这是手稿中三个主要部分的最后一部分。这部分开始于"发展的原则"(M 181-185),黑格尔在此声称,精神并没有在外部的偶然性游戏中游移不定;相反,它自身就是绝对的决定力量,利用偶然性来实现它自己的目的。精神在自身之中与自己相对立,它必须将自身作为实现其目的的真正的敌对障碍而加以克服。精神的发展不像有机生命那样是无害的、无冲突的显露过程,而是一种针对自身的艰苦而进行的顽强劳作。在世界史上,有几个伟大的发展时期没有明显的延续就结束了。文化的所有成就都被摧毁了,这就需要从头开始。与此同时,也出现了持久的发展以及丰饶且宏大的结构和文化体系。发展的形式性原则不得不把这样的倒退和进步看作表面上偶然发生的事情。接下来,黑格尔在手稿中探讨了"发展的各阶段"(M 185、186)。这些阶段是原则的各个阶段,原则的内容是自由的意识,即一个人、一些人或所有人是自由的——这一点我们已经讨论过了。[①] 接着,黑格尔转向"世界史的开端"(M 186-196),介绍前一节里讨论过的材料。[②]

最后,黑格尔在手稿中着手论述"世界史发展的进程"(M 196-207),这一部分看起来像是一种探索发展进程的开端,这种开端在具体论述中构成了世界史中四个主要世界之外的部分。黑格尔原先的设想是将整个1830至1831年的讲演致力于导言部分,[56]也就是世界史的哲学概念。手稿体现了这一意图,但是这一探索在大约12页手稿之后就中断了,而讲演本身又回到了先前那覆盖

[①] 参见本书,页39。
[②] 参见本书,页49-50。

整个世界史的计划上来。①

黑格尔在手稿中的探讨以此前已经引用到的材料开始,即要将历史理解为自由的一连串的阶段,必须先验地(a priori)熟悉有关"自由自我发展的形态"这一概念。② 黑格尔接着提到,许多人怀疑:伴随着历史和文化的进步,人类的处境是否也变得更好了? 这里预设了一个前提,即道德取决于主观意图和看法,它们在所有文化和一切时代之中都相似。然而,

> 世界史运行在一个高于道德的层面上……精神自在自为地存在的终极目的所要求和实现的东西,天意行使的东西,都超越了那些在伦理方面落在个体性头上的各种义务、追责与苛求。

---

① 结果,在1830至1831年讲演的记录稿中,只有导言部分提供了一个简短的总结性章节,名为"世界史的本质和进程"(L_{30-31} 43-46),这与手稿全然不同。一个有趣的新主题被引入,这一主题在活页中关于"世界史进程"(211-214)的注释里已经有所预示。黑格尔说,我们看到各民族如何按照概念内在地相互关联,而行动者自身却没有意识到这一点。对他们而言,他们的伟大和影响似乎只是一种偶然,一种外在的必然性。一部分世界历史民族进入外在的关系之中,而另一部分则未能进入。正如世界历史民族的关系可以是一种内在的关系,精神也可以保持为"地下的"(sous terre)。黑格尔回想到哈姆雷特对召唤自己的父亲的魂灵所说的,"在我看来你是一只恶毒的鼹鼠(mole)(《哈姆雷特》,第一场第四幕,第23-24行:因此,它往往化身为某个特殊的人,那是因为他们天生就带着一些个恶毒的胎记[mole]……)"。"精神像一只鼹鼠那样藏身于地下,并完成自己的工作。但是在自由的原则开始的地方,一场骚乱在此上演,一种向外的冲动,一种精神在对象上将自己运用到极致的产物;一种外在性的关联在此也获得了自己的形态。"[译注]最后这句话未见于黑格尔的原文,可能是作者自己的话。

② 参见本书,页8。

世界史所要记录的乃是 Volksgeister［民族精神］的功绩；而"在外在现实的土壤中将这些功绩呈现出来的个体形态最好还是留给一般的历史学家"(M 121、122)。凡此种种主张并没有让黑格尔得到一般历史学家的敬重，但应当记住，黑格尔本人在追踪这些功绩的时候，也将大量的精力放在了外在现实的土壤上。

[57]手稿接着概括了一种政治国家的概念以及在此之下繁荣的各种文化形态——法律、科学、诗歌、艺术、宗教、哲学（见第三章）。至于哲学，黑格尔说，那便是对思维的思维，并且有着一种解构的任务：

> 反思性的知性(reflectirende Verstand)侵蚀一切以率真自然的方式被置于各个民族的宗教、法律、风俗中的神圣的东西和深刻的东西，并使这些东西在各种抽象的、无神的普遍性中变得肤浅和黯淡。所以思维被驱使着变成能思维的理性(denkende Vernunft)，并在其自身的元素中寻求和实现对其给自身带来的毁灭的取消。(M 204)

这一主张表明，黑格尔的意图在于：借由对理性的思维，在一种"第二天真"①的形态中恢复宗教的真理以及对绝对的其他直观。字面的解读被摧毁了，与此同时，人们在一种可以被公允地描述为"神秘的幻象"的东西中把握到了思辨的深度。黑格尔的逻辑

---

① 关于"第二天真"(second naïveté)，参见 Paul Ricœur, *The Symbolism of Evil*, trans. Emerson Buchanan, Boston, MA: Beacon, 1967, 页 351、352。

便是这类幻象的一种形态,一种理性的神秘主义。理性把握住被知性破坏掉的事物或者将其汇集在一起,揭示出对知性隐藏着的"秘密"。这样,一种前进中的文化将重拾它从过去继承来的东西,而不是丢弃这份遗产(世俗主义和无神论),或者紧握住幼稚的表述不放(拘泥于文字和原教旨主义)。待到世俗主义和原教旨主义成为仅有的选项时(我们自身的文化愈发显得如此),精神也就僵化了。

在讨论东西方思想的种种相互对应之处和差异的当头,手稿突然中断了(M 205-207)。二者都对一体性或统一性感兴趣,但这种对照"鸟瞰的是一个一切事物都要依仗的因素,在这种统一性的规定性方面,构成本质差别的恰恰是,那种统一性是抽象地还是具体地得到把握的,具体到是否达到在自身中的统一性,即精神"。黑格尔的《世界史哲学讲演录》可以被解读为寻求一种更为实在的、确定的统一性的故事,这种统一性以爱和自由诸形态显现出来。

历史的目的

[58]我将以两种方式来论述历史的目的这一问题:首先,这里是在世界史作为精神发展的语境中作探讨;接下来,第五章是在世界史作为"自由王国"的一种神学语境中作探讨。这两种探讨相互重叠,因为很显然,黑格尔把"终极目的"这一问题既视作一个历史问题,也视作一个神学问题。材料必然是取自1822至1823年的讲演,因为1830年的手稿尚未谈及世界史进程中的这一主题就已经中断了。

这一问题之所以是历史问题,就在于构成历史的各个前后相继的阶段不能是一个无限的进程。"如果只有新原则不断涌现,世界史就没有一个导向目标的意图;也就永远看不到目的。"①历史进程必须有一个开端,一个中项(一个过程),以及一个目标(一个终极目的)(L 56)。但这个问题也是一个神学问题,因为问题的答案是在一个宗教和神学的框架而不是一个历史的框架中表述出来。这个目的并不是一种历史的乌托邦,也不是一种历史事件的确定状态(譬如自由民主国家在全世界得以建立)。若是由于胆怯,哲学未能把宗教的直观考虑在内,那便是哲学的怠惰——确切说来,也就是为数众多的现代哲学家所表现出来的那种胆怯。黑格尔说,宗教的终极目的是"人类应当获得永恒的安宁,他们应当被神圣化"。② 在考虑到个人之时,这也应当是恰当的目标,但如果这就是它的全部,"人们便会产生这样的印象,即永恒的目标与在这边的我们毫不相干,因为我们处在这个世界之中,而那是朝向未来的、彼岸的目的,某种'在那边'的事物。然而这个世界,这个此岸的世界,仍旧是预备和收获之地,所以这个世界必定会对所有事业做出基本规定"。在这个世界朝向目标的过程中发生的事件并不仅仅是救赎的手段,"还是直接作为与历史有关的绝对事实本身(die absolute Sache selbst),是绝对的历史,个人在其中只不过是单个的环节"(L 58)。

---

① [译注]这句话引自英译本编者导言,而非黑格尔的原文。参见 *Lectures*,页 25。

② [译注]"他们应当被神圣化"德文作 daß der Mensch geheiligt werde,英译为 that they should be sanctified,德文的 heiligen 既可以表示"将……神圣化",也可以表示"尊敬"。

历史是关于什么绝对事实的？同样,答案只能以神学的(更准确地说是本体论神学的)方式表述。

精神活动的目的是上帝的荣耀和尊崇上帝。这个事实在此已经从宗教方面得到了领会。实际上,这是精神和历史的庄严目的……我们已经看到精神创造自己,使自己变成对象并理解自己。唯有这样,它才可能作为结果,作为创造出来的东西,作为自我产生的东西而存在。[59]把握自己……不是单纯了解一些任意的、随便的、瞬息即逝的事实,①而是在根本上意味着把握真正的存在者,把握绝对者自身。精神的绝对者是万物的绝对者,是神圣的存在者。因此,精神的目的、精神的绝对冲动因而就是要获得②一种对于这个存在者的意识,所以这个存在者作为唯独存在的、真正的东西被知晓,万物都借由它而产生和发展,所以万物都必定会据此得到安排,并且确实以这样的方式得到了安排。因此它是这样一种神圣的威力,这种神圣威力曾经引领过并且现在仍引领着,曾经支配过并且现在仍支配着世界史进程。在这些个行动和事业中,关于这一点的认识,就是宗教借由给予上帝以尊崇或是借由赞颂真理而表达的那些东西。这种对真理的赞颂作为绝对终极目的来理解,而这个真理就是产生这种赞颂、做出这种赞颂的唯一力量。在上帝的荣耀中,个人的精神也有它的荣耀。这

---

① [译注]这里的"事实",德文作 Bestimmungen[诸规定],英译为 matters。
② [译注]这里的"获得",德文作 geben[给出],英译为 gain。

不是它特有的荣耀;相反,它的荣耀是由于认识到它的自我感知就是对上帝的实质性意识,它的行动就是对上帝、对绝对者的尊崇。在这一知识中,个人的精神已达到它的真理和自由,它就必须同纯粹概念、绝对者打交道。它不再处在任何事物那里,而是在它自身之中,在它的本质之中;不是在一个偶然事物那里,而是在绝对的自由中。因此,这应当是世界史的终极目的。(L 58、59)

认识对上帝的尊崇和上帝的荣耀不仅是一项认识论上的行动,同时也是一项参与到上帝的存在和真理之中的本体论上的行动,因此个体的自我感知就是上帝的基本意识,就是上帝的自我意识。上帝的"荣耀"只不过是上帝自身的存在发出的光芒,是这光芒的闪耀着的本质。精神在此是与其自身的本质而非某种异质的东西居于家园之中。这便是自由的终极意义和世界史的终极目的。这一目的在历史中反复被个人和精神共同体所取得。这是一个"隐秘的"环节,但它有着实践上的应用。这种隐秘之物被推动着超越他或她自身并被拽入世界之中,通过自由实现的方式,在尽管常新却又总是碎片化的情境下对其进行改造。末世论(eschatology)是一种"已经"和"尚未"的状态,而人则生活在二者的紧张空间之中。黑格尔并不在历史的完满性上期待一种按照时间顺序的或是超自然的未来;历史的完满发生在此时此地,只是永远无法被完全获得。通向目标的路途并不仅仅是手段,也是目的本身,是历史所关注的事物。

或许有人会因黑格尔没有对终极目的谈论太多而觉得遗憾；如果1830年手稿完成了，他或许会在其中多说些。他自己也承认，在太过简短和太过宽泛的论述之间寻求一种平衡并非易事。"因此，我们只能在此给出一种一般性的陈述，历史本身会提供细节。"（L 57）[60]黑格尔的大体方向已足够清晰，但是读者必须到历史中去寻找细节。

威尔金斯指出，黑格尔是最后一位相信世界的终极目的这一问题可理知并且可解答的伟大历史哲学家。非哲学性的历史学家有时会追问特定人物或制度的目的，但这与终极目的这一问题有着质的区别。在对目的论的讨论中，黑格尔强调，在考虑终极目的——不是一种尘世之外的理智，而是一种尘世之中的理智；上帝便是一个这样的理智——之时，成问题的并不是外在的设计，而是内在的设计。上帝在世界之中，但是世界也在上帝之中。因此，上帝既不是世界的创造物，也不是世界之外的至高存在，而是无限的创造力。威尔金斯虽然承认黑格尔的目的论具有神学意蕴，但他选择不追求后者，因为他说，如果一个人掌握了历史对于黑格尔的哲学意义，那么他也掌握了历史在宗教上的意义。威尔金斯在逻辑的范畴上追求哲学意义，具体考察了目的论如何扬弃了机械论。① 然而，逻辑上的范畴皆有其神学上的等价物，而在世界史中，与之呼应的

---

① Burleigh Taylor Wilkins, *Hegel's Philosophy of History*, Ithaca, NY: Cornell University Press, 1974, 页 54-59, 含注释 23; 以及章 2 "Mechanism and Teleology"。参见 *The Science of Logic*, 页 735-754 以及 *The Encyclopaedia Logic*, §§ 204-212, 页 279-286 关于目的论的探讨。

主要是神学或神学逻辑(theo-logic),而非纯粹的逻辑。这并不是由于黑格尔想要像一些批评家所声称的那样"大众化",而是因为历史领域的背景是真实的生活,在那里,绝对者以上帝的形式出现。事实上,原始的乃是上帝的直观,只是到了后来哲学家才提出各种理论来解释它。

耶施克便是按照下述方式思考历史的目的或目标这一问题。世界史作为一个整体,正如艺术、宗教、哲学的部分历史一样,所指向的目标乃是自由的实现。基督教神学和现代哲学以一种完美的形式将这一目标概念化。然而概念不同于历史本身。如果世界史的目标不在于对概念的认识,而在于自由的实现,那么以哲学之历史目的为开端的世界史阶段便有着其自身的具体内容,即现在已经被恰如其分地认识了的实现。[61]在这一点上,哲学与现实的关系发生了逆转。哲学思维不再总是落后于现实,而是先于现实;在哲学终结之后,世界史的特征不是对自由原则的认识,而是对自由原则的实现。自由实践的历史始于艺术史、宗教史以及哲学史的目的(end),实践的历史则永无止境。因此,耶施克认为,历史的目的是在概念上而非在实践中达成的。①

这种解释反映了一种对黑格尔的费尔巴哈式的解读,其真正的洞见在于:实践的历史永无止境。然而,要说艺术史、宗教史、哲学史走向了终结,这又是否正确呢?事实上,概念化的历史也仍在

---

① Walter Jaeschke,"World History and the History of Absolute Spirit," in *History and System*:*Hegel's Philosophy of History*, ed. Robert L. Perkins, Albany, NY:State University of New York Press,1984,页114、115。

继续,如今被全球性的视野和自然科学所丰富;理论和实践的相互作用恰恰既产生出了人类境况中真正的进步,也产生出了悲剧性的扭曲。我们用以检验进步和扭曲的标准或许仍然是照耀在人类繁荣(以及在人类贫乏中的苦难)之中的对上帝的荣耀,但如今,我们不得不承认这乃是一个文化上的相对标准。其相对性并不取消其真理,因为我们只能相对地知晓绝对者。

黑格尔会如何看待历史相对主义?梯勒(Ulrich Thiele)提出了一个有趣的论证,这一论证围绕的核心理念是:2001年的9月11日代表着那些击碎福山和亨廷顿的过分简单化论题的"世界性历史停顿"。福山的正题主张以黑格尔为支撑,论证理念之战已经结束,世俗的自由民主已经赢得胜利,并将扫荡全球。亨廷顿的反题则主张:由于(东方与西方、穆斯林与基督徒、专制独裁与民主的)世界观不可调和,一场文明的冲突不可避免。二者都对论证作了意识形态上的简化,且都可以追溯到黑格尔的世界史哲学;梯勒指出:不过,在《世界史哲学讲演录》中,理念是相互调和的。黑格尔的确描绘了一种国家统一理论以及一种统一的世界史轮廓,但黑格尔是否以及以何种方式推进一种文化上的全球性统一却并不明确。[62]他所期待的是一种同质化的政治体系,还是仅仅是一种部分意义上的彼此接近?一方面,他承认亚洲、伊斯兰、基督教文化将继续"长期在空间上并立"存续(L 40);另一方面,在不同的文本语境中,他断言基督教业已"环绕并统治整个世界"(L 442)。(在今天,也有一个这样的断言,但并非是关于基督教,而是关于它在尘世的子嗣,即西方民主。)因此,我们并不确定黑格尔的世界史哲学是否预设了一种文化和政府的全球化，或者恰好相反，即某些宗教伦理形态的长期不相容。① 或许可以设想第三种可能：既不是同质化也非不相容，而是在能够促成对话、促进人类自由和尊严的价值观重叠的框架内进行合作。自由诸形态不会融合为一种单一的形态，但它们仍然是自由诸形态。这些形态之间的协作可以产生出新宗教、新的哲学理论以及新的全球性实践。这样的情形是否会出现，这一点并不确定：预测并不是历史或哲学的工作。

本章把自由意识的进展确立为历史的中心主题。自由的实现共时性地发生在国家之中，历时性地发生于世界史的进程之中，并且超时性地发生在自由王国之中。这些维度就像重写稿本一样相互堆叠（它们的区别是"分析性的"），由此构成了接下来三章的主题。②

---

① 参见 Ulrich Thiele, *Verfassung, Volksgeist und Religion：Hegels Überlegungen zur Weltgeschichte des Staatsrechts*, Berlin：Duncker & Humblot, 2008, 页 9—13。

② 在本书完稿之后，平克的 *The Better Angels of Our Nature：Why Violence Has Declined*(New York：Viking, 2011)出版了。平克从社会科学的角度验证了黑格尔的观点，即历史是自由意识的进步。通过大范围地研究几千年来的人类文化，平克指出，暴力已经显著减少；即便是在 20 世纪，伴随着两次世界大战和大规模种族灭绝，该世纪下半叶的人权运动、赋予妇女以权力、地球村以及类似的现象都产生了一种重大的积极影响。暴力的衰减并不等于自由的进步，但两者之间存在着联系。事实上，平克认为，道德的成长是这一过程的关键，他将其归因于国家的安抚作用、对谋杀和复仇态度的转变、迷信和偏见的减少以及理性在人类行为中的作用。平克以进化和心理因素而不是哲学和宗教因素来解释道德的发展。（在平克看来，宗教是问题的一部分，而不是解决问题的办法。）由于理性可以被我们的"心魔"当作工具，正如它可以被我们的"良善天使"当作工具一样，平克认为，人类有很好的机会，但也仅有一次很好的机会，去避免未来的文明冲突或新的暴力升级。我们需要时刻保持警惕。

第三章　国家与自由的实现

国家概念

[63]国家是精神实现的"质料"(Material),从而区别于精神实现的"手段"(Mittel),国家是激情和理想的交织(M 100)。这是什么样的质料? 很显然,国家并非首先是自然性的质料或物质,尽管国家是在自然世界中寻找其基质,并且确实是为了人的目的而担负起塑造自然世界的任务。国家必定是精神性的质料,"手段"就运行在这质料之中,但那个断言并没有说出什么。恰恰是精神在社会中展现为 Volksgeist［民族精神］,进而使得诸个体精神(Geister)、自由以及自我意识成为可能。在世界史哲学中,犹太人被描绘为一个没有国家的民族——这是最为悲惨的处境,尽管他们有着崇高的上帝概念,而这恰恰是他们不断被镇压的原因(L 267-268)。① "国家"是

---

① 亦参 *Early Theological Writings*, trans. T. M. Knox, Chicago, IL: University of Chicago Press, 1948, 页 158、159、182-205, 以及 Shlomo Avineri, "The Fossil and the Phoenix: Hegel and Krochmal on the Jewish Volksgeist," in *History and System: Hegel's Philosophy of History*, Albany, NY: State University of New York Press, 1984, 页 47-63, 特别是页 49、50。

指构成人类社会、伦理、政治生活的复合事物——法律、道德、家族、市民社会、文化、政府机构——的整体。国家为更高的精神形式提供了客观基础:艺术、宗教以及哲学。"国家"一词具有一种通常较为狭隘且时而又负面的意涵,意指政府的权威、一种异己的力量、一种"他们";但对黑格尔来说,国家是"我们",确切说来,是"我等民族"。"一个民族的精神"在相互承认以及对于彼此的义务中紧密联系在一起;由此形成一个独特的共同实体(corporate entity)、一个城邦。在《法哲学原理》中,[64]国家在"伦理生活"的第三即最后一部分得到详尽论述,①"伦理生活"还包括家庭和市民社会,位于"抽象法"和"道德"之后。国家作为最后一个部分,把先前的所有部分都纳入其中。国家既是"客观精神"的顶点,又是绝对精神的形式在其中显现的客观性母体。在黑格尔体系的这个支撑点上,历史学科介入了进来,因为历史恰恰就是关乎国家的。

接下来的讨论仅仅局限于黑格尔在世界史哲学中关于国家的论述。他在1822至1823年讲演中把国家放在导言的第三个主要部分即"国家的本性"(L 72-113)中加以论述,并且在1830年手稿(M 171-181)和1830至1831年的讲演(L_{30-31} 28-43)中把国家作为"精神在历史中的实现"的一个面相。在1822至1823年和1830至1831年的讲演中,黑格尔均分章节讨论了国家的概念以及国家的"政体"或政治组织。在1822至1823年的讲演中,黑格尔讨论了两个额外的主题:国家与精神产物(宗教、艺术、哲学、文化)以及国家

---

① *Elements of the Philosophy of Right*, §§ 257-360,页 275-380。

与自然(地理)的关系。在最后几次讲演中,地理似乎是作为导言的补充,而不是国家本身一个不可或缺的组成部分。不管怎样,本章将要讨论的主题有四个:国家概念、政体、国家与精神、国家与自然。

黑格尔在1822至1823年讲演的开篇指出,伦理生活是自由理念与人的激情相互联结的"中间点";相应地,国家乃是把其他具体面相纳入其中的伦理生活的"中间点",例如法律、习俗、生活的便利以及精神的实践。黑格尔指出,他在法哲学中已经对国家问题作了充分的检讨,在当前的讲演中,多数情况下,他不得不把那里的论述作为先决条件,仅仅总结由之而得出的结果(L 72)。

> 至于国家的本性,应当作如下表述:自由在国家中是作为对象形成的,它在国家中以肯定的[即历史的]方式得到了实现——与此相对的表述是:国家是由人们组成的一个共同体,在这个共同体中,所有人的自由都受到限制,所以国家是对自由的否定,因而给每个人只留下他能表现其自由的一小块地方……但国家是以自由的客观性表现出的自由;而人们一向……知道自由的那一小块地方,不过是任意的选择(Willkür),[65]因而是自由的对立面。因此,哲学把握国家的方式认为,国家就是自由的实现。这是对国家的首要规定。(L 72、73)

黑格尔概括性地引用了亚里士多德的观点,即人"本质上是一种政治性动物",[1]他补充说,理性,亦即人类的存在本身,也依赖于

---

[1] 亚里士多德,《政治学》,1253^a。

国家。国家是一个民族的客观辛劳的结果。

将国家仅仅视作一种满足个人目的的手段,这是错误的,"因为国家才是目的或目标;而对个体来说,他们只有在自身之内实现了本民族的本质属性之时才具有意义"。这种本质属性便是该民族的"客观本质"(die Sache),在这一Sache[客观本质]中,个体的主观意志与自在自为的普遍相统一。

> 个体把他们所是的一切事物都归给国家;他们唯有在国家之内才拥有其本质性的存在。国家是伦理性的整体,国家不是一种与个体相对立的抽象。(L 74)

似乎是为了避免有人对他的立场有什么疑问,黑格尔补充道:

> 国家并非为了其公民而存在;相反,国家是自在自为的目的,而不是各个个体的手段,各个个体乃是国家的构成环节。这里的情形并非个人是目的,国家是手段。目的和手段的关系是不贴切的;因为国家并非一种与公民相对立的抽象;相反,公民们是整体本身的重要环节,是对整体本身的意识。在一个有机体中,一切都是目的,同时也都是手段;在那里,没有任何成员是目的,也没有任何部分是手段。因此,国家就是理念,就如它在大地上现实存在着那样。(L 74)

因此,国家是一种社会有机体,部分与整体之间的区分在其中既被取消,又得以保留。就此而言,国家就是如其在大地上现实存在着的那样的理念,因为这个理念也表达了整体与部分的统一。

黑格尔通过国家和家庭关系的对比来开展论述；国家的出现也确实是部分地起于家庭的联合。家庭同样也是一个伦理性的整体，

> 但是在家庭中，爱本身是精神和统一借以现实地存在的方式。每个家庭成员都通过爱而意识到自己是整体中的一员。每一成员的辛劳和目的都不是互不相干的，都不是为了他们自身，而是为了作为整体的家庭而存在，而且这一整体要优先于个人自身的独特性。(L 74、75)

换言之，真正的个体性并不能在家庭关系之中浮现出来，在家庭关系中，爱的纽带优先于一种人格的发展。[66]家庭或部落整体是至高无上的，而这种人格的概念本身就是缺位的。

后者只能在国家中得到发展，在国家中，联结的纽带是一种公民身份，而非爱本身（爱以包容的形式存在）的纽带。公民身份要求法律取代情感，这些法律是以认知着的形态存在的普遍事物。在遵守法律的过程中，个体知道他们拥有自身的自由，因为法律是理性的。

> 因此，个体便在法律中与他自己的本质相关联，与他自己的意志相关联……所以，在国家里，各个个体的独立性是现实存在的；因为他们都是认识者，而认识构成个体的自为存在，这就是说，各个个体在普遍的东西对面设定了自己的"自我"。于是人格(Persönlichkeit)就在这里登场了。(L 75)

黑格尔关于国家的其他所有论述都遵循这些基本界定。宗

教、艺术、科学和文化只能在国家中出现,因为它们也是思维的产物。对普遍的思考和认识在国家中第一次成为现实。对普遍的思考和认识恰恰就在于,主奴关系是如何被一种相互承认、相互尊重的状态推翻和取代的。在相互承认中,存在着对特定意志的放弃和主体间意志的创造。我的自由取决于他人的自由;只有当我们共同自由时,自由才会居于统治地位。这样的情形发生于其中的社会政治有机体便是国家(L 76、77)。

黑格尔关于国家的主体间性或社群主义的意味深长的概念,与把国家视为限制个人自由的契约论观点形成了鲜明的对照。在极端的形式中,契约论的这些观点构成了某些保守派攻击政府机构的基础,认为这些机构是邪恶的或者不必要的。在黑格尔看来,这种观点极其危险,只能在无政府状态中宣告结束。在这样的状态下,每个人都必须武装起来以保护自己。这种状态不是最高的自由,而是极度的不自由,是对自然状态的回归。契约论者没有抓住黑格尔最深刻的洞见,即个人自由与社会自由一起得到了最大化,因为自由本身就是主体间性的。这正是我们今天所理解的自由主义。

罗森(Michael Rosen)指出,古典自由主义强调个人权利、义务和唯意志论(voluntarism),而黑格尔的立场更接近于罗森所宣称的"共和主义",[67]这便是社群主义,强调的是伦理生活的首要地位。如今,古典自由主义更接近(新)保守派的"自由至上主义"(libertarianism),而自由主义则被重新定义,意指社会福利国家。罗森认为,古典自由主义与共和主义之间的区别在罗尔斯和桑德尔的论辩中得到了重演。自由主义试图据以确立其价值的理念是一种抽象且贫乏的自我之概念，这一理念可以追溯到黑格尔对卢梭和康德观念中的法国大革命意识形态基础的批判。在黑格尔和桑德尔看来，自由主义的自我概念的薄弱之处在于，它本质上是唯意志论的，是一种抽象的选择主体，其唯一真正的义务乃是自封的。对黑格尔和桑德尔来说，这种自由主义是一种具有破坏性的、终究要自我毁灭的体系。罗森虽然不同意将自由主义的根源诊断为唯意志论，但他的确在以下范围内同意：如果公共生活机构仅仅被视为实现个别私人目的的手段，那么它们将失去履行哪怕是这样一个有限功能的能力。①

黑格尔在1830年的手稿中所阐明的国家概念与1822至1823年讲演中的只有细微的不同。然而，他确实更清楚地表述了国家与宗教之间的联系。他想要说的似乎是，自由的主体间性必须有

---

① Michael Rosen, "Liberalism, Republicanism and the Public Philosophy of American Democracy," in *Die Weltgeschichte—das Weltgericht? Stuttgarter Hegel Kongreß* 1999, ed. Rüdiger Bubner and Walter Mesch, Stuttgart: Klett-Cotta, 2001, 页261-279。参见 John Rawls, *Political Liberalism*, rev. edn., New York: Columbia University Press, 2005 以及 Michael Sandel, *Liberalism and the Limits of Justice*, 2nd edn. New York: Cambridge University Press, 1998 和 *Democracy's Discontent: America In Search of a Public Philosophy*, Cambridge, MA: Harvard University Press, 1996。桑德尔因其在哈佛大学的一系列关于正义的电视课程而出名，他的最新著作与那门课有关：Michael Samdel, *Justice: What's the Right Thing to Do?*, New York: Farrar, Straus & Giroux, 2009；尤参第十章"公正与共同利益"（Justice and the Common Good），他在那里主张，真正的自由主义不能价值中立，而是要致力于对人类社会福祉的判断。

一种超越主观的或深刻的维度,这一维度将人的"本质存在"认作神的"本质存在"。因此,"独立于宗教去设计和实施政治制度是愚蠢的"。对国家和宗教的相互依赖的真正认识"寓于新教原则的内在性之中",这种认识承认

> 权利和伦理生活的内在性(inherent)存在和实体性存在……如果国家的法律原则和制度脱离了内向性(inwardness),[68]脱离了良知的终极圣殿——宗教在其中占有一席之地的寂静圣殿,它们就不会在事实上成为[生活的]中心,而是保持为抽象的、非具体的。(M 173)

在这里,黑格尔并没有更为详尽地阐述他的意思。也许,良知的圣殿平衡着代表国家的威权主义主张和代表个人的自由至上主义主张。手稿在谈到这一点时中断了(M 173 注释59),①但部分内容被记录下来的讲演所填补。黑格尔在那里说道,在宗教(绝对精神的意识)中,人的意志将放弃其特有的利益,以崇敬之心,在神圣的敬献仪式之中将其放置一旁。个体在此放弃他们的财产、他们的意志、他们各自独特的感受(L_{30-31} 26)。这样一来,激进的自律(autonomy)主张被搁置在一旁。此外,伦理生活的法则并不是偶然的,而是本身就是理性的,因为它们是"在历史的外部对象中的神的面相"(L_{30-31}27)。神的面相可以看作一种把他律(heterono-

---

① [译注]此处是指英译本页102,注释59:"此处有中断,手稿编号从74b跳回到了70a。"

my)的国家权威相对化的标准。神律(theonomy)克服了自律和他律所固有的扭曲;而自律和他律反过来又使得神学免于成为一种抽象的和潜在的非人性化的超越。蒂利希说:

> 神律的文化是精神决定和精神导向的文化,精神促使精神完备,而不是破坏它自身。神律的理念并不是反人道主义的,而是将关于'去往何处'的人的不确定性转变为一种超越于每一特定个人目的的方向指引。①

稍后,我会再回到这些看法上来。

1830年手稿继续列举了关于国家性质的三种误解。第一种误解:人在自然中是自由的,但在社会和国家中,这种自然的自由必须受到限制。这样一种主张是违反事实的,因为我们在自然中发现了野蛮、原始的激情以及暴力行为。

> 自由作为直接的和自然之物的理念性,并不是作为一种直接的和自然之物而存在的,而是必须被争取得来,这种情况只有通过一种无限的中介,即这种对认识和意愿不断加以管教的中介才能发生。

把个人的动力、欲望以及激情归给自由,就是把这些限制中的任意一种都看作对自由的限制。"相反,这样的限制完全是解放活

---

① Paul Tillich, *Systematic Theology*, Chicago: University of Chicago Press, 1963, 卷三, 页250; 对照页249—265。

动得以产生的条件,社会和国家是自由在其中反而得以实现的状态。"(M 173、176)

[69]第二种和第三种误解是相互关联的,这牵涉到将国家同宗法式的关系或家庭关系相混淆。宗法制建立在家庭关系的基础上,但宗法制是"一种过渡形式,家庭已经在这当中成长为一个氏族或民族,其中的纽带已经不再是简单的爱和信任,而是一种侍从性(service)的联系"(M 176、177)。血缘关系在宗法制单元中被超越,但侍从还不是公民身份,公民身份只有到了政治制度发展起来的相对较晚的阶段才能获得。

黑格尔在1830至1831年的讲演中还引入了另一种误解,这些讲演称之为"第三种误解",因为宗法制和家庭合并到了第二种误解之中。这就是所谓的"集体谬误"(die Allheit [全体性]),亦即主张:国家的法规要想获得法律效力,就必须得到所有个体的同意。然而,若是要求这种激进的民主,国家也就崩溃了,因为并不是所有人都能在任何事情上取得一致。事实上,"民众"本身缺乏制定法律以及确立适当政体的智慧,这些任务必须由具备必要知识的人来承担或被委派(L_{30-31}37、38)。

这些结论性的评述只是一个引子。在谈论政体之前,我将概述帕滕(Alan Patten)对黑格尔的国家概念的分析,他将黑格尔的国家概念描述为与"契约论"相对立的"社群主义"。① 简而言之,国

---

① Alan Patten, *Hegel's Idea of Freedom*, Oxford: Oxford University Press, 1999,章4、6、7。

家并不像社会契约论所宣称的那样是自由的限制;恰恰相反,有一种自由是在国家中实现的,在国家之外享受不到这种自由。帕滕为此作了辩护,尽管他也指出了黑格尔的国家哲学中有一些令人怀疑的面相,这主要表现在黑格尔对政体的分析中。黑格尔的国家概念符合帕滕所谓的"公民人本主义(civil humanist)自由理念",这意味着人们可以不依赖于(但也并不抵触)上帝是自由的代理人或是自由内容的提供者这一观念来理解国家。

帕滕的分析是基于对《法哲学原理》的细致阅读。黑格尔将"市民社会"(bürgerliche Gesellschaft)与国家区分开来。市民社会是"特殊"作为目的和对象的领域,而国家则是"普遍"作为目的和对象的领域。在市民社会中,个体追求他们自己的目标;在国家中,他们追求的是承认的共同体(the community of recognition)之目的。市民社会的机制类似于市场经济,在市场经济中,[70]每一个体借由对自身需求和欲望的满足也为他人的需求提供服务。借由一只"看不见的手",个人被迫为他人提供好处,如果他们想为自己赢取好处的话。① 通过这一方式,他们获得了一种更为普遍的善以及承认和尊重。然而,国家

> 乃是个人直接、明确且有意地为他人和整个共同体的利益而工作的领域,并且试图维护和促进一个相互承认的共同

---

① "理性的狡计"是通过一只类似于看不见的手来运作的,但对理性来说,这只手是天意而不是市场力量的手。"看不见的手"这一比喻来源于亚当·斯密的《国富论》(*The Wealth of Nations*,1776)。

体,在这个共同体中,所有人都能发展和维持其自由和理性的功能。①

契约论观点使得国家成为市民社会的一部分;而社群主义的观点则正相反。② 国家消解了市民社会的体制结构中所固有的矛盾和紧张。个体和社会秩序的目标、价值、信念必须结成一致。这种一致并非通过强制来实现,而是通过国家的中央机构——主权、治权、立法权——的有效运作,以及精神在法律、艺术、宗教、哲学以及整个社会文化中的展开来实现。国家需要并且造就了一个相互承认的共同体。

帕滕不得不面对的问题也是黑格尔切实面临着的问题,这个问题涉及承认的共同体之标准。它何以代表着国家的终极价值?它的权威性能否通过一种纯粹的人本主义解读而得到确立? 其他类型的人本主义可能会辩称,推动政治的最多不过是一种以自身利益为基础的实用性的利他主义。不偏不倚的承认以及对一切人类自身之自由的肯定,除非建立在现实本身的终极结构的基础上,

---

① Alan Patten, *Hegel's Idea of Freedom*, Oxford: Oxford University Press, 1999,页 174。帕滕(页 194)引用了黑格尔(*Elements of the Philosophy of Right*, § 260,页 282)的著名论断:"现代国家的原则有着惊人的力量和深度,因为它使得主体性原则在个人特殊性的自足的极端中得以完成,同时将其带回到实体性的统一,并且在主体性原则本身之中保存这统一。"

② 佩尔岑斯基(Z. A. Pelczynski)主要就是在这一基础上批评黑格尔的。参见他的论文"The Hegelian Conception of the State," in *Hegel's Political Philosophy: Problems and Perspectives*, Cambridge: Cambridge University Press, 1971,页 1–29。

否则都是乌托邦式的目标。帕滕总结道：

> 在这一点上，我认为黑格尔会退回到关于上帝借由历史进程而自我实现的叙事之中。[71]人的自由和主体性是思考社会和政治问题的正确理想，从根本上说，因为上帝想要甚至需要被自由地认识和尊崇。在这个意义上，本研究所捍卫的公民人本主义解读无法完全凭借自身而站得住脚。当然，今天的我们似乎很难接受这样一种形而上学故事的表面意义。然而，在意识到需要这样一个故事这一点上，黑格尔至少可以宣称他发现了一个问题，这个问题在今天的重要性并不亚于在黑格尔自身所处的时代。①

由一位公正而博学的诠释者作出的这一论断，表明了一种关于黑格尔伦理生活和国家概念的神学视角的重要性。在我看来，这与其说是上帝想要被自由地认识和尊崇，不如说是上帝按照自身存在的形象创造了一个相互承认的共同体：它有着一个精神共同体的形态，一个 Reich der Freiheit[自由的王国]的形态，这便是历史的目的。上帝这样做是因为上帝便是那作为自由(das Freie)的太一(One)，在自由中爱着的太一。我将在第五章回到这个问题。

---

① Alan Patten, *Hegel's Idea of Freedom*, Oxford: Oxford University Press, 1999,页 204。帕滕此前承认，形而上学的、历史主义的和人本主义的解读都抓住了黑格尔立场的一些面相，并非互不相容(页 9、10)。

政 体

在1822至1823年的讲演中,黑格尔探讨了作为自由之实现的国家面相的三个部分,政体构成了头一个部分:国家的内在结构(政体),国家与精神和文化世界(既包括有限的层面也包括无限的层面)的关系,以及国家与物理世界或自然世界(地理)的关系(L 77,注释43)。这些关系都是国家整体性的构成要素。

宪法(Verfassung)[①]并不仅仅是指一份书面文件,更是指一种政府机构的运作。最好的国家是自由在其中占据最大优势的国家,因为国家是自由的实现。但这样的自由在哪里可以寻获?这种自由的实在性由什么构成?第一种建议是以主观意志、"任意"(Willkür)来代表自由,但是黑格尔已经将这种表象方式放置在一旁,因为准确说来,国家是主观意志和普遍意志的统一。如果我们从一种政府和民众对立的假定开始,那么双方都必须受到限制。这是一种十分常见的假定,然而黑格尔写道:

> [72]在民众与政府的对立中,存在着某种恶毒的东西。只要这种对立仍在延续,国家其实就还不存在,而这涉及的是国家的单纯现实存在……在国家中,这种对立必定已经消失不见了……国家以那两个方面的统一本身为基础。这种统一

---

① [译注]这里的"宪法"和"政体"的德文均为Verfassung。

> 就是国家的存在本身,是国家的实体……作为一个活生生的实体,国家在本质上必须被思想为……一个有机的系统,它由各个社会阶层、各个特定的普遍性构成,它们本身都是独立的,可它们的独立性的作用就是要产生出这个整体,也就是要扬弃它们的独立性。在有机体内就根本不再谈普遍的东西与个别的东西的对立。(L 79)

国家的有机整体是理解其作为一种承认的共同体的实质性存在的关键。政体只不过是给出了有机体的特定形态。

黑格尔区分了三种政体形式。在第一种形式中,"总体仍然被包裹着",各个社会阶层还没有发展为独立的存在,还没有获得独立性。在第二种形式中,各阶层变得自由。

> 第一种形式是强制性的统一;第二种形式是解放了的各阶层无拘无束的统一,统一在其中乃是次要的因素。最后,第三种形式是这样一种形式,在这种形式中,社会各阶层都独立存在着,只有在产生普遍东西的过程中才起作用。(L 80)

黑格尔将这些形式与特定类型的政体联系起来,评说道:"所有的国家、所有的帝国都得经历这些形式,而整个世界史就可以按照这些形式来划分。"第一种类型是宗法式王国,一位君主在其中凭借绝对的权力施行统治,其统一仍然是强制性的。接着,第二种类型的特殊性以贵族制或民主制的形式登上舞台,二者取决于是由一个特定的群体还是全体公民来统治。即便是在民主制中,也结晶出了一种偶然的贵族制,或者是基于才能,或者是基于其他偶然性。这便构成了向着第二种王权统治的过渡,即**君主制**,这才是国家最终的、真正的形式。(楷体为本书作者所加)

这些类型的政体与构成世界史的四个"世界"有关:东方帝国、希腊帝国、罗马帝国,以及现代欧洲或日耳曼世界;后者描绘了"[第二种]君主制,在那里,各个特定的社会阶层变得自由却不危及整体;相反,恰恰是特殊性的活动才产生出了整体"。"第二种君主制"是一种君主立宪制,在那里,君主的权力不再是绝对的,而是以极为具体的方式受到限制。在黑格尔看来,这是国家的最终形式,[73]因为它体现了国家的理念,"赋予自己的各个不同环节以自由,使它们突现自身,又退回到它们的统一中去"。各种政体在历史上相继出现,"在这样一种方式中,早先的原则被后来的原则所扬弃"(L 80、81)。

1830年的手稿提供了一个与此非常类似的分析。"最重要的特征是统治者和被统治者之间的区别,政体从整体上被恰当地划分为君主制、贵族制和民主制。"根据这一归类,必须在"专制统治和君主制本身"之间作出区分;只有后者(君主立宪制)才有机会被纳入关于何为最好政体的严肃思考中(M 179、180)。黑格尔的判断如下:

自由那奠基性的规定却被抽象地看待,这导致的结果是,**共和制**在理论上非常普遍地被视为唯一正当的、真正的政体。甚至很多在**君主制**形式政府中身居高位的人物,如拉法耶特侯爵,也不反对这样的观点,或者已经对此表示认同。他们已经看到,这样一种政体,即便它可能是最好的政体,也不会放之四海而皆准,而且由于人的**本性**就是如此,他们不得不忍受较低程度的自由。不管怎样,在这种既定的环境和人民的道德状况下,君主政体可能是**最**有用的政体。(M 180、181)

因此,这一判断既是基于理论上的考虑,也有现实的考量。考虑到人性的弱点,对于民众直接在议会中代表自己的任何形式的纯粹民主,黑格尔都持怀疑态度。在这里,相互竞争的个人利益很可能压倒真正的成就,派系很可能获得控制权,而在票数接近的情况下,决断也就显得随意。无论如何,这样的民主只能在由有教养的公民构成(他们依赖于一个受到压迫的劳动阶级的供养)的小国中发挥作用,就像在古希腊那样。① 与此相反,黑格尔将民主元素纳入君主立宪制之中。②

在黑格尔世界史哲学的讲演中找不到他对君主立宪制要素的描述,我们必须转向法哲学中去寻找。[74]大体而言,黑格尔提出了主权机构、行政部门、立法议会、司法审判以及警察或公共权力之间的权力划分或权力平衡。立法议会是一个"等级议会"

---

① 参见下文对希腊世界的讨论。希腊民主制在 L 355–363、368–370、384、385 有论述。

② 黑格尔在 1830 至 1831 年的讲演中补充道:国家在本质上与艺术、宗教、哲学或文化相关联,但这种联系没有得到进一步发展。他还指出:"有待引入的其他基本要素是其气候、邻国、在世界上的总体地位等等。"(L_{30-31},42)黑格尔在 1830 至 1831 年讲演中提到的这些要素被视为一种补充,而不是分析国家之时的一个不可或缺的组成部分。

(Ständeversammlung),在下议院中,各式各样的"等级"或阶级均有其代表。个体加入代表不同职业和行业利益的"集团",而代表则是由集团而不是普选选出。行政部门拥有巨大的行政权力,而君主实际上只象征人民的团结和主体性以及任命官僚。这样一来,权力的天平便向着行政部门和议会倾斜,公民在此不是个别地而是通过他们的社会地位而被代表。①

这一安排有许多可供赞赏之处,也有不少值得批评的地方。西伯特(Rudolf J. Siebert)主张,黑格尔本人参与了许多非常实际的自由计划,这些计划在当时是非常进步的。他要求所有公民在法律面前一律平等,并解放犹太人。他主张陪审团制度,让所有拥有投票权(但不包括普选权)的人参与立法过程。他捍卫了婚前和婚后的情爱原则(以此反对包办婚姻)。他并不提倡无限的国家权力;他的理想型政体不是1820年的普鲁士专制主义,而是英国的君主立宪制。他的目标是建立一个没有奴隶的伯里克利式城邦,一个由自由

---

① 参见 *Lectures on Natural Right and Political Science*:*The First Philosophy of Right* (*Heidelberg*,*1817—1818*),ed. by the Staff of the Hegel Archives with an introduction by Otto Pöggeler, trans. J. Michael Stewart and Peter C. Hodgson, Berkeley and Los Angeles:University of California Press,1995,§§ 109-158,页189-296,以及 *Elements of the Philosophy of Right*,§§ 209-256、275-320,页240-274、313-359。对此的分析,参见 Shlomo Avineri, *Hegel's Theory of the Modern State*,Cambridge:Cambridge University Press,1972,尤其是章7-9。有关《法哲学原理》出版时的政治情形,参见 Allen W. Wood, "Hegel's Political Philosophy," in *A Companion to Hegel*, ed. Stephen Houlgate and Michael Baur, Oxford:Blackwell,2011,页298-300。

人组成的自由国家。在黑格尔生前和死后,右翼对其思想的反对越来越强烈,黑格尔在一种对政治前景的不安预感中离世。①

[75]帕滕既指出了其优点也指出了其缺陷。黑格尔的政体将国家阐述为不同的任务和职能,因此它具有不断产生和保持自身的有机体特征。三种主要权力,即主权、行政、立法,以不同的方式相互作用,从而规避不稳定性。为了确保稳定,他赞成以长子继承制为基础的世袭原则来决定君主制的继承权,主张国家应有一支训练有素的公务员队伍,且应在个别集团中举行选举,而不是直接投票给候选人。如此,权力在一定程度上是平衡的,但这一体系为了稳定而有所偏袒。

> 在黑格尔所描述的国家中,立法机构太过软弱且极其缺乏代表性;官僚机构过于封闭和强大;公众舆论的作用太有限,不能被视作自由的充分实现。我们无需完全接受马克思对黑格尔的批评便会同意其观点:黑格尔的国家似乎是促进市民社会强有力且根深蒂固的利益——而非普通公民的自由,更不用说穷人和失去财产者的自由——的较好设计。即使不是契约论者,人们也会认为黑格尔的国家所缺少的恰恰是卢梭的参与式民主机制,而黑格尔则明确地否定了这种机制。②

---

① Rudolf J. Siebert, *Hegel's Philosophy of History: Theological, Humanistic, and Scientific Elements*, Washington, DC: University Press of America, 1979, 页 18-21。

② Alan Patten, *Hegel's Idea of Freedom*, Oxford: Oxford University Press, 1999, 页 200; 对照页 188-190。

具有讽刺意味的是,北美和西欧的民主国家虽然看似继承了更多卢梭式的遗产,但却在很大程度上被"市民社会强有力且根深蒂固的利益"所笼络,这些利益团体利用自己的权力以增进自身的利益,而非穷人和失去财产者的利益。这在美国尤甚,这里有着庞大的私人财富来影响选举,并宣扬一种根本上有缺陷的观点,即国家是一头不得不挨饿的野兽。这些做法均损害了民主的进程,而黑格尔的有机体观点本可以更好地保障这一进程。

国家与精神:宗教、艺术、哲学、文化

在论述完政体之后,黑格尔在1822至1823年的讲演中指出了国家的三个面相:一种无限的内容(宗教、艺术、哲学),一种与需求相关联的有限内容(文化和经验科学),以及一种自然的面相(地理)。[76]这三个面相构成了一个"丰富的篇章"(L 82)。然而,在其1830至1831年的讲演中,只有地理得到了详细的讨论。

宗教、艺术、哲学。意识既要认识精神的自在自为的存在(绝对精神),也要认识精神与个体的统一。这种知识的核心是宗教;的确,"艺术和科学[哲学]可以被视为宗教的形式和面相"。宗教、艺术、哲学在本质上有着相同的内容,但它们以不同的形式来表现:表象、直观、思想。在与国家的关系中,宗教是意识的核心形式,因为国家的本性与宗教本身一样,在于实现普遍意志与主观意志的统一。黑格尔在此说道:"关于在宗教里起决定作用的东西,我们只能指出一

些主要环节,它们唯有通过哲学才能加以证明。"(L 83)

黑格尔以"人在认识活动中是无限的,在意志活动中是有限的"作为开端——这与康德对理论理性之局限性的批判正相反对(L 84,含注释 49)。① 只有理智(intelligence)才能把意志从它的局限中解放出来。基础性的存在应该被思考为普遍的力量。当这种力量被想象为自然界和精神世界的"主宰"时,它就反映在自己身上,并带有主体性或人格性的特质。于是,"普遍精神在本质上就呈现为人的意识"。它既成为持续存在着的精神(der seiende Geist),②也成为普遍精神。由此也就引出了黑格尔关于宗教的下述界定:

---

① 关于"克服康德的架构",参见 Robert R. Williams, *Tragedy, Recognition, and the Death of God: Studies in Hegel and Nietzsche*, Oxford: Oxford University Press, 2012, 部分 3。

② seined(e)是源自 sein 一词的形容词,意为持续存在着的或具有存在性的东西;它是限定在"那儿"的存在(Dasein)。德文文本如下:"Der allgemeine Geist ist wesentlich vorhanden als menschliches Bewußtsein. Der Mensch ist dieses Dasein und Fürsichsein des Wissens. Wir haben also jetzt [einen] allgemeinen Geist als sich wissenden und in sich reflektierende, als welcher er sich als Subjekt, als Unmittelbares, als Seiendes setzt. Der seiende Geist ist menschliches Bewußtsein." (*Vorlesungen über die Philosophie der Weltgeschichte* [Berlin 1822—1823], ed. Karl Heinz Ilting, Karl Brehmer, and Hoo Nam Seelmann, Hamburg: Felix Meiner, 1996, 页 85)[译注]"普遍精神本质上是作为人的意识现实存在的。人是知识的这种特定存在和自为存在。所以我们在这时就已经有了一种认识自己和在自身内进行反思的普遍精神,它作为这样的一种精神,把自己设定为主体,设定为直接的东西、持续存在着的东西。这个持续存在着的精神就是人的意识。"(L 85)

> 神圣的理念……就是普遍的精神与持续存在着的精神之统一。抽象地看,这不过意味着精神必须被理解为有限性与无限性的统一;当二者被分离时,知性版本的无限性就占据了支配地位。在另一种形式中,这便是基督教业已揭露和启示的奥秘,即上帝就是人的本性与神圣本性的统一。[77]这便是宗教之为宗教的真正理念。崇拜也是宗教的一部分,而崇拜无非是单个的意识在稳固其自身与神圣东西的这种统一。因此,神圣的东西与人的东西的这种统一是宗教的真正理念。(L 85)

这种"宗教的真正理念"并不把无限消融于有限,也不把有限消融于无限。"知性"(Verstand)无法把握这种关系的辩证特点;同样,黑格尔的诠释者们也不能为此而将这样一段文本解读为一种本质上的人本主义形式,在那种形式中,神性成了有限事物的自我投射。对黑格尔本人来说,知性已经把神圣理念变成了一种抽象,"变成了一种在人的彼岸的存在者;知性已经把神圣理念变成了一个坚不可摧的城垛。它若隐若现,人类靠近之时,就会迎头撞上它"(L 85)。然而神性并不在人类的彼岸,这是一种超出了有限与无限之差别却又不消除这种差别的关系。如果无限者不过是有限者的一种自我投射,那么它将会是另一个有限者,这个有限者的"彼岸"受限于其所不是的东西,即有限者。真正的无限是其自在自为的存在(Anundfürsich-sein)与其定在(Dasein)的一种关系。①

---

① 黑格尔在《关于上帝定在的证明的讲演》中阐述了无限与有限的辩证法,我将在第五章论述这一问题。

黑格尔以这种方式将两种宗教类型区分开来,在他的其他著作中并没有作这种区分。

> 第一种宗教是一种分裂的宗教,在这种分裂中,上帝一方面作为抽象的存在者处在我们之外,因而是一种未设定意识的个别性的宗教,结果便是,那也许被称作是'精神'的……不过是一个空名。(L 86)

这种宗教的主要实例见于犹太教和伊斯兰教,以及"现今的知性的宗教",即启蒙运动的有神论。这种对犹太教和伊斯兰教的描述当然是片面的,正如黑格尔本人后来至少在犹太教中认识到的——犹太教是第一个把上帝观念把握为太一和无限的主体性的宗教。① 另一种宗教类型"是无限的东西与有限的东西的统一,是上帝与世界的统一"。[78]其实例出现在印度教的化身和希腊艺术之中,后者描绘了"以人的形象出现的神祇"。但是,

> 这种宗教类型在基督教中得到了最纯粹的展现。在那里,神圣本性与人的本性的统一是通过基督表现出来的,这种统一让上帝以他的圣子的形象表现出来,这便使得人们达到对这种统一的意识。然而这种人神同形同性的本质不是以有

---

① 参见 Lectures on the Philosophy of Religion,卷二,页 669-687 对犹太教的描述。伊斯兰教和启蒙运动的有趣配对可以在 1824 年的讲演稿中读到,参见卷三,页 241-244。

失体面的方式得到描述的,而是这样得到描述的,即它导向真正的上帝理念。真正的上帝理念所蕴含的是,上帝并非一个意识在它之上、与它对立的彼岸。(L 86)

黑格尔在此预示了讲座后半部分的一个中心思想。在后半部分,对上帝在一个"这一个"(ein Dieses)之中并作为一个"这一个"而显现的强调逐渐浮现出来(参见 L 343、351 及以下)。在此,他继续简短地讨论艺术和哲学。黑格尔说,有关哲学能否在一个民族中产生乃是宗教的一项功能。只有希腊人和基督教才能发展出真正实在的哲学。在东方民族中,太一仍旧保持为一种抽象,而不是一种有限与无限的统一(L 87)。

恰恰是因为真正的宗教将神性与人性、客观性与主观性、普遍性与个体性在差异中的统一(unity-within-difference)主题化了,宗教才成了国家的基础。这一主张引起了极大的混乱和误解。在《法哲学原理》第 258 节的一条附释中,黑格尔提出了著名的主张:Es ist der Gang Gottes in der Welt, daß der Staat ist. 尼斯贝特(H. B. Nisbet)将这句德文译作:The state consists in the march of God in the world[国家是由在世上行进的上帝构成]。① 而阿维内瑞(Shlomo Avineri)则指出,这一不寻常的德语句法还是根据字面翻译更好:It is the way of God in the world, that there should be the state(恰恰是上帝在世界之中的方式表明,应当有[字面意思

---

① *Elements of the Philosophy of Right*,页 279。

为"是"]国家)。① 黑格尔并不是说任何现存的国家都是"上帝之行进"的大地或类似的什么东西,而是按照阿维内瑞的观点,"国家的存在本身就是一种神圣计策的一部分,而不仅仅是一项人为的产物"。甚至提到神圣计策也会让人误解。毋宁说,国家乃是宗教所关注的同一种统一体的实现,这种实现是客观的社会政治的实现,这种统一是普遍性(神圣本性)与个体性(人的主体性)的统一;这种统一是自由在世界之中的实现。人们或许仍然会由于各种原因对这一提法持有异议,[79]但按照黑格尔的观点,这一提法正是国家"建立"在宗教之上的意思。这种说法并不意味着现有的国家"需要"宗教,就好像宗教还没有出现在这个国家,而是必须首先"如饥似渴地引入到国家之中"(L 88)。宗教并不是一种多少有些用处的货物,而是一种具有优先性和基础性的东西。黑格尔没有预见到这样一种可能性,即在人类生活中,宗教也许不再占有重要的地位,它可能会成为一种选择,国家必须以纯粹世俗的东西作为基础。美国《独立宣言》和《美国宪法》的起草者们也未能预见到这一点。他们主张的人人平等以及不可剥夺的生存权、自由权、追求幸福的权利并非以自我为基础,而是以终极现实本身的本性为基础。我们今天面临的一种可能性是,这样一种主张已经失效了;另一种可能性在于,基于犹太教-基督教传统的主张可以在神学上被重构,并通过呼吁世界宗教的多样性而得到拓展。

---

① Shlomo Avineri, *Hegel's Theory of the Modern State*, Cambridge: Cambridge University Press, 1972, 页 176、177。阿维内瑞在此遵从了考夫曼(Walter Kaufmann)的一个建议。

无论如何,黑格尔将宗教与国家紧密地联系在一起,这意味着探讨公共政策时不能完全没有道德和宗教上的考虑,而中立的借口只不过是一种借口。今天的许多公共政策问题,如堕胎、干细胞研究、权宜战争①、公民理想、公共服务、正义以及共同利益(the common good),本质上都有着伦理-宗教的维度;有必要在这些基础以及世俗的或功利的基础上展开论辩。如前所述,这样一种观点使得黑格尔更为密切地关联于桑德尔的社会自由主义或社群主义的自由主义,而非罗尔斯的古典自由主义——一种承认理性地捍卫宗教信念之重要性的社会自由主义。

文化的有限方面。黑格尔现在从国家的理想方面转向其物质文化的功能(对此,他宣称"普遍之光贯穿这一特殊的内容")。特殊的内容构成了庞杂的法哲学(法律、财产、道德、家族、市民社会),黑格尔在《世界史哲学讲演录》中对此提供了一个非常简短的概要(L 88—90)。他从各民族的习俗和实践开始——尤其是在家庭关系中。婚姻必须是基于一男一女的一夫一妻制关系,因为在现代社会,双方(男性和女性)都获得了充分的权利。有关子女待遇、家族财产、继承法、个体之间的行为(礼貌、文明)等等,都以个人权利为前提。[80]第二点考虑的是"人在与自然的关系中的实践行为……以及他们在与满足自己需要的手段的关系中如何行事"。这里指的是"文化",不是教育意义上的 Bildung[教化],而是

---

① [译注]"权宜战争"(wars of convenience)是指出于利益考量而发动的战争,与之相对的是为了生存安全等而不得不发动的"必要战争"(wars of necessity)。

物质意义上的 Kultur[文化]——意指奢侈品、武器、工具、书写和印刷。第三点关注有限需求方面的权利。这些是与成文法不同的私人权利,包括个人自由、废除奴隶制以及拥有私人财产。

最后一个问题涉及有限事物的科学,也就是哲学以外的科学:数学、自然史、物理学,想必还有其他自然科学。这类科学需要一种理论态度,这种态度只有在感官欲望不再盛行之后才会出现。

> 如果个体是内在自由的,他为自己赢得了内在的自由,也就会对客体听其自然,不再单凭欲望对待事物,而是更愿采取理论的态度。个体的自由要归功于人人都有好奇心这一事实。(L 91)

因此,自然科学只能作为自由实现的副产品而在现代世界中得到充分展现。

尽管黑格尔只是简要地概括了这些问题,它们却在接下来的世界史进程中扮演着重要的角色。但是首先,国家的自然环境,即地理必须得到考虑。

国家与自然:地理

编订格里斯海姆和霍托关于黑格尔 1822 至 1823 年讲演的记录稿的德语编辑们指出,地理在黑格尔的国家概念中有着一种系统性的地位,这一事实在早期版本中被掩盖了。甘斯(Eduard Gans)和卡尔·黑格尔遵循 1830 至 1831 年讲演的安排,将对地理的讨论放在导言和主题划分之间,而拉松(Georg Lasson)和霍夫迈斯特(Johannes Hoffmeister)则将之移到一个附录中。① 但是黑格尔本人说,我们必须考虑"国家与其外在自然环境的关联"。分配给世界历史民族的原则不仅具有一种时间上的必然序列,还有着"一种具体的空间规定性,一个地理位置"(L 91)。[81]地理将一种空间性坐标添加到时间性坐标中,每个民族都被据此而作了分析。后来,在描述自然条件的肯定性影响和否定性影响时,黑格尔说道:

> 世界史是世俗生活元素之中的精神;因此,我们也就必须在其中认识自然的、有形的事物。自然的事物与精神的事物合成一种形态,这便是历史。(L 101)

历史的形态不是一种纯粹的精神形态,而是一种嵌入自然条件中的形态。黑格尔式的理念乃是从必然性进入自然中的。②

---

① *Vorlesungen über die Philosophie der Weltgeschichte* (Berlin 1822—1823),页 viii。参见瓦尔什(W. H. Walsh)依据西卜利所译的卡尔·黑格尔版对这一节的有趣概括:"Principle and Prejudice in Hegel's Philosophy of History," in *Hegel's Political Philosophy*,ed. Pelczynski,1971,页 183-189。

② 黑格尔唯一明确提到的地理学材料来源是李特尔的著作《地理学与自然和人类历史的关系》(Carl Ritter, *Die Erdkunde im Verhältnis zur Natur und zur Geschichte des Menschen*,2 vols.,Berlin,1817—1818)。李特尔是现代人文地理学的创始人之一,1820 年起在柏林大学担任地理学教授。黑格尔一定也熟悉博物学家和探险家亚历山大·洪堡(其兄威廉是柏林大学的创始人之一)的著作。黑格尔接触到了有关亚洲、欧洲的地理和历史的详细资料,但有关非洲、美洲的情况则依靠游记和传教士的报告,而这些游记和报告所提供的是一幅极具偏见的有限图景。黑格尔的欧洲中心主义偏见似乎无法避免,但鉴

黑格尔从对气候的考察出发。气候对各民族都有影响,但这只是次要的影响,因为虽然"历史确实是生长在自然的土壤之中……这仅仅是一个方面,而那更高的方面则是精神"(L 91、92)。因此,气候并不是特定的人类成就的原因(例如,"和煦的伊奥尼亚天空"就解释不了荷马的成就)。但也有一些气候区域,比如寒冷的北极和炎热的赤道地区,那里的人类无法繁盛,因为仅仅是存活下来就需要消耗巨大的能量。如果人们想要"摆脱依靠主人的面包屑来养活自己的处境",在一定程度上从自然中解放出来就是必要的。因此,文明在温带地区发展起来;事实上,北温带"构成了世界戏剧的舞台"。这一阶段是"大范围的陆地,伴随着一片宽广的腹地,向南延伸时呈尖顶状,以至于人和动物在这里都是以殊为不同的方式而存在的"(L 93)。黑格尔认为这种安排是"必要的",因此,如果他了解到板块构造以及大陆在数十亿年的时间里是如何漂移和分离的,他一定会大吃一惊。黑格尔认识到,人类和动物的迁徙发生在北半球,因此在南半球有更多孤立和独特的物种;但如果知道智人最早出现在非洲,他同样会感到惊讶。大陆漂移(fluid earth)和物种进化的完整概念对他来说还是不可获知的,尽管他的想法在许多方面都是原始进化论式的。[82]也许有人会说,目前的地理布局对于我们实际上所据

于这种偏见,他对东方世界的细致关注就更加引人注目了(在其1822至1823年的讲演中,该部分位于导言之后,几乎占据了该书一半的篇幅)。

有的那种世界文明来说是"必要的"。①

新世界。世界本身呈现给我们的一种划分是"新世界"与"旧世界"之间的划分。黑格尔从新世界开始讲述,关于新世界,他没有太多要说的。新世界在形体和精神特性上都是新的;因此,以太平洋上的岛屿为例,澳大利亚就是最近形成的。新世界总体上比旧世界"更虚弱",通过新世界同非洲和亚洲在野生动物方面的对比,以及借由新世界——尤其是中美洲和南美洲——的土著居民和殖民地文明同欧洲的居民和文化之间的对比,这一点十分明显。

北美则是另一回事。"美洲有着一块新大陆的面貌,它是一块有着未来的大陆。据传,拿破仑曾经说过,旧世界让他感到乏味。"(L 94)许多人同意他的观点,欧洲的殖民者纷纷涌向新大陆。北美的自由诸州(The Free States)②常常被援引为范例:即便是一个庞大的国家也可以作为一个自由的国度而存在,亦即作为共和国而存在。这是一个仍在形成之中的国家,还不需要君主制,因为它还没有发展到这一步。这是各州的一个联盟,这种联盟在对外关系中表露出其最脆弱的特点。只是其独特的(孤立的)地理位置使得联邦免于遭受彻底的毁灭。在1812年的战争中,联邦州无法征

---

① 在1830至1831年的讲演中,他说有形的自然"内在地是一个理性系统"或者至少是理性的一种"面相"($L_{30\text{-}31}$ 9)。换句话说,它是依据物理定律运行的;而且,自黑格尔的时代以来,科学家们所发现的其他规律中就有一些是主导板块构造和物种进化的。

② [译注]"自由州"通常指美国内战中与"蓄奴州"相对立的州,这里似乎是取其字面含义。

服加拿大,而英国甚至占领了华盛顿。北方和南方各州之间存在着如此紧张的关系,战争如果继续下去,就会导致国家的彻底分裂。向密西西比河腹地移民缓解了社会压力,但当这些土地被填满时,各州将需要一个更加中央集权的政府。但黑格尔没有作出任何预测;作为一个正在成长中的国家、一个属于未来的国家,美洲"无需我们操心"(L 95、96)。

在1830至1831年的讲演中,黑格尔更加全面地阐述了他对美洲的看法。他将南美洲的天主教殖民地和北美的新教殖民地区分开来,前者由罗马教会和中央集权的军事政府统治,意图通过政治控制强行攫取财富;[83]后者宗教自由、多样性盛行,人们坚信自己同胞的信念。对一个强大的中央政府的政治需要还没有产生出来,正如在"存在着社会阶级分化、贫富悬殊加剧"之时产生这种需要一样。这种情况在北美尚不存在;然而,"在英国,它是以最极端的方式出现的,因为那里最常见的是巨额的财富和极端的贫困,这种贫困在其广度上也更加令人惊骇"。一种解决办法是通过殖民重新安置人民。

> 英国恰好抓住了这一补救的办法,但与其需要的相比,英国对外移民的规模还不够大,因为机械化和蒸汽机尤其使得其众多人口成为累赘。

然而,美国有一个开放的边境,可以释放内部的紧张,因此美国的政体无法与欧洲国家相比。对它们来说,已经不可能再出现这样一种对外流动了(L_{30-31} 50-60)。将这一社会历史片段插入地理部分,这或许反映出黑格尔在1830至1831年的讲演中重新开始关注英国的政治和社会状况。①

旧世界。旧世界被划分为三个大洲,它们"有着一种基础性的联系,并且构成一个理性的整体"。地中海冲击着这些大洲,但也促进了它们之间的交流。黑格尔在这里指出了水在人类历史中的有益作用(河、海以及大洋);水既使人群分裂,又让他们结合在一起。地中海是促进人类文明发展的理想水体,其面积相对较小,海湾众多。[84]它"邀请并呼吁人们出海,因为总体而言,它向人们展现了一副如此友善的面孔"(L 97)。

黑格尔讨论了大陆的主要地理特征:首先是高地和山脉;其次是河流流向大海而在高地造成的破裂带;最后是草地、山谷和平原。根据这些特征,三个大洲被划分开来:非洲大陆的主要特征为

---

① 参见黑格尔的论文"The English Reform Bill"(April 1831), in *Hegel's Political Writings*, trans. T. M. Knox with an introductory essay by Z. A. Pelczynski, Oxford:Clarendon,1964,页295-330。苏特尔(J. -F. Suter)将黑格尔的论证概括如下:"尽管他承认该法案损害了贵族的地位,代表着理性和正义的重新觉醒,但他坚持认为,需要进行更彻底的改革,以消除英国各种不公正的特权和社会不平等。民众的普遍苦难与少数人的巨额财富之间的反差可能会导致暴力的民众动乱和政体的覆灭。在缺少强大的政府权力和独立的公务员制度的情况下,英国面临着'新人'——煽动者和激进分子,该法案为其打开了通往下议院的道路——同传统统治阶级争夺权力的风险。"J. -F. Suter, "Burke, Hegel, and the French Revolution," in *Hegel's Political Philosophy*, ed. Z. A. Pelczynski, Cambridge:Cambridge University Press,1971,页68。黑格尔长期以来一直关注英国工人的悲惨状况。参见 *Lectures on Natural Right and Political Science*, 页175-177、209-211。黑格尔的关切在这一早期版本的法哲学著作中得到了更为有力的表达,并且由于第一改革法案(First Reform Bill)的引介而被再度唤醒。

高原,亚洲有着肥沃的平原和冲积山谷;欧洲则是这些元素的一种混合。精神的特点也因这些地理特征而不同:

> 在原来的非洲,人类的发展受限于感性世界:感性的享受,维持劳作的巨大肌肉力量,儿童般的善心,然而也有思想严厉和冷酷无情。与此相反,亚洲是精神对立的大陆,这种对立导致了伦理生活,但这种伦理生活停留于一种自然的、实体性的伦理状态,其另一方面依然是精神对立本身:①如个人的自私自利、无穷无尽的欲望、放荡不羁的自由、极其抽象的自由。欧洲是从抽象的自由到自身、从这种无度的自由到特殊东西的下降,是精神向着自身及其多样性的深化,而且也是由特殊的东西向着普遍的东西的升华。(L 98)

接下来,黑格尔逐一描述了这几个大洲的人文和自然地理。

非洲。严格意义上的非洲(撒哈拉以南的非洲)由高原组成,高原上的山脉环绕着郁郁葱葱、炎热潮湿的内陆地区。生活在这里的居民,也就是尼格罗人(Negroes),"从来没有离开过自己的地方,在历史上也没有立足之地;他们与历史的唯一深层联系乃是这里的居民在黑暗的时代里遭受过奴役"。奴隶制是一种不应该存在然而确实存在于尚未达到理性状态的国家之中的状态;在理性之光的照耀下,奴隶制内在的不公正变得显而易见。当然,利益和

---

① [译注]此处的英译作:"... whereas the other aspect of the spiritual antithesis remains...",有误,从汉译本。

偏见的驱使可以压倒理性,这一点从奴隶贸易本身就可以明显看出。非洲的第二个部分是撒哈拉沙漠北部——"这片干旱、炽热的火海比海洋本身更为彻底地将自己分隔开来"。北非的地中海沿岸地区在世界史上只起了配角的作用,就其自身来说并不独立。非洲的第三个部分是埃及,它独一无二,伫立在非洲和近东之间,在世界史上扮演着重要的角色(L 101)。

[85]在1830至1831年的讲演中,黑格尔将其大部分注意力集中在撒哈拉以南的非洲地区,关于亚洲和欧洲只有简短的段落——这与他在1822至1823年讲演中的重点恰好相反。他这样做是因为非洲在早期讲座中被忽视了,他似乎有意填补这一缺失(L_{30-31} 70-80)。他还指出,在论述世界史进程时,他不会回到非洲或美洲的问题上来。这里呈现出来的并不是一幅美丽的图景。黑格尔的资料来源于旅行游记和传教士记录,它们反映了作者的偏见和无知。[1] 黑

---

[1] 在《宗教哲学讲演录》中,黑格尔论述非洲宗教的主要材料来源是:卡瓦齐的《对位于埃塞俄比亚西部下游的刚果、马坦巴、安哥拉三国的历史叙述以及修道士卡普契尼践行的使徒使命》(Giovanni Antonio Cavazzi, *Istorica descrizione de' tre regni Congo, Matamba, et Angola situati nell' Etiopia inferiore occidentale e delle missioni apostoliche esercitatevi da religiosi Capuccini*, Bologna, 1667;德译本,1694,黑格尔本人也承认这是一部相当过时的著作),塔基的《一支探险队探索通常被称作刚果河的扎伊尔河的记述》(J. K. Tuckey, *Narrative of an Expedition to Explore the River Zaire Usually Called the Congo*, London, 1818),布鲁斯的《发现尼罗河源头的旅行》(James Bruce, *Travels to Discover the Source of the Nile*,德译本, Leipzig, 1791),以及福斯特(George Forster)和库克船长(Captain Cook)环游世界的记述(1789)。据推测,这些资料以及其他资料被用于世界史哲学研究。

格尔说,意识之光还没有照亮非洲的黑夜,自希罗多德的时代以来一向如此。尼格罗人的宗教是一种巫术、一种精神性的原始形式,把人描绘成至高无上的力量,唯有他们有能力掌控自然之力。他们施行拜物教,在更高的层次上则是崇拜祖先,祖先们对生者行使着权力。黑格尔认为,人类只有在与更高存在的意识相一致的情况下才会获得价值,但是尼格罗人缺乏这种意识,因此彼此缺乏尊重(例如,他们吃人)。他们也没有自由意识,任由欧洲人把他们当作奴隶带走。他们的政治安排是部落式的,他们有全权的酋长,酋长们的死亡会导致社会纽带在大规模的屠戮厮杀中断裂。欧洲人与他们唯一的联系是借由施行奴隶制而实现的。关于这种实践,黑格尔写道:

> 奴隶制就其本身来说是不公正的,因为自由乃是人类的本质,尽管各民族必须首先为它做好准备。欧洲人认识到奴隶制是完全不公正的,如果他们希望立即给予黑人奴隶以自由,那么他们的行为就是错误的。这正如法国大革命时期的法国人所做的那样,可怕的后果同样显而易见。因此,欧洲人在解放黑人方面进展缓慢,这是有道理的。(L_{30-31} 80)

[86]这种说法当然是带有偏见且不准确的。但是,今天的情况仍然是,民主在十分困难的情况下才在非洲扎下根来。专制政权、部落冲突、富裕精英榨取资源以及普遍贫困仍然是常态,而不是例外。即便是在北美,奴隶解放突然中断之后,也还需要一个世

纪才能实现基本的公民权。然而,黑格尔并没有提到种族偏见所扮演的角色,种族偏见首先为奴隶贸易辩护,接着征服了欧洲在非洲和亚洲的殖民地,最后延长了欧洲和美洲对黑人的隔离。对黑格尔来说,种族差异似乎是自然和地理条件的一个要素(L 98),而不是种族意识形态本身的一个要素。他将非洲人和美洲原住民排除在世界史之外,并根据地理状况来对待他们,因为他们仍然处于"自然的控制之下"(L 92),还没有形成国家。他推崇波斯人、希腊人和罗马人的种族融合,但显然不赞成德国人的种族融合;和他那个时代的大多数欧洲人一样,他接受了高加索人种在文化上具有优越性这一观点。①

亚洲。亚洲是一个"黎明"的世界——太阳的黎明、世界史的黎明,精神升起而进入自我意识之中。黑格尔说,到目前为止,自然状况对世界史产生了较多否定性和限制性影响,但在亚洲,它们转变为肯定性影响。这里除了气候恶劣、缺乏历史的俄罗斯整个北部坡地,还有一个巨大的高原、喜马拉雅山脉,以及拥有巨大冲积平原的河流盆地。这些河流包括中国的黄河、长江,印度的恒河、印度河,波斯的底格里斯河、幼发拉底河,以及流入里海、咸海的河流。山脉、平原、山谷为完全对立的人类性情提供了各种地貌,但这些地貌由河流相互连接,居民之间也得以接触。这便是文

---

① 参见 Robert Bernasconi, "'The Ruling Categories of the World': The Trinity in Hegel's Philosophy of History and the Rise and Fall of Peoples," in *A Companion to Hegel*, ed. Houlgate and Baur, 页 315-331, 特别是 324-328。关于黑格尔的种族理论, 亦参下文, 页 101 注释、页 124 注释。

明最初发源的地方。高原是游牧之地,也是与世隔绝之地。群山孕育了充满危险的游牧生活,但也培育了战士的力量和勇气。山谷是向农业过渡的沃土,随之而来的是定居、耕种、所有权以及法律。[87]山区和高原地区的人们最终进入山谷后,找到了一种更为舒适的生活方式。亚洲的第三种地貌分布在地中海、黑海、红海、波斯湾以及阿拉伯海沿岸。在这里,亚洲诸民族向着欧洲和北非等其他地区延伸(L 101-104、108-110)。

欧洲。关于欧洲有两个方面:一是通过与地中海地区(阿尔卑斯山以南的欧洲)的接触向外扩张,二是依靠欧洲自身。关于后者,必须区分东欧和西欧。东部的斯拉夫地区与亚洲相连。

> 欧洲的心脏在其西部,那里首先由尤里乌斯·凯撒打开。他冲破阿尔卑斯山,占领了不列颠尼亚和日耳曼尼亚,将这新世界同旧世界连接起来。与开拓了东方的亚历山大那富于青年气息的英勇行动相比,这的确是一种具有男子气概的功绩。(L 106)

黑格尔接着讨论了地中海所扮演的关键角色,地中海是古代世界的"中间点",是"东西方统一的精神之点"。

> 这片海洋极具影响力;倘若古代世界的中心不是海洋,世界史就会有气无力,因为这个中心作为海洋是生机勃勃、包容万有的,没有它就不可能有世界史。正如没有集会广场就不

会有希腊、没有大道就不会有罗马一样,没有海洋的古代世界也将一无所是。(L 106)

对亚洲来说,海洋没有太大的意义,其贸易路线在陆地上。但对于欧洲来说,与海洋的关系才是真正重要的。航海需要生命向前发展并超越其自身,它造就了勇气、高贵、灵巧的美德。由此产生出一种关于个体独立和自由的意识。

> 因为大海看起来辽阔无涯、纯洁无瑕。然而,这种元素的弱点,即其顺从和具有渗透性的本性,恰恰是人凭借自己的手段去抗衡的一种危险……船这只天鹅,移动起来如此灵巧,简直就是一种为理智的果敢造就的最荣耀的器械。这种理智的果敢正是亚洲伦理生活的宏伟大厦所欠缺的。尽管航海也是一门职业,但它对个人来说则是一种解放,它给人们的生活带来了自由。因此,个人自由原则已成为欧洲政治生活的[基础]。(L 112)

因此,黑格尔把讨论拉回到论述国家的中心主题上:自由的实现(包括其实现的质料)。这看起来似乎很不寻常,[88]自由竟然会首先通过自然世界的一种特质(即水)来实现,对水的征服唤起了从木头中切割出来的物质形态。然而自由一旦在海上以船的形式诞生,就会扬帆而去,驶入精神的领域,像一只天鹅那样在风中翱翔。船是一种具有精神品性的自然工具。船帆象征着一种比水更具渗透性的元素(即空气)的力量所产生的运动的自由。世界史本身从东向西横扫,"在东南上升(aufgegangen),在西北没入(niedergegangen)自身之中"。这种下降意味着"精神就是这样将自己作为自己的世界从自身中创造出来的"(L 106)。精神不会因为这种下降而陨灭,正如太阳不会因为日落而消亡。

第四章　世界史的进程:自由诸形态

世界史的划分

[89]世界史的"划分"出现在导言结尾、对世界史"进程"的论述之前。这种划分对应于自由意识发展的各个阶段,即一个人是自由的、一些人是自由的、所有人(人类本身)都是自由的。然而,这三个阶段造就出一种四重化的(或一种五重化的)划分。黑格尔将历史的发展与个人的成长作了对比——系统发育(phylogenetic)复现个体发育(ontogenetic),反之亦然(L 113-121;L_{30-31} 81-87)。

国家出现之时,主体性还不是为了其自身,主体还没有完全实现自身。这是伦理生活最直接的形式,即历史的(1)婴儿时期或童年时期。这样的国家建立在家庭关系的基础上,依靠家长式的监管和惩罚,发见于远东地区。它没有内在的变化,只有外在的冲突;如同中国和印度那样,经历着周期性的重复,有着一种非历史性的历史。第二种形态是世界的(2)少年时期,在这个世界里,国家之间彼此冲突不断。① 冲突和斗争导致了一种走向个体性的自

---

① 黑格尔一度把"少年时期"与埃及联系在一起(L 308、309),这似乎是

我概括(self-concentration into individuality),历史由此成长到(3)青年时期;希腊王国在此崭露出了头角。[90]这是美好自由与个体人格的国度,但也是脆弱而短暂的王国。"希腊人直观到了它们的统一,罗马人反思了这种统一。"(L 116)

历史发展出一个帝国,代表着(4)成年时期对劳作的需求,个体性为普遍性而牺牲。这样一个帝国就是罗马帝国,主体性在其中与实体相调和,个体在抽象的普遍性中被征服,似乎成了永恒的事物;但是它的继承者神圣罗马帝国,伴随着哈布斯堡王朝的最后一名成员放弃帝国称号,在1806年灭亡了。朝向最后原则的过渡是抽象普遍性对抗特殊主体性原则的内部斗争,这种斗争必定是以主体的个别性的胜利而告终。精神上的和解产生了:个体的人格被转化为自我持存的普遍性和主体性,转化为神圣的人格。后者必须出现在世界上,因为自我持存的普遍性包含持存着的现实性。由此开始,一个精神的王国就伫立在世俗王国的对面。至此,便抵达了最后的王国,即(5)老年时期或成熟时期的王国。精神已经成为一种无限的力量,在自身内保存着早期发展的各个阶段,从而在其整体性中认识自身。最终的王国是日耳曼民族或欧洲民族

一种反讽,因为埃及并不是一个对外咄咄逼人的帝国。然而,黑格尔也考虑到了波斯,它与埃及和希腊都"格格不入",因为波斯只保留了一种由不同民族组成的个体性,而没有保留个人的个体性。黑格尔说,走向个体性的自我概括首先表现为某种自然的东西,它是光芒,不过还不是个人灵魂的光芒(L 115、116)。波斯同埃及一道(中东)代表着亚洲(婴儿时期)和希腊(青年时期)之间的一个过渡阶段。

的王国,他们的历史从精神王国和世俗王国之间的截然对立走向了和解。这一王国的原则是自由精神为了自身而持存;这一原则是主观真理和客观真理的统一,是由基督所启示的原则。但这种统一、这种和解起先只是暗含着的,要实现它需要付出巨大的辛劳,而这种辛劳还没有完全结束。

当然,这种系统发育建基于19世纪初那个历史当下的视角,人们不得不琢磨,什么样的角色被分配给了未来。成熟时期是会简单地无限期延长,还是会迎来一个新的阶段?如果是后者,那会是什么样的新阶段?黑格尔在其"划分"中并没有回答这个问题,但他后来结合日耳曼世界指出,有了基督宗教,这个世界的原则就完整了。这个原则主宰着整个世界,任何进一步的根本性变革都将发生在其中(L 440-442)。尽管如此,但黑格尔也许已经瞥见了后基督宗教世界的可能性,基督宗教在其中不再是主宰性的力量;后基督教世俗主义也许会被视作基督宗教原则的延伸,尽管那是一种不充分的延伸。

[91]黑格尔的评论高度抽象和凝练,这尤其体现在他关于日耳曼世界的评论中。在1830至1831年讲演中,他又对此补充了一段更为具体的描述:

> 因此,世界史的目标就是拥有实体性(即理性)意识的主观自由。这一原则已经在基督宗教中表现了出来……每一个体都获得了一种无限的价值,在这种与上帝的联系中,人是平等的……主观自由就在于主体与实体性意愿的契合。这就是

基督宗教的原则,虽然它最初只是精神的内在存在中一个抽象的原则。随后,基督宗教的原则出现在世俗领域中,然而欲望、倾向和冲动也从属于世俗领域。因此,将要产生的是一个精神王国,只是这个王国还没有实现。日耳曼民族经过长期的斗争,开辟出了他们通向精神王国的实现之路。精神原则得到了承认,并且将自身设定为确定的存在而显现。然而,正如教会那样,在最初,其本身仍然区别于那个原则。教会被证明是一个世俗的领域,为了自身的利益而行使精神原则,作为一种粗糙的、直接的、尚未被教导过的冲动的世俗领域。教会在其确定的存在中完全是世俗性的,并以所有世俗性的堕落方式运行着;它表现出对权力的极大贪欲,它的激情将自身充作绝对合理的,而这些激情在对精神领域施加影响的过程中则更为专横。世俗领域完全被精神领域所征服,可是很快,世俗领域就会开始为自己辩护,因为它有理性在其内部萌生出来,世俗领域觉得自己毕竟在自身内部是绝对合理的;世俗领域不再是次于教会的东西,也不再从属于教会;这就为双方的和解铺就了道路。教会在同国家的关系上并没有保留真正的优先性,精神上的问题对作为一个共同体的国家来说同样毫不陌生。自由寻找到了实现其概念和真理的手段;这便是那个目的,我们不得不研究的便是这个漫长的过程。(L_{30-31} 86、87)

基于这一概览,欧洲的大部分历史都被教会和国家之间的关系消耗掉了。基督教的最初原则在精神领域中且作为一个精神领域而出现在教会之中。然而,随着教会成长为一个庞大的机构实体,它便呈现出许多世俗性的特征,而它本该与这些特征区别开来。中世纪的教会变成了一个征服世俗权力的、自我的世界。路德反对教会的腐败,并建立起一种新的精神共同体,这种精神共同体并不反对世俗世界,而是浸淫于其中并改造着世俗世界。这就为自由在历史中的充分实现铺就了道路。

然而,19世纪早期的世俗政府机构很难被说成是那种实现。这便是黑格尔留下的故事所伴随着的困境。[92]这个故事本身在一定程度上是不可信的。奥布莱恩问道,人类的所有文化能否汇聚成一队宏伟雄壮的自由行军?他还指出,历史所描绘的乃是一种为了人类自由而进行的持续不断的斗争。黑格尔的故事更像是一部虚构作品的情节而不是真实的历史进程,奥布莱恩运用一种美学范式来评判这一故事。① 然而,值得注意的是,黑格尔所提供的与其说是一种文化的实际历史,不如说是一种文化类型学,甚或是一种文化地理学。至少可以说,亚洲、中东和欧洲文化之间的历史联系难以捉摸。黑格尔书写的是一部精神史,而非一部世界文明的编年史。他的方法或许很多缺陷,尤其是他对亚洲世界的描述仅限于展示其古代时期,而不是将其作为一种当前时代的现象来描述;此外,他还忽略了非洲和美洲。在今天,黑格尔式的故

---

① George Dennis O'Brien, *Hegel on Reason and History: A Contemporary Interpretation*, Chicago, IL: University of Chicago Press, 1975, 页 150–152、167–174。

事可能会写得截然不同,但其关于"自由诸形态"的中心线索仍然引人注目。我将在本章的最后一节回到这些思考上来。

在其 1822 至 1823 年和 1830 至 1831 年的讲演中,世界史进程部分所占的比例有所不同。在 1822 至 1823 年的讲演中,东方世界得到了详尽的论述,占据了导言之后近一半的记录稿篇幅。结果,随着期末的临近,黑格尔的课程时间日渐捉襟见肘,他对罗马和日耳曼世界的论述也被压缩了。在 1830 至 1831 年的讲演中,这种不均衡得到了矫正。黑格尔此时对东方世界的讨论相比于 1822 至 1823 年的讲演减少了几乎一半,对希腊世界的论述也减少了四分之一。与此同时,他对罗马和日耳曼世界的关注增加了约三分之一。结果,1830 至 1831 年的讲演在东方世界和希腊世界方面几乎没有给出什么新东西,却成为论述罗马世界和日耳曼世界的一个源头,尽管后面的陈述遵从了 1822 至 1823 年讲演的顺序和内容。1822 至 1823 年的讲演更受倚重,不仅是因为它现在有了英译本,还因为它比 1830 至 1831 年的讲演提供了更为丰富的哲学上的概念性。对 1830 至 1831 年讲演的引述放在了脚注中,以免扰乱叙述 1822 至 1823 年讲演的流畅性。[93] 接下来的概览仅仅触及最重要的部分;① 要品评黑格尔那详尽细致的世界史知识,还是得阅读文本本身。

---

① 这里的概览直接取自我在 *Lectures* 中的编者导言(页 31-63)。这份材料酌情补充了页码索引和 1830 至 1831 年讲演的资料。*Lectures* 的参考文献中列出了黑格尔使用的 135 种材料。

东方世界

我们从东方开始讲起,精神的曙光从这里升起,但它的陨落或者说"下降到自身之中"则是发生在西方(参见 L 121,注释 1)。我们的文化史分析也是从东方向西方推移:从中国开始,接着转向印度及其河流(恒河与印度河),接下来继续推向中东、波斯(底格里斯河与幼发拉底河)。最后,在绕道经由北非(埃及)之后,我们继续一段向西的行程抵达希腊、罗马、欧洲。时间坐标和地理坐标是同步的;精神自东向西在时间中穿梭(L 121)。这便是黑格尔据以构思世界史的元叙事。① 情节的未来仍然充满未知。在本章的最后一节,我们将考察它的当代含义:元叙事成为一种多元叙事。

中　国

黑格尔以一种基础性的方式考察了中国,②他指出,中国自从

---

① 关于作为"情节"的历史,以及历史情节与虚构情节之间的联系,参见 Paul Ricœur, *Time and Narrative*, trans. Kathleen Blamey and David Pellauer, Chicago: University of Chicago Press, 1988, 卷三,尤参章 8。我将在本章的结尾回头讨论第 9 章"我们应该摒弃黑格尔吗?"。

② 关于黑格尔的材料来源,参见 L 122、223,注释 2。有三部作品至关重要:北京传教士的《关于中国人的历史、科学、艺术、风俗习惯等的回忆录》(*Mémoires concernant l'histoire, les sciences, les arts, les mœurs, les usages, etc. des Chinois, by the missionaries of Peking*, 16 vols., Paris, 1776—1814),格鲁贤的《中国

为欧洲人知晓以来就令他们倍感惊奇。中国是一个自给自足的国家,不依靠外在的联结就达到了很高的文化水平,是唯一一个从最古老的时代一直延续至今的世界帝国。中国幅员辽阔,人口众多;[94]其政府管理有序、公正、仁慈、明智;其成文书卷可以追溯到几千年前。但是这个帝国的原则从来没有改变过,也从来没有外来的原则强加在它之上,所以从这个意义上来说,它没有历史;一切都总是那个老样子(L 121-124)。

每个民族都有囊括其神话与古老传统的原始书籍。荷马的著作对希腊人来说就像圣经之于我们一样。中国人把这些书称为"经",其中最重要的是《易经》和《书经》。后者已被传教士译为法文,所以在黑格尔的时代,不通中文的人也能读到它。《书经》的叙述从公元前第三个千纪的夏朝的尧开始,包罗了宫廷史官们的成果。在这些书卷成文之前,历史消散于不曾被记录的时间之中(L 124-126)。①

黑格尔提到了"佛(Fo),一个神圣的形象,东印度人称之为佛陀(Buddha)"。与之相区别的是伏羲,人们将八卦的发明归功于

概述》(Jean-Baptiste Grosier, *De la Chine; ou Déscription générale de cet Empire*, 3rd edn. ,7 vols. , Paris, 1818—1820),以及冯秉正的《中国通史》(Joseph de Mailla, *Histoire générale de la Chine*, 13 vols. , Paris, 1777—1785)。这些作品为欧洲人了解中国提供了新的基础。黑格尔显然是没怎么利用那些汉语文本的译介本。他对《尚书》《易经》的了解以及关于孔子、老子著述的译本的知识必定不是基于亲自阅读。

① 在黑格尔所处的时代,考古科学才刚刚起步,且在19世纪以前主要局限于希腊罗马文明。

他。八卦由线条的特定组合构成,在《易经》中可以找到对这些线条的沉思。直线是构成一切事物的简单材料,而中间断开的线则是这种简单性的区分。这些线条的各种组合代表了中国的思辨哲学(L 126、127)。

至于中国的古代史,交互混战的列国最终在一位君主之下获得统一。所谓的"实际历史"肇始于前 2201 年的夏朝的禹(或是尧)。其他帝国的历史起源与这一时间的一致令黑格尔震惊,他给出了各帝国起始的精确年份:埃及(前 2207 年)、亚述(前 2221 年)、印度(前 2204 年)。抵御河流的泛滥洪水并维护堤坝以确保水稻耕种,这从一开始就是中国人的主要事业。中国被蒙古人和鞑靼人征服过两次,但并没有被他们统治太久。长城的修建是为了抵御满洲-鞑靼人,然而并没有取得成功。满洲君主最是卓越,在他们的治下,中国的疆域拓展到了极致,远抵里海和西伯利亚(L 128-132)。

中国的政体在其伦理生活和艺术上类似于欧洲的政府机构。但它的原则完全建立在宗法关系或家庭关系之上。黑格尔指出了这种关系的几个特点。[95]首先,严格的规则和指令支配着一切家庭关系。孩子对父母负有全部责任;婚姻是一夫一妻制,但丈夫可以拥有妾室;只有父亲拥有财产,而子女们则一无所有;各家都必须崇奉祖先。其次,整个国家都建立在皇帝本人及其官僚阶层之上。他们按照严格的道德规范和法律操控一切,这些道德规范和法律由皇帝确立,并由官员监督施行。再次,民众之中没有谁生来就是权贵,或者凭借财富而成为权贵。曾经,国家的公共财产被分配给男性家长(paterfamilias),但现在有了私人财产,并且遗产要按照法律来处置。任何人都可以将自己卖身为奴,父母也可以把孩子卖掉;罪犯家的妇女、儿童、妾室均有可能遭受奴役(L 132-142)。

在宗法制原则中,法律领域与道德层面没有分离,也就不存在内在的道德自律。相反,巨细靡遗的规定支配着生活的方方面面,违反这些规定会受到非常严厉的惩罚。颁布这些法规的政府代替了个人的内在存在,主观自由的原则也就借此被废除了。就这一不可侵犯领域而言,这种自由,这种无形的内在层面,对欧洲的原则来说必不可少,但在这里却缺失了。因此,当犯罪发生时,整个家族都会受到惩罚,这与对个人道德责任的认可全然相背。财产可能会被没收,鞭笞等肉体上的刑罚很是常见。黑格尔指出,中国人一直被当作一个"未成年的民族"来管理,由此培育出一种依赖性伦理和复仇原则(L 142-150)。

在古代,中国人以其科技知识而闻名,但科技知识和其他一切事物一样,一直处在皇帝和朝廷的掌控之下,也就缺少智识只有在其中才能繁荣发展的内在自由土壤。尽管如此,中国人在物理学(磁铁和指南针)、天文学、血脉循环、机械计算装置(他们使用二进制而不是十进制系统)等特定的科学领域确实取得了巨大的进步。他们的书面语言是象形文字,而不是用字母来表示声音,而且极其复杂,熟练使用这种文字需要学习数千个字符及其组合;但口语贫乏,是一个个的音节(L 150-156)。

中国人擅长机械艺术,但缺乏精神创造力。他们画的山水画和人物画很漂亮,[96]但是缺少光与影的微妙感。他们以园艺和园林建造见长(L 157)。

黑格尔以对中国宗教的讨论作为结尾。① 他指出，传教士的报告（我们的主要材料来源）是可疑的，因为传教士自己的宗教便是公正报道的障碍。古老的宗法式宗教，简单地说，就是人类向上帝这一人间和天堂的统治者的祈求——上帝是唯一的、永恒的、仁慈的、公正的、赏善罚恶的。这种宗教的抽象性排除了自然与精神的丰富性和深入性。他们称自己的最高存在为"天"，但他们并不是简单地崇拜自然。

> 没有哪个民族可以被说成把仅仅是感性的东西认作是神圣的，因为精神的本性必定不会短暂地停留在它的自然方面，而是要进入内在的东西中去。所有纯粹的宗教都包含一种从感性到思想的隐喻转换。(L 158)

有了思想，便产生了普遍的概念，但这里的普遍却缺乏规定性。皇帝被称为"天子"，在四个季节性的节日里，②他独自代表他的人民献上祭品。这种宗教并不排外，所以只要犹太人、穆斯林和基督徒不煽动叛乱，他们就会被接受。中国人也崇拜"神"或神灵，这种"神"类似于希腊的林中女仙，它们是自然事物的灵魂，组成一种等级秩序。神的庙宇随处可见，迷信束缚住了人们的内在精神(L 157-163)。

也有一些独特的教派，老子的教派便是这其中的一种。信徒通过学习回归自我，而更虔敬的信徒则通过刻苦修炼成为神本

---

① 黑格尔在1824年的宗教哲学讲演中首次对东方宗教作了重要的论述。在这里，他讨论了中国、印度、波斯和埃及的宗教，这一切都放在"自然宗教"一章中。参见 *Lectures on the Philosophy of Religion*，卷二，页233-381。

② [译注]即冬至、春分、夏至、秋分，详情参见 L 160。

身,由此开启了人类向神灵的跃升。根据喇嘛教这一"皇帝的私人宗教",神性在一个活生生的人身上有着具体的存在。这种信仰"与佛陀(Buddha)的宗教有关"。佛(Fo)的宗教(与佛陀的宗教也许相同,也许不同①)坚信灵魂转世,根据这一学说,一切形态(人、星辰等)都不过是"太一"或"绝对"的形式或启示。这一宗教的追随者在虚无中找到了至高无上的东西;他们通过放弃所有的感知,寻求彻底的空无来提升自己。[97]从这些精简的评述中,我们认识到,黑格尔对中国宗教的刻画既混乱又充满错误(L 163、164)。

印 度

黑格尔在这些讲演中以一种意义深远的方式首次触及了印度。当时的德国学者将自身局限在印度的语言、艺术、宗教以及哲学上,并得出了一种浪漫化的、理想化的解释。黑格尔依靠的是英语材料——因为这些信息来自第一手的经验,但他也吸收了由英国人所作的很大程度上是负面的评判。② 黑格尔对他们的偏见视

---

① [译注]Fo 是根据汉语音译而成,而 Buddha 则是梵语的拉丁转写,黑格尔并不确定这两个名字所指的是否为同一个人。

② 英文材料包括:《印度法律汇编,或名摩奴法典》(*Institutes of Hindu Law; or the Ordinances of Menu*, trans. William Jones, Calcutta, 1794),《印度教法法典》(*The Code of Gentoo Law*, ed. Nath Brassey Halhed, London, 1777),《不列颠印度史》(*James Mill, The History of British India*, 2nd edn., London, 1820),《印度人的性格、举止、风俗习惯记述》(*Jean Antoine Dubois, Description of the Character, Manners, and Customs of the People of India*, London, 1817),《出使西藏特苏喇嘛宫廷记述》(*Samuel Turner, An Account of an Embassy to the Court of the*

而不见，因为这些偏见不仅证实了他本人对于印度人在道德和哲学问题上的疑虑，也肯定了他对印度人不能够组织政治生活的疑虑（黑格尔认为政治组织才是历史的真正承载者）。

当中国人仍然与外界隔绝时，印度"已经接纳了世界其他地区"，并且"展现为世界史链条上的一个有效环节……它是智慧、科学以及文化的源泉，也是自然财富的源泉"（L 165）。因此，所有国家都开辟了通往印度的道路，并试图在那里获得一个立足点。

黑格尔首先对印度的"原则"作了一般性的评述。这是一片梦幻的土地，理性、道德以及主体性在此都被否定了。这也是一个极端的国度——在狂野的感性想象和毫无生命力的内在抽象之间摇摆。它缺乏按时间顺序记录实际事件的历史。它相对于中国的进步在于，后者迄今为止一直假定的外在的确定性在这里变成了内在的确定性，但它的理想主义是一种完全没有理性和自由的想象。它不允许主体自由自在地存在，也不容主体与客体之间有任何距离。它的基本直观是构成一切事物本质的对绝对实体的直观。这并不是一种思想的泛神论（如斯宾诺莎的主张那样），而是一种表象的泛神论，它将感性的材料直接导入普遍之中。[98]"神圣的事物以有限的形式被把握，而有限的事物则散发为无尺度的东西。"

Teshoo Lama, *in Tibet*, London, 1800），《印度斯坦史》（Alexander Dow, *The History of Hindostan*, 2nd edn., 2 vols., London, 1770），以及由东印度公司出版的《亚洲研究》（*Asiatic Researches*）中的众多文章。

(L 170)①将神以感性形式呈现出来有两种含义。在第一种意义上,就正统的印度教而言,统一的表象是普遍的,而整个感性领域无一例外都被神化了。在第二种意义上,佛教或喇嘛教对神的呈现集中于"一个直接的、当下的焦点上"(L 165-170)。

接下来的讨论转向了"印度地区"。其主要地理特征在于恒河流域、印度河流域以及北部和西部的山区。"印度人"这个名字源于印度河,但不知道这些人是否称自己为"印度人",甚至也不知道他们是否有一个共同的名称。亚历山大大帝曾经远抵印度河,而英国人则在大约2100年后到达德里。在印度,一个国家所必需的一切都处于紧缺状态,尤其是自由原则;在中国,国家是一个整体,但在印度,只有一个民族而没有国家,没有道德生活。政府是一个无原则、无法无天的专制政权。亚洲作为一个整体是专制的温床,如果统治者是邪恶的,专制统治就会变成暴政。尽管如此,印度人是一个有着古老文化的民族,因为河谷肥沃的土地使他们易于生存,并且他们从较早的时候起就产生了共同生活(L 171-174)。

黑格尔对种姓制度给予了相当大的关注,该制度对应于每个社会中以某种形式存在的四种职业。这便是知识阶层(祭司、学者、科学家)、实践阶层(政治和军事领袖)、制造业和农业阶层、劳动者和奴仆;除此之外,(在印度)还有第五个阶层,即贱民阶层。

---

① 在稍后的讨论中(L 198、199),黑格尔区分了"太一"(即超越了所有的概念和表象的、无形的、永恒的、无所不在的、无所不能的梵[Brahman])和它在众多神灵中的表象,这些神以特定的感官形态被崇拜。所以他在关于这一点上的总结似乎有些失衡。

印度的独特之处在于,这些基于出生的自然差别无法被自由选择。它们完全控制了印度人的生活,成为一种永久的、专制统治的秩序。在这种秩序中,最高的群体(婆罗门[Brāhmans])拥有神性的地位,而最低的群体(贱民[Pariahs]或旃陀罗[Chandalas],参见 L 178 注释 8)则沦落到非人的地位。玩忽职守的人可能会遭到驱逐,失去一切法律保护。《摩奴法典》中有关于种姓的详细规定。[99]黑格尔特别关注妇女的卑贱地位,她们不过是父亲和丈夫的财产。总体而言,人的生命没有内在的伦理价值,没有自由意志,也就没有真正的政治生活,也就没有政治国家的自由;有的只是反复无常的专制统治(L 174-192)。黑格尔在 1830 至 1831 年的讲演中极其详尽地讨论了种姓制度,甚至因此省去了其他话题。他具体阐释了婆罗门的特权和义务、瑜伽师的惊人苦行、限制生命的规则、不人道的惩罚等(L_{30-31} 137-158)。所有这些细节似乎只是意在强调缺乏道德生活和公正的政治体系的后果。

在黑格尔看来,印度教是由两个极端构成的:一方面,存在一种单一的绝对实体,即梵,一切都消逝在其中;另一方面则存在各种未加规定、形式多样的感性形象(自然现象、动物、神祇)以及一种"不加约束的、放纵的感性"(例如,年轻女性作为性对象而被放置在神庙里)崇拜。印度教徒对那个唯一实体的看法确有价值:它超越一切概念和理解,无形、永恒、全能、无所不知;但是它缺乏意识,因此,自我意识不能在与之相联系的过程中认识自己。弃绝是至高的美德,一种直至死亡的苦修;这是一种仅仅具有否定意义的解脱（L 197-199；参照 192-204）。①

我们把印度教的原则界定为脱离自我并且完全缺乏肯定意义的自由。缺少了自我和自由，任何美好的事物，如国家、目的、理性生活和伦理生活，都变得不可能。正如欧洲人所发现的那样，印度当时的政治现状表现为国家分裂成由穆斯林王朝和印度教王朝统治的众多公国。没有法律规定王国的继承权，因此，印度王国的历史由无休止的起义、阴谋、暴力和残酷事件相互交织而成。只有在他们的史诗中，才有早期辉煌的遗迹，那被证明是一个幻想出来的世界，尽管一些特定情形曾经在为数不多的个别王国中闪现过。整个印度的伦理境况由种姓差别决定，这种差别似乎在亚历山大大帝时期就已经存在了。印度人没有历史观，不具备书写历史的能力；对他们来说，一切事物都模糊在了不可理解的复杂图景中。[100]他们没有主观意义上的历史，同样也就没有客观意义上的历史（L 204-212）。

印度在世界史的框架中处在什么样的位置呢？中国作为宗法制的整体，其基本特征是统一性（oneness），而印度原则即差异原则乃是理念（idea）的第二个要素。两个要素都是必要的，从这个意义上来说，印度代表着世界史的进步。此外，差异和区别必须向外扩展，因此印度与世界其他地区联系在一起，而中国仍然孤立着。印度一直是人们渴望的目标，尤其是西方各民族所欲求的目的地。

---

① *Lectures on the Philosophy of Religion*，卷二，页 316-352、579-609 中有大段篇幅解释印度教，这种解释较为值得赞赏。

古印度的语言梵语是所有印欧语系语言的基础(黑格尔时代的最新发现),这一事实表明,曾经有一群古老的部落散布于印度和波斯之间(L 217-223)。

讲演录的印度部分以对佛教和喇嘛教的讨论结束。由于种种原因,黑格尔对亚洲最广泛和最有影响力的宗教的论述并不成功。首先,他讨论印度时太过冗长,几乎没有时间去思考这一宗教。另一方面,在黑格尔看来,佛教作为一种跨地域、跨民族的宗教,并不是历史的承载者,在他的观念中,历史只属于一个国家。他或多或少地避免重复那些旅行者的报告,几乎完全省略了对佛教教义的表述。① 黑格尔对佛陀的历史境遇的描述有颇多可疑之处——佛陀是相对于梵天和婆罗门的"他者"。佛教是一种比印度教更人道的宗教,佛教的神灵是一个活生生的人。佛陀进入涅槃,"一种精神沉浸于其中的最高的抽象状态",一种极乐的状态。虽然佛陀是一位历史人物,但喇嘛却是"当下被尊为神"的人;当一位喇嘛死去,新的喇嘛就由僧侣们从被找到的婴儿中挑选出来。因此,一系列活生生的神灵化身不间断地延续着。喇嘛教与一个特殊的民族有关,那就是藏族,黑格尔对喇嘛教的关注超过了对佛教的关注(L 224-233)。

---

① 参见 L 224,注释 106。在 1830 至 1831 年的讲演中,黑格尔在关于印度一节的结尾处并没有提到佛教和喇嘛教(这也许是他大量删减这一节的结果),而是在关于中国的一节里对"佛的宗教"(佛教)作了简要评述。然而,黑格尔在宗教哲学讲演特别是 1827 年的那些讲演中,有对佛教教义的讨论,并且在总体上持一种较为赞赏的态度。参见 *Lectures on the Philosophy of Religion*,卷二,页 562-579。

波 斯

[101]与中国和印度相比,古代波斯更多地卷入到了世界史的外部联系中;但中国和印度的世界仍然与我们共存着,而波斯的世界却早已消逝无踪。"伴随这个帝国,我们第一次进入到真正的世界史"(L 304),因为中国和印度处在世界史的"关联"之外,而且没有"冲击"到世界史;然而,历史实际上是伴随中国和印度而开启的,在这一意义上,二者仍然是世界史的一部分,它们拥有一种"内在的"历史。① 在波斯,我们发现了一个真正的帝国,她容纳了众多

---

① 在1830至1831年的讲演中,黑格尔在开始叙述波斯时与此处的说法不同:"亚洲被归给远东和近东的两大源头,[这两个区域]彼此截然不同。我们已经审视了中国和印度这两个最大的远东国家;他们属于真正的亚洲人种,即蒙古人种,因此有着一种他们所独有的特点。与此相对,近东国家确实是属于高加索或欧洲人种,处在与西方的联系之中,然而近东国家却是依靠自身而[独立]存在。"(L_{30-31} 159、160)黑格尔指出,不只是中国人,就连印度人也属于"蒙古"人种,这似乎有些怪异。这或许是卡尔·黑格尔的一段误听,因为在1822至1823年的讲演中,黑格尔说的是"印度和蒙古的世界从属于近东"(L 234)。早在1822至1823年的讲演中,黑格尔就提到了新近发现的印欧语言学上的关联,该发现"尤其表明了日耳曼民族和印度民族之间在历史上存在联系";他还补充道,"这些民族从亚洲开始进行扩张,同时揭示出一种原始的亲缘关系所获得的极不一致的发展"(M 191、192)[译注:原文为L,当作M]。

无论如何,印度人并不是蒙古人种,而是达罗毗荼人和雅利安人。在1830至1831年的讲演中,黑格尔似乎试图在亚洲人种(Raçe[译注:疑为Race之误,黑格尔的原文中并未出现这一拼写,德语和法语中也没有这样的拼写法])和高加索人种或欧洲人种(Race)之间做出一种判然有别的区分,尽管他

不同的民族,从印度河绵延至地中海和黑海。帝国内部的各个族群始终保持着自治,然而也在一种统一的意义上相互依靠,维持着一种平衡。因此,波斯帝国的原则是前述原则的结合,它既是一种整体统一(中国的原则)的范例,也是各民族相互区分(印度的原则)的典范。在黑格尔的叙述中,波斯由四个主要的种族和地理区域组成:[102]巴克特里亚的古波斯人(Zend)、亚述和巴比伦人、米底或真正的波斯人、叙利亚人。①

迪佩龙(Anquetil de Perron)寻获并出版的古代波斯民族的宗

在1822至1823年的讲演中的确说过,"现在的波斯人是一个不同的人种,一个更为优美(eine andere Rasse, ein schöneres)、更加接近欧洲人的人种"(L 234)。但是这种差异与"对自我的感知"而非与生俱来的种族特性有关。黑格尔对 Race[种族]、Rasse[人种]、Kaukasisch[高加索的]这些词语的使用仅仅出现在这些段落中。在我看来,以此为根据,主张黑格尔意图将中国和印度(以及埃及?)排除在世界史之外,并且只把日耳曼民族或欧洲民族视为世界史的真正承载者,这似乎令人生疑。参见 Robert Bernasconi,"'The Ruling Categories of the World': The Trinity in Hegel's Philosophy of History and the Rise and Fall of Peoples," in *A Companion to Hegel*, ed. Stephen Houlgate and Michael Baur, Oxford: Blackwell, 2011, 页 315-331, 尤参页 325、326。

① 参见 L 237, 注释 5。黑格尔在论述波斯时援引了多种材料。他使用了克洛伊克(J. F. Kleuker)译为德文的迪佩龙版《阿维斯塔》(Anquetil de Perron, *Zend-Avesta*, Paris, 1771),以及格雷斯的《出自菲尔多西〈列王纪〉的伊朗英雄史诗》(Joseph Görres, *Das Heldenbuch von Iran aus dem Schah Nameh des Firdusi*, Berlin, 1820)。他引用了各种英文游记报告,尤其是威尔福德(Francis Wilford)的报告。Friedrich Creuzer, *Symbolik und Mythologie der alten Völker*, 2nd. edn., 4 vols., Leipzig and Darmstadt, 1819 至 1921 中含有关于波斯的有价值的信息。最后,黑格尔在很大程度上也依赖于古代历史学家希罗多德、西西里的狄奥多罗斯(Diodorus Siculus)、色诺芬。

教典籍《阿维斯塔》，向我们介绍了琐罗亚斯德的训诫和古代波斯的宗教，这一宗教如今仍然可以发现于一些与世隔绝的族群中。黑格尔将这一宗教称为"光明的宗教"，因为光明关涉到为波斯人所尊崇的、较高的精神性要素。这是一种自然崇拜，而不是一种对自然事物的偶像崇拜。光明是"这普遍的、简单的、有形的本质，它纯粹得就像思想"。在对光明的直观中，灵魂进入自身之内，并因而使得对象在心灵自身之中可见；这种纯粹对象的亦即光明的在自身之内的存在，直接就是思想或者精神性事物本身。但是由于光明的感性本性，"自由的思想还不是自由的基础"（L 240）。与光明直接对立的是黑暗，这是波斯宗教中最重要的一组对立，即善与恶、光明与黑暗、善神阿胡拉·玛兹达与恶神阿里曼的绝对二元对立。黑格尔认为，这种二元论要高于印度的绝对泛神论，但这仍然是表现对立的自然模式。二者由之而来的统一乃是不受造化的时间，这不受造化的时间本身仅仅是一种抽象的统一。阿胡拉·玛兹达具有深刻的形而上学特征：他不是火本身，而是火的流动性；他的光明是一切受造物中的精粹；他是爱，是一切善的根本种子，是知识的赠礼，是现实和可能性的基础，是一切生命的源泉。个人通过种植树木和庄稼、避免不洁、遵守法律以及分享豪摩汁①（一种与无酵面包一起食用的植物汁液）——（黑格尔说）这一仪式与我们基督教圣餐的圣礼相对照——来服侍阿胡拉·玛兹达，崇敬光

---

① ［译注］豪摩（Hom 或 Haoma），古代波斯神话和琐罗亚斯德教中的神树，也指这种树的汁液，与印度吠陀经典中的苏摩（Soma）同源。

明(L 237-248)。

帝国较为富庶的是西部,即位于幼发拉底河与底格里斯河流域的巴比伦和亚述。我们发现,农业生活和城市生活在这里取代了游牧生活。[103]我们只知道自然崇拜普遍存在,除此而外,我们对这里的精神习俗知之甚少。黑格尔提到了女性所处的从属地位(每一位巴比伦女性都不得不坐在神庙里,把自己献给一位陌生人一次,少女们则通过一年一度的竞卖而结婚)。妇女在选择丈夫时应当有发言权,但这并不是东方的普遍做法;这种情况直到后来才出现在欧洲。盛行于此的是集体价值观,而非个人主义的价值观(L 248-253)。

黑格尔接下来转向真正的波斯,对此他依靠的是希腊人和犹太人的材料以及波斯的史诗,如菲尔多西的《列王纪》。居鲁士是一位来自阿契美尼德家族的波斯人,与米底人的王族有亲缘关系。他在前6世纪巩固了帝国,并通过一系列战争而成为世界上最具权力的统治者。他建立的帝国是一个松散的民族联合体,这些民族被允许保留自己的特点和人格。这种对个性的宽容是居鲁士的一大特点,他是一个残酷的征服者,但在获胜后却展现出宽宏大量。"波斯人是光明和纯洁的崇拜者,宽宏大量地超然于整体之上,不抱有仇恨,也没有特别的敌意。"(L 263)居鲁士的继承者延续了这一政策,然而一千年后,伊斯兰教出现导致的狂热却产生出完全相反的结果,一切差异都被摧毁了(L 253-264)。

在"叙利亚"一节,黑格尔考察了生活在地中海东岸的闪米特人。中亚人民崇拜自然,视其为凌驾于他们之上的一种力量,而腓尼基人征服了最野蛮的自然力量即海洋,并利用它开拓殖民地、从事广泛的商贸活动。① 阿斯塔特和阿多尼斯的宗教中被注入了一种更高的精神元素。阿多尼斯死去却又重生,因此悲痛和苦难不像在印度教中那样被贬低,而是作为人类经验(甚至是神灵的经验)的一个基本元素被肯定。苦难是对否定的发现,但是在否定之中恰恰包含着无限的肯定、对自我的觉知以及肯定性的因素。在这里,我们可以看到黑格尔在1831年的宗教哲学讲演中对所谓的"痛苦的宗教"的论述(L 264-267,含注释89)。

最后,黑格尔转向了犹太教。在这一历史阶段,以色列的意义不在于作为一个独立的国家而存在,[104]因此以色列并不构成其自身的世界史王国,但其宗教却远远领先于波斯帝国的其他宗教。以色列的上帝仅仅被把握为思想:在以色列,波斯人的光明被完全精神化并绽放为思想。如此一来,人类可以将自己与这个对象肯定性地关联起来,并在其中寻找到自身。"颠覆东方原则的时刻由此开始,这是由自然向精神转变的时刻。"但这种宗教的原则还不具有普遍性;它仍然束缚于地方性,仅仅局限在犹太人身上。其思想是抽象的,而不是具体的(L 267、268)。② 然而,一种新的自我意

---

① 腓尼基人也被认为是字母表的发明者,但黑格尔在这里对此没有提及,不过他在讨论希腊时提到了这一点(L 321)。

② 在 *Lectures on the Philosophy of Religion*,卷二,页 423-454、669-687,黑格尔对犹太教这一"崇高之宗教"作出了一种既广博且更具赞赏性的论述。阿维内瑞注意到了黑格尔在世界史哲学讲演中的摇摆不定(在这里和在讲述罗马世界时均是如此,L 429-431)。犹太教是第一个把握到真正的上帝理念的宗教,但这真正的上帝理念仅仅是被依照其宗教圣典而处置的,而不是根

识出现了,一个新的任务被提了出来。在转向希腊之前,我们必须审查"作为执行这项任务的[第一块]土地"的埃及(L 268)。我们注意到,黑格尔孜孜以求的不是历史上的联系,而是类型学和哲学上的联系。从波斯宗教到犹太教,再到埃及和希腊的宗教,并没有直接的线索,有的不过是精神意识的诸阶段。

埃　及

埃及处在东方世界和西方世界的中间位置:它在冈比西斯的统治下被波斯人征服,延续北非本土传统,对希腊人产生了强有力的影响。[105]埃及提出但没有完成把精神从自然和动物形态中解放出来的"任务";确切说来,对埃及来说,一切都仍然是个谜

据其在历史进程中的实际参与而得到对待。对黑格尔来说,犹太教没有政治性的表达,尽管在第一和第二圣殿时期之间确实存在过犹太国家。然而,阿维内瑞指出,历史中的犹太民族(Judaism)并没有像波斯人、埃及人、希腊人以及罗马人那样消失不见;在当代犹太人的公民权利和政治权利方面,黑格尔主张自由主义政策。"因此,在黑格尔看来,犹太人在某种程度上仍然是历史中的,然而不是一块历史化石,而是一个活生生的有机体,一个在某种程度上不应该存在的独特群体。黑格尔历史哲学的宏伟架构没有对他们的继续存在给出确切的答案。"阿维内瑞接着描述了黑格尔对19世纪早期的整整一代世俗化且脱离了束缚的德国犹太知识分子的影响,克罗赫马尔(Nachman Krochmal)是这当中的头一个。"克罗赫马尔从黑格尔传统本身出发,对黑格尔的犹太教观点作了一种 Aufhebung[扬弃]",他认为犹太教是真正的"完满"宗教。参见 Shlomo Avineri,"The Fossil and the Phoenix:Hegel and Krochmal on the Jewish Volksgeist," in History and System:Hegel's Philosophy of History, ed. Robert L. Perkins, Albany, NY:State University of New York Press,1984,页47–63,尤参页51–54、56。

(Rätsel)。这个谜和埃及自身的象征

是狮身人面像,这个双重的形象一半是动物,另一半是人,而且事实上是女人的形象。它象征着人类精神将自身从动物领域中撕裂开来,把自己从动物中解脱出来,环顾四周,但还没有完全把握住自身,还没有获得自由,还不能依靠自己的双脚而站立。

此外,"埃及的语言仍然是象形文字;它还不是语词本身,也不是文字"。① 我们缺少文献,对他们如何思考的知识依赖于古代资料,主要是希罗多德和西西里的狄奥多罗斯的著述(L 268-270)。

埃及的祭司告诉希罗多德,埃及人是最早的人类。事实上,他们的文明非常古老,其公共生活首先出现在上尼罗河河谷,主要是在底比斯。后来,其商业活动转移到埃及中部(孟菲斯),然后是三角洲(赛伊斯)。埃及地处狭长的尼罗河河谷,每年遭受两次洪水侵袭。洪水是农业唯一的水源,埃及人掌握了灌溉技术。希罗多德声称,埃及人在他所观察到的民族中最富理性,他们有着秩序井然的社会和巨大的成就,但是他们的所有处事方式与其他民族却恰好相反(例如男性料理家庭事务,女性则处理外部事务,因此并

---

① 黑格尔未曾察觉,破译罗塞塔石碑的工作在1821年就已经开始了。他确实提到了商博良的研究《法老统治下的埃及》(Jean-François Champollion, *L'Egypte sous les Pharaons*, Paris, 1814),而商博良研究了象形文字,并在1825年报告了他的研究成果。黑格尔在1830至1831年(L_{30-31} 193)的讲演中确认了这一发现。

不退居家中)(L 270-279)。

看来,这个安静的民族必定有着一种与之类似的静谧的宗教。① 事实上,我们发现

> 一种热情、积极、劳动的精神……一个民族燃烧着",朝向一种"内在于自身的客观化,然而这种客观化并没有达到精神之自由的自我意识。仍然有一个铁箍笼罩在精神的眼眸上(L 279、280)。

埃及仍然囿于自然宗教的范围之内,在自然宗教中,一切事物都是其他事物的象征。主要的象征则是太阳(奥西里斯)、大地和月亮(伊西斯)。奥西里斯和伊西斯在一个循环的过程中交替统治着,这一循环过程与尼罗河有所关联:肥沃和增长继之以干旱和荒凉。[106]奥西里斯被埋葬在地下,他成了死者的领主,直至在下一个轮回中重生(L 278-286)。

动物崇拜在埃及宗教中扮演着重要角色。对神的不可理解性显露在动物的灵魂之中,其生命力和智慧对人类来说仍然难以理解。有了真正的精神宗教,不可理解性就消失了,因为精神是自我理解、对自身透明、展现在自我和自由面前的。神的奥秘仍然隐藏在动物的生命中,这就是为什么譬如鸟类的飞行可以作为希腊人的神谕。埃及人崇拜牛神阿匹斯和其他牛以及猫、朱鹭、鳄鱼。他

---

① 参见 *Lectures on the Philosophy of Religion* 卷二页 358-381 中讨论埃及宗教的部分——"谜之宗教"。

们辨识出蜣螂或圣甲虫的形迹。在所有古代民族中都有对生物的尊崇,对他们来说,真理是某种"在那边"的东西,是超越人类精神的东西。与此同时,埃及人抗拒这种不自觉的状态,把动物的活力降低到象征其他东西的程度。他们通过将动物形象并置来实现这一目标,例如,有着公牛头或公羊头的蛇,或者有着鳄鱼尾和公羊头的狮身。这种并置显示了各种形象的象征意义。更明显的是,动物的身体被简化为狮身人面像,一种人的形象由此出现。但是,正如希腊人所发现的那样,与精神相称的感性形象乃是人的形象,而不是一种混杂(L 286—294)。

埃及所知道的只是精神从自然走向自由本身的斗争。这一"非洲精神"的原则,"确切说来就是要忍受这样的苛刻并将其克服,而印度人则获得了他们自己的生活"(L 297)。这精神在巨大的辛劳中表达自身,产生出令人赞叹的艺术和建筑作品——这些作品在三千年之后仍然令我们啧啧称奇。在高级的宗教中,艺术是从属性的,但是在埃及,艺术是自我表现的必要手段。其中介不是理智,而是最坚硬的自然物质即石头,在其上铭刻着象形文字和雕像,由此建起至为庞大的结构,这一结构需要一种更为先进的机械性知识(L 297—300)。黑格尔接着写道:

> 其他民族所致力于其中的事业是征服和统治别的民族。与此相反,埃及人实现其丰功伟业的领域就在于他们的艺术创作。那些湮灭的作品留存在记忆之中。我们依然拥有埃及人的[真实]作品,即便它们只是在废墟里。特洛伊战争有10万人参加,

历时 10 年。他们所达成的,即特洛伊战争的成果,只不过是特洛伊的毁灭。[107]主要结果是进攻者和战败者双方的无谓争斗。埃及人所呈现和遗留下的东西,是一种很高级的、有意义的作品,是一种虽有破损却又或多或少地不可摧毁的、永恒的东西。这些作品就是最伟大的那类作品。(L 299)

这一论断不仅是对埃及人的赞颂,而且也难得地让我们一窥黑格尔对从一开始就印刻在人类文明中的无休止战争的态度。战争带来的痛苦和破坏是一种徒劳无益的规模宏大的操练,只能用悲剧性来形容,它使历史成为一个"屠宰场"(M 157)。黑格尔认为,战争是不可避免的悲剧,除非精神超越这种原始的竞争模式。

埃及人的作品中有一个新的面相,那就是他们对死者的敬献,特别是对冥界的敬献,因为木乃伊化的尸体的灵魂还活着。他们并不真正相信灵魂不朽,这与东方的性情格格不入。灵魂不朽意味着灵魂所代表的内在本身是无限的。埃及人并不知道"精神有着一个更高的、永恒的目标,也不知道在自身之内得到反思的精神是内在无限的"。对他们来说,死者通过防腐得到了延续,然而对于真正的永生来说,保存尸体全无必要。埃及人的取向是活在当下,活在生命感官享受的特殊性之中。他们的精力还没有指向普遍,精神还没有为自己而存在,尽管它正朝着普遍而奋斗。

这种特殊性也应当是理想的,这是这时作为快活、自由、开朗的精神必然出现的结局,而这就是希腊的精神。(L 300-305、309)

由埃及向希腊过渡是《世界史哲学讲演录》中至为关键的一个地方。黑格尔引用希罗多德的话,大意是说"埃及人是冲动的男孩,他们缺乏青年的理想,只有通过理想的形式才会成为青年"——这是一个错误的引证,但它与黑格尔的精神成熟阶段相称(L 309)。精神必须从封闭的自然之夜中挣脱出来;埃及人专注于这项工作,而希腊人则完成了这项工作。在赛伊斯的女神所孕育的果实是太阳,根据希腊人的说法,是太阳神赫利俄斯。这个太阳是希腊的精神或光明,阿波罗是光明之神。在阿波罗的主神庙镌刻着这样的文字:"人啊,认识你自己!"

> 这种知识是首要的,世界的劳作、每一宗教的奋斗都上升到了它的境地;没有比这更崇高的铭文了。

[108]东方的原则必须给自我知识让路,而自我知识相应地要求政治自由(L 309、310)。

希腊的对面伫立着波斯。波斯人将光明直观为统一的原则,这一认识是真实的,但这种统一并没有与特殊性的诸要素有机地联系起来。在希腊,真正的融合通过精神在自身之内的深化而实现,而波斯则退回到亚洲的富庶和军事主导地位。希腊和波斯陷入了不可避免的冲突,在这场冲突中,希腊承受了濒死体验,但最终取得了胜利(L 311-314)。

希腊世界

至此,世界精神已经由童年时期进入青年时期,并且在希腊找到了自己的家园。有两位青年代表着希腊精神:第一位青年是阿喀琉斯,他是荷马诗歌中创造的人物,而荷马则是希腊民族敏锐洞见的重要文化源泉;第二位是亚历山大大帝,这是真正的青年,他对东方的征服使得青年时期走向了终结。对黑格尔来说,重要的是青年这一概念,它的活力和青涩、它对生命的热情与一种获取普遍目标的无能为力结合在了一起。希腊提供了一种实在而又感性的精神活力,这种精神性既有其感性的在场,又突出了人的美好形态,以及作为个体的人。"希腊世界以东方世界为基础;它从自然的神性开始,然而又将之重构,把精神性作为它的内在灵魂。"(L 314、315)[1]

希腊史的诸阶段

在希腊人那里,标志着希腊民族历史的三个阶段尤为清晰,因为他们是第一个进入世界史的具体联系之中的民族。这三个阶段是:开端;与一个较早的世界历史民族(对希腊人来说是波斯人)的

---

[1] 黑格尔在希腊世界方面参考的古代材料主要是荷马的《伊利亚特》和《奥德赛》,希罗多德的《历史》,修昔底德的《伯罗奔尼撒战争史》,西西里的狄奥多罗斯的《历史丛书》(*Library of History*),泡撒尼阿斯的《希腊纪行》(*Guide to Ancient Greece*),以及其他哲学家、戏剧家、诗人的作品。参见 L 315,注释 2。

回溯性接触；[109]与一个较晚的帝国(罗马人)的一种前瞻性接触。第一个阶段是一个民族的首次形成,这个阶段达到了足够成熟的条件,可以与之前的民族接触。在这里,本地的元素和外来的元素之间发生了一场斗争。当它们统一之后,一个民族独特的活力就被调动起来。第二个阶段是一个民族赢得胜利的阶段,但是这一民族过分注重对外关系和成就时,就会使内部事务陷入分裂和冲突；它分裂为一个真实的存在和一个理想的存在,后者是批判性思想的领域。因此,毁灭的种子在胜利的时刻就播下了,而这毁灭部分是由思想导致的。第三个阶段是衰亡的阶段,它完成于与下一个世界历史民族的接触,一个受到召唤去建设更高的世界精神(Weltgeist)阶段的民族。我们发现这三个阶段复现在罗马和日耳曼民族的历史中,但在每一种情形中都呈现出各自的曲折(L 316、317)。

希腊的地理特征(其岛屿、崎岖的海岸线、内陆山区、依赖海上联结等)使得希腊人借以创造出一种"自我持存的个体性",这种个体性无法统一于仁慈(或专制统治)的宗法制,而只能依靠法律和精神习俗达成统一(L 317、318)。

希腊民族的精神起源

这种自由而美好的精神只能从异质性元素的混合中逐渐显现出来。有些原始部落和民族完全不是希腊人,我们也无法肯定哪一些是原初的希腊人。希腊精神的独特性就在于其如何融合外来事物：来自小亚细亚、腓尼基、埃及、黑海、地中海的殖民者从"赫楞人的"(Hellenic)部落群体中创造出"希腊"认同来。各个著名的王朝就由这支外来的世系建立,这些王朝奠定了一些经久不衰的权力中心,其形式是在海岸线附近或海岸上建起城市和卫城。荷马史诗描绘了这些情形,诗中表明,出身和血统是一方面,然而大人物必须建立起他自己的权威。这时建立起来的是家族式的而非宗法式的关系。希腊人只在阿伽门农的率领下获得过一次统一,然而他据以说服众酋长和各部族参战的,[110]乃是他的声望和权力,而非他的世系。自此以后,希腊人在政治上就再没有统一过,即便是在对抗波斯之时也是如此(L 318-330)。①

真正把希腊人团结在一起的是他们的文化,他们由此而成为一个有着世界历史性的民族,并且将自身与其他民族区别开来,他们称这些民族为"野蛮人"。

> 在希腊的文化、艺术以及科学领域,我们每个人都有一种家园之感,并感受到快乐……在此,文化传统链条的有意识的联结伴随着希腊文化开始了。我们源自受过希腊人教育的罗马人。(L 331)

在希腊各团体和共同体之间建立的和平状态下,个人能够在追求卓越的过程中茁壮成长。表现快乐的自我意识之驱动力发展成了艺术。

---

① 虽然黑格尔在此这么说,但他后来(L 405)提到,在前480至前479年,斯巴达与雅典一道在萨拉米斯和普拉泰亚击败波斯之时,希腊的确发生了第二次的、局部的统一。

> 艺术产生于……一种摆脱了需求的劳作,这种劳作表现为这样的事实:个体把自身变为某种东西,他们……展现出……普遍性之特征。(L 336)

有形的身体通过衣物和装扮被塑造为一件艺术品;紧接着,游戏和舞蹈赞颂人的形体之美,歌曲则表达个体性的主题(L 331-337)。

黑格尔在此引入了对希腊宗教的冗长讨论(L 337-355)。[①] 宗教关心的是本质,而这种本质对于希腊人来说并不是外在的或自然的东西,而是内在的和属人的东西:那便是在其自由中被领会到的美好的人的形象(shape)。

> 对人来说,神就是人的本质。人将神理解为同自己处在一种肯定性的关系中,把神看作人的直接偶然性和有限性的'他者',看作人的本质和实体性的东西。(L 338)

然而,对于希腊人来说,这种本质是美的,这就是说,它是精神的感性表现,因此是精神的有限性,而真正的本质乃是无限的。美是感性与精神性的统一,对希腊人来说,自由的美是神性的构成要素。自由思想的原则尚未被概念化,因此精神的自由仍然与人的自然形态相关联。

我们面临两个问题。第一,为什么希腊人还没有崇尚精神中

[①] 比较他在 Lectures on the Philosophy of Religion 卷二页 141-152、160-189 中对希腊宗教的论述。

的绝对,为什么精神还没有以精神的形式向精神显现?[111]第二,为什么希腊人的神并没有同时以肉身的形式出现在他们面前,尽管希腊人的神有着人的形象?第一个问题的答案是,神并非在纯粹的思想中向希腊人显现——如同某种非感官性的东西,因为希腊人仍然最为接近东方的原则。主观性在此仍旧只是初显而已,而精神还不是一种在思维中与自身相同一的精神。神还不能在精神中得到敬畏,而精神也还不是对精神的认识。第二个问题的答案是,虽然希腊宗教是拟人化的,①但还不够拟人化:希腊宗教并不认识在一种直接的人类存在中的神,作为一个这一个的神。②希腊宗教在人的美好形象中认识神,正如这一形象是由大理石或别的材质所塑造的一样,但希腊宗教不能设想神在事实上变成人,从而显现在个人的主观性中并且作为个人的主观性。因此,与席勒相反,黑格尔认为,与希腊的诸神相比,"基督教的上帝具有更为彻底的人性"(L 339-344)。

希腊诸神不仅仅是自然力量,而且在本质上是精神的个体性,对希腊人来说,精神的个体性最为基础和至高无上。但它还没有确立为自由的个体性,精神还没有被以精神的形式加以领会;精神

---

① [译注]anthropomorphic,字面意思为"神人同形同性的"。这是因为古希腊神话中的神明,尤其是奥林匹斯山众神,身上总是带着凡人的特点,也会愤怒、嫉妒、憎恨。

② 随着黑格尔讲演的进行,"这一个"成为越来越重要的主题,这一主题在讲述中世纪教会和宗教改革中发现的基督教的道成肉身时达到了顶峰。参见 L 333,注释 36;L 351,注释 43;L 479,注释 28。然而这一主题在 1830 至 1831 年的讲演中并未出现。

的个体性只是实体,还不是主体。希腊人以自然为开端,但自然的神性在精神进步中被扬弃。这种扬弃构成了提坦诸神与奥林匹斯山众神之间的差别,提坦神是自然之神,而奥林匹斯山众神则推翻了他们。自然力量的"回响"被保存在了新的神祇之中。因此,阿波罗是晓谕(knowing)之神,但有着作为光明之神的余韵,而波塞冬则部分地是自然神俄刻阿诺斯的回响。这种回响代表了希腊意识中的东方遗产。一方面,希腊人的诸神取自亚洲和埃及,但另一方面,他们的辛劳、他们的文化成果便是对这种外来元素的转化(L 344-348)。

这种余韵回荡在希腊秘仪(mysteries)和神谕之中。秘仪源于一种古老的自然宗教,它假定古老而令人敬畏的源头揭示了紧随其后的一切事物的真相。要解决特定的问题或知道自己将来必须做什么,就得请示神谕。[112]在这一点上,希腊宗教仍旧是迷信。相比之下,基督徒"确信,他的个人命运和福祉,无论是世俗的还是永恒的,都是上帝的关怀对象……希腊人没有,也不可能得出这种观点;因为只有在基督宗教中,神才成为一个'这一个',并把'这一个'的特性吸收进了神的概念的特性之中"。由于相信上帝的关怀和眷顾,基督徒可以自己决定和解决事情,不需要请示神谕。希腊人缺少无限的主观性,必须仰赖一种外在性的资源(L 348-351)。

与神谕密切相连的是希腊人对命运的看法——一种秘密支配着个体事件并且必须被如其所是地接受的命运。黑格尔在这一点上对他自己的天意观作了重要的论述:

在基督徒那里的天意的规定或信仰,正好与我们在希腊人那里称为命运的东西形成对立。另外,从特殊性方面看,特殊东西与普遍东西的联系对于基督徒和希腊人而言都是不可思议、不可理解的。因为命运发生在人间大地上,人间大地从特殊目的的角度看必定被称为偶然的;……但基督徒有一种观念认为,所有这些特殊性都服务于使他们获得最美好的事物,上帝引领所有这些偶然性,使他们获得最好的结果。如此,基督徒将上帝的目的设定为对他们来说最好的东西。希腊人却没有这样的观念,这恰恰是因为,特殊的东西、个体的目的没有被接纳到神里。希腊人接受了这些个别事件,正如事情所发生以及他们在那里发现的那样,但他们没有形成一种想法,即认为对他们而言最好的事物是一个最终的目的,他们作为"这一个"在这里便是目的。也就是说,他们只有一个想法……:"现实情况就是如此,人必须得顺从现实。"(L 353、354;对照 L 351-355)

因此,信仰上帝的天意并不能消除适用于特定事件的偶然性,而这些偶然性往往难以索解。但基督徒相信,上帝成为肉身后,会把每个人的幸福放在心中,因此,上帝"引导"偶然事件走向最好的结果,这意味着把每个人的终极目的吸纳"进上帝之中"。我已经讨论过"引导"的方式,指出它首先假定了一种否定的形式。我还观察到,"最好的结果"并不是一种历史的乌托邦,而是一种(神秘的)肉体升天进入上帝的假定。历史受到偶然性的摆布,但主宰历史的是上帝,而不是命运。就这样,基督徒找到了"慰藉",然而希腊人却没有什么可慰藉的,有的不过是屈从于现状。①

[113]为了结束对希腊起源的讨论,黑格尔转向了希腊的政体(political constitution)。东方世界是专制独裁的绝佳展现;罗马世界的政体是贵族制,日耳曼的政体则是君主制。希腊的政体是民主制,这对黑格尔来说意味着人民(即人民中的公民)直接统治。这种统治以主观意志和客观意志的统一为前提,这种统一只有在无限的主体性或主观自由尚未发展起来的情形下才有可能达成。当外部秩序为了稳定而要求一个"焦点",并且主观的自由得到了承认和尊崇之时,君主制就出现了;因此,在黑格尔看来,君主制是最高的统治形式。在民主制之下,意志仍然是客观的意志,是公民的集体意志,而不是个别主体的意志(L 355-360)。

希腊的民主形式需要三个条件。第一个条件是公民根据他们的"内在神谕"作出决定。他们投票,少数服从多数。得票越多(以及/或者得票越接近),决策就越是显得任意,成了一个机会问题,个人的投票就贬值了。偶然性表现在各个方面:一位公民由于这样或那样的原因而远离公民大会,而另一位公民则雄辩滔滔地发言;政务都受到了利益集团操控;决定一项事务的或许只是一张无足轻重的投票,而这项决议却遭人记恨。第二个条件是奴隶制:自由之所以对希腊人有利,只是因为他们是那些特定的公民;自由并不仅仅因为他们是人就适用于人类本身。黑格尔的意思大概是,

---

① 对黑格尔的天意学说的评断见下文第五章。参见本书,页152注释。

不是每个人都能参与民主,只有作为成年男性公民的希腊人才能参与。这就指向了第三个条件,即较小的国家规模。一个民主的国家不能扩张得太远,因为它要听从全体公民的决断。因此,公民们必须一同出席,对他们来说,各式各样的利益必须清晰可见(L 360-363)。黑格尔在这里并没有考虑代议制民主以及立法、司法、行政之间的权力平衡的可能性;在他看来,这些条件只适用于采取君主立宪制形式的现代世界(君主是有名无实的领袖,但却是团结和国家身份的重要象征)。如前所述,如今,君主立宪制与共和制一道被视作民主的一种形式,[114]但两者与希腊模式都有很大的不同。①

希腊精神的成熟

第二个阶段牵涉到同早先的世界历史民族的接触——在希腊人这里,则是其在希罗多德所谓的"与米底人之战"中同波斯人的接触。黑格尔指出,并非所有希腊人都参与了希波战争。即便是在最为利害攸关的时刻,"特殊性"仍然比共同的希腊文化更占上风。事实上,希腊人只有过一次(局部的)统一,那便是前480年斯巴达人在萨拉米斯之战中赶来援助雅典人那次。第二年,波斯大军在普拉泰亚被击败,对于希腊具有真正毁灭性的威胁由此解除。这些战争标志着一个重要的转折:"东西方在这里如此对立,以至于世界史的利益被放置在了天平之上。"一个强大的东方专制政权统一在一人之下,与之对峙的是"一些个装备有限但有着自由个体

---

① 参见本书,页73、74。

性的民族"。"在世界历史中,精神的崇高力量相对于数量占优的力量所具有的优势和优越性从来没有……得到过如此精彩的展现。"这是希腊最辉煌的时刻,希罗多德凭借他的言辞使其不朽(L 364-367)。

一旦希腊人击退了外部威胁,紧张局势必定就转向内部。希腊人转向了内部的纷争和冲突,这以雅典与斯巴达之间的竞争展现出来。这两个城邦在各方面都相互对立。雅典是各色人群的避难所。梭伦为雅典人制定了一套民主体制,但这种体制带有一种贵族的成分。奴隶可以通过购买而获得,但是没有一个自由的希腊民族被奴役过。雅典人在习俗、审美、才能和谈吐方面都达到了令人艳羡的优雅境地。与此相对,斯巴达人从忒萨利来到伯罗奔尼撒,把当地人变成奴隶,即"黑劳士"(helots)。他们生活在一种持续不断的战争状态中,经常进行军事训练。斯巴达是由富有的监察员和军事领袖统治的贵族制或寡头制。他们强迫人民实行严格的集体禁欲主义,禁止科学和文艺(L 367-376)。

黑格尔在总结这一节时指出,虽然我们总是觉得自己被希腊(尤其是雅典式的希腊)所吸引,但我们的精神却无法在那里获得最高满足。"客观的绝对者还缺少一个主要环节,这个环节是美的,即真理;[115]而且法权、伦理性也还缺少那种来自自我意识的主观统一性的高度自由。"另一个原则正在形成,它首先作为某种"革命性和道德败坏的"东西出现(L 376)。

衰退与没落

雅典和斯巴达之间的斗争爆发为伯罗奔尼撒战争,战争持续了27年(前431—前404年)。斯巴达从波斯人那里获得了财政支持,最终打败了雅典以及其他城邦,将民主政体转变为寡头制,并放弃了小亚细亚的希腊城市。希腊理想遭受了致命的背叛,数个世纪的衰落接踵而至(L 377-379)。

恰恰是在这一时期,希腊哲学取得了最大的成就,其批判性思想和主体性原则对美的宗教和国家秩序构成了威胁。苏格拉底反对智者的主张,即作为有限目的的人是万物的尺度这一观点,他把自在自为的存在理解为普遍,把思考理解为终极目的。于是,柏拉图对诸神的存在(尽管不是一元化的神性本身)提出了质疑,他试图禁止的不是艺术,而是被艺术描绘为最高的东西:对绝对者的思考实属必要,而不仅仅有感性的表象。黑格尔认为,苏格拉底的命运是最大的悲剧:① 就苏格拉底来说,他具有思想上的正当性;但就雅典人民来说,他们是正确的,他们认识到雅典城邦将会被这样的

---

① 这是黑格尔在讲演中唯一一次提到悲剧。不过,我将在第五章中论证,他在整个历史中引入了一个悲剧的维度,即冲突是人类存在的一个不可避免的面相,为了实现和解,上帝必须把这一悲剧性的冲突带入神圣的生命中;因此,存在着关于上帝之"死"的主题。这是基督教的悲剧,与希腊的悲剧截然不同。在希腊悲剧中,存在着利益对立的冲突,各方利益都有充分的理由;但是,由于命运具有更高的力量,"一种盲目的必然性凌驾于一切之上,甚至凌驾于诸神之上,不可理解、令人绝望",也就不可能有真正的和解。*Lectures on the Philosophy of Religion*,卷二,页651。

原则削弱和摧毁,这种原则即正当性寓于个人自身的内在性之中(L 379-383)。

在国家层面,个体原则(既有阴暗的、破坏性的一面,也有有益的一面)与全体人民统治的原则之间产生了无法调和的冲突。希腊人需要一个外来的国王把自己的意志强加给他们。这位国王就是马其顿的腓力,他的儿子亚历山大继承了他父亲的巨大权力,并且可以任意使用这种权力。[116]这一"希腊的第二位青年"强化了

> 希腊生活的内在冲动……将其转而对抗希腊的母邦——东方……一方面,亚历山大为希腊从东方那里遭受的罪恶复了仇;然而,另一方面,他也千百倍地回报了希腊以早期文化冲动的形式从东方所接受的一切美好事物……亚历山大的伟大事业和不朽功绩就在于把近东发展成了一个希腊。(L 386)①

历史学家说,虽然亚历山大的征服过程中只有流血,但他依然伟大。黑格尔则指出:

> 人们转向世界史时,必须为流血和冲突做好准备,因为它们是世界精神推动自己前进的手段;它们来源于那个概念。(L 386、387)

---

① 在1830至1831年的讲演中,黑格尔指出,埃及在托勒密王朝时期成为一个辉煌的科学和艺术中心,恰如通过破译象形文字所发现的那样。亚历山大里亚由亚历山大大帝建立,它融合了希腊文化和东方文化,在数个世纪的时间里一直是古代世界的重要商业中心(L_{30-31} 289)。

这样的手段是悲剧性的,是自我毁灭性的,因为冲突隐含在概念本身之中(概念本身包含着对立的内容),并且清晰地展现在人的存在中;但是,如我们所见,这些手段被精神用来达到它自己的目的。亚历山大的个人悲剧部分在于,他虽然建立了一个希腊世界帝国,但他却无法建立起一个家族王朝。他是一个军事天才,一个历史的阐释者,一位就个人来说极为勇敢的人。他死得恰逢其时,他的工作刚好完成,他留下的遗产一直延续至今(L 387-390)。

没有了亚历山大,希腊只剩下一种丑陋、贫乏的特殊性,各邦分裂成相互敌对的派系。普鲁塔克和珀律比俄斯的传记向我们讲述了这一最后阶段的悲剧性个体群像:好人只能陷入绝望或者退出公共生活。在这些情形下,"一种命运呈现出来,它只能以否定性的方式对抗过往,既盲目,又冷酷,且抽象。体现这种命运的角色就是罗马帝国"(L 391-393)。

罗马世界

罗马精神

在罗马人那里,"政治即命运"。对黑格尔来说,这意味着个体并未得到考虑,而是被牺牲掉了;[117]这意味着罗马帝国的成就乃是以自身为目的的政治权力。罗马所代表的是一种平淡无奇的、没有精神维度的实际统治。"罗马撕碎了世界的心灵,只有从世界那发自

内心的痛苦里……自由精神才能得到发展和提升。"(L 393)①

罗马从一个单一的中心向外扩张(与希腊的起源相反),融合了拉丁人、萨宾人和伊特鲁里亚人的部落。他们一开始没有家族或宗法式的组织形式,只是一个强盗团伙、一个由牧羊人和强盗组成的兄弟会。由于没有妻子,罗马人劫掠了邻近民族的妇女。这种以"掳掠"开始的起源贯穿了随后的罗马历史,成为典型特征。罗马人缺乏自然伦理生活的本能,这一本能的缺失导致了家庭关系中的紧张压抑。妻子要么成为丈夫的合法财产,要么被连续使用或占有一年而无需结婚仪式即可获得。丈夫是家里的暴君,但他反过来又受国家的统治。罗马的伟大在于,它的一切都为政治纽带和国家而牺牲了。与东方那不可计量的无限和希腊人优美的诗性个性形成鲜明对比的是,罗马人只是紧紧抓住了有限,抓住了生活的乏味、最终的抽象。成文法的发展是对罗马人狭隘且不带感情色彩的理解的一种表现。这是他们最大的成就。他们的艺术只有一种技术的面相,而宗教则被削减为只具有实用性和有限性。在这些方面,罗马帝国与我们的时代非常相似,尽管黑格尔没有在此提及(L 394-402)。②

---

① 黑格尔论述罗马世界时援引的相关资料大多是古典著作:维吉尔的《埃涅阿斯纪》,李维的《罗马建城以来史》,西塞罗的《论他的家宅》(*De Domo Sua*),珀律比俄斯的《历史》(或作《通史》),普鲁塔克的《希腊罗马名人传》(或作《对比列传》)。他还参考了尼布尔的《罗马史》(Barthold Georg Niebuhr, *Römische Geschichte*, 3 vols., Berlin, 1822—1832)。

② 黑格尔在1821年的讲演(*Lectures on the Philosophy of Religion*,卷三,页159-162)中作了这一对比。他在1821年的讲演中同样有对罗马宗教和节庆的详尽讨论,参见卷二,页190-231。

"宗教"意为"捆绑"（religio[宗教]源自religare[捆绑]），并且"在罗马人这里确实有一种'被捆绑'；而对希腊人来说，宗教则是自由的想象、美的自由；对基督徒而言，宗教是精神的自由"。罗马人的束缚表现在迷信上。他们的神祇服务于特定的功利目的：从政治机遇、铸造钱币到烤面包和排水，每件事都各由一位神祇支配，他们为了满足特定的需求而引进神祇。罗马人把所有这些神都聚集到万神殿中，把他们的神性降低到有限的用途上，从而摧毁了他们。[118]他们不会对更高的事物表示无关利害的感谢，也不赞美或祈求更高的事物（L 402、403）。

他们的节庆和表演也表现出了一种类似的、甚至是可怕的效用。这些节庆和表演为罗马人呈现杀戮的场景——野兽把人撕成碎片，男人和女人相互残杀。为了维持自己的兴致，罗马人需要看到真实的苦难和残酷；他们建造了一个屠戮场。这些景象是他们自身苦难的一种客观化，是他们对有限和死亡的崇敬（L 404、405）。

罗马史的各个阶段

与希腊一样，这里也有三个阶段：罗马的起源（罗马权力的形成）；罗马与东方的关联（罗马的世界统治）；以及罗马与那个随之而来的原则的关系（罗马的衰落）。在第二个阶段，基督教作为一种介于东西方之间的宗教而登场。黑格尔对它如此关注，以至于将其作为一个独立的话题。在他的论述中，具有讽刺意味的是，基督教颠覆了罗马的原则，但还需要在另一个民族——北欧民族——中成熟起来。因此，毁灭的种子在罗马权力的鼎盛时期就已播下,正如在希腊那里一样(L 406)。

罗马权力的形成

在这里,我们没有像在希腊那样发现美丽的神话前奏,这里只有一个平平无奇的开端。早先的国王被驱逐,而向"共和主义"的过渡实际上是一种向着镇压平民的寡头式贵族的过渡。黑格尔认为,尽管人们渴望"最卓越的人"①来统治,贵族制却代表了最糟糕的政治状况,因为它不过是在专制统治和无政府状态之间提供了一种平衡,并且只会产生不快和紧迫感。但也由此产生出了一种高效的军事机制,这一机制乃是基于抽象团结的原则以及对国家法律的服从(L 407-413)。②

罗马的世界统治

[119]随着财富和权力的增长,罗马进入了第二个阶段,进入了一个环绕着罗马人的全景式世界剧场,这个剧场环绕整个地中

---

① [译注]贵族制(aristocracy)一词的字面意思即为"最卓越的人的统治"。
② 在1830至1831年的讲演中,黑格尔更为详尽地论述了罗马史的第一个阶段,包括罗马的建立、早期罗马的社会、宗教、家族关系,从诸王时期到共和国的过渡,贵族与平民之间的斗争,以及军事扩张(L_{30-31} 300-328)。黑格尔强调,罗马宗教是一种依赖、征服、迷信以及具有日常效用的宗教。"与希腊人的精神力量和神灵之美相比,这些平淡无奇的表现是如此不同!"(L_{30-31} 309)从王权到共和制的过渡只是名义上的改变,两个执政官拥有与国王相当的权力。贵族和平民之间的斗争旷日持久,只有在斗争得到平息之后,罗马才能把全部注意力集中到军事扩张上来。

海。挫败迦太基之后,罗马成为地中海及其周边所有疆域的女王。渐渐地,罗马从边缘地带深入到这些地区,直到成为有史以来世界上最强大的帝国,从罗马治下的不列颠一直延伸到小亚细亚。尤利乌斯·凯撒作为罗马目的性的完美化身而出现,他一心想成为统治者,不受伦理道德的约束。凯撒遭受了所有伟大人物都会有的命运,即不得不将他曾经为之而生的东西践踏在脚下。在入侵高卢和日耳曼尼亚之后,他转而攻击共和国,涤除了罗马的狭隘利益,将皇帝确立为以个人意志支配一切的人。黑格尔将这一原则描述为"精神那完全出于自身的——彻底的、有意的、深思熟虑的、不受限制的——有限性"。这一原则在恺撒·奥古斯都身上得以实现,而在他的对立面,在精神上的"巨大分裂"面前,出现了它的对立面,即无限——一种不否定有限却包容有限的无限(L 413-418)。①

基督教的降临

伴随着这一无限的概念,基督教登上了舞台。黑格尔说,他的目的不是描述那构成了真正的宗教和真正的无限的东西,而是只

---

① 在1830至1831年的讲演中,黑格尔对于为基督教诞生而作的准备则有着不同的描述(L_{30-31} 338—345)。个人被排除在帝国的权力之外,借助于当时的哲学(斯多亚主义、伊壁鸠鲁主义、怀疑主义)而把自身交付给命运,或者追求感官享受,或者在一种完全抽象的内心状态中获得宁静。罗马世界的痛苦之处在于,满足只能在内心之中获得,而不能在具体的存在中获得。"世上的这些痛苦是一种不同的、更高的精神劳苦,这种精神诞生在基督宗教之中。"(L_{30-31} 343)

描述它的显现,描述它在"时间已经完满"之时显现的必要性;因为历史处理的是真实事物的显现,而不是真理本身(L 419)。尽管做了这样的告诫,黑格尔还是首先明确地对真正的理念而不仅仅是理念的显现展开了讨论。

[120]绝对理念是自在自为地持存的普遍者——但不是作为一种空洞的本质,而是作为内在具体和在自身中确定的东西。绝对理念将自身设定为它自己的有限的"他者",但紧接着又作为无限的完满而退回到自身之内;它并没有迷失在把自己作为一个相对于自身的他者而实现出来的过程中。

> 上帝便是这种将他者和自身分隔开来的无限生命,也是在这种分隔开来的元素中向自身呈现的无限生命。这种关系便是思辨的形式。

这种形式构成了基督教的三位一体说,它呈现在爱这种情感中,这有赖于为了他人而爱他人,并在这个他人之中发现自己(L 419、420)。

把握这一真理的方法有两种:借由表象的信念之路;以及借由理性的知识之路。在这两者之间伫立着知性(Verstand),它坚守有限与无限之间的区别,却不知道怎样去解决。"一旦接近真理,知性就会摧毁真理中的真的东西。"基督教的真理——三位一体的教义和基督的神性——并非简单地一开始就出现在按照字面解读编织而成的圣经叙述中,而是通过思辨性地诠释信仰共同体的活的精神而出现(L 421、422)。

然而，我们的首要任务是描述这一观念的表象（appearance），描述时间已经得获完满这一事实。当有限与无限的范畴被分隔开来，我们一方面发现了罗马世界的绝对有限性：一种严酷的奴役状态，抽象人格的原则，即这一个；我们在皇帝那反复无常的形式中发现了它，皇帝乃是"这个世界的神"。另一方面，我们发现了无限的自由，即抽象的普遍性原则，它在哲学上表现为斯多亚主义，在宗教上表现为东方的"无限广阔"。黑格尔说，这种广阔只有在以色列的上帝那里才变成了超感官的，这样的上帝被剥去了感性，被认作是纯粹的思想。在这里，在犹太教中，将上帝描绘为"太一"（the One）第一次成为一种世界史原则。这两者——无限的太一和有限的单一性或主体性——是这一时代的自我意识的两个范畴。

> 分开来看，二者都是片面的……在它们的真理中，它们被假定为一。东方和西方的这种结合，以及对两种原则的消化吸收发生在罗马世界。

西方渴望一种更深层的内在、一种深邃的浩瀚，这种渴望把西方引向了东方，并且在那里发现了不同形式的表达：叙利亚的神秘崇拜、埃及的宗教、[121]希腊神话、新柏拉图主义哲学（在亚历山大里亚，博学的犹太人借助于西方的范畴而发展了他们的直观）(L 422-426)。

这就是基督教诞生于其中的世界，在犹太人的土地上，在罗马人的统治下。对基督教而言，无限的一、以色列的上帝进入作为这一个的感性当下，即耶稣基督之中。上帝以人的形态作为人而显现其神性。这样，世界的愿望就实现了——这个愿望便是，作为有限的人应该"被提升并被把握为神的本质要素",上帝应该"从他那抽象的渺远中走出来,进入显象和人的直观中去"(L 427)。信仰是对上帝和人的统一直观,是对神的精神寓于自身内部的确信,是对一个人在神秘中与神相统一的确信。信仰需要一种脱离于自然状态的解放。但直观到的统一也必须在一种自然的方式中呈现,这种方式是一种直接单一存在的方式,即这一个。统一只能出现一次,它出现在一个单一个体中。

> 上帝仅仅自在地是太一(oneness),所以他的显现必须完全用太一的谓词加以指称,因而他的显现排斥所有的杂多。(L 428)

上帝的这种显现发生在犹太教中,因为这个民族将上帝作为"太一"而祈祷,这在罗马统治下出现,作为对凯撒自称"独一者"(the one)的解毒剂。① 在犹太教内部,上帝在本质上并不是具体的,也不接纳有限的确定性,上帝始终只是犹太人的上帝。② 在罗马帝国内部,基督教突破这一限制,将自己呈现为真正的普世宗

---

① 阿维内瑞指出:"犹太国本身在罗马帝国的手中灭亡。与此同时,它在其中为罗马枷锁强加给人类的精神苦难提供了救赎。"犹太人的历史已经被基督教的历史扬弃,黑格尔除了在1830至1831年的讲演中为联系十字军东征而简要提及犹太人的历史以外,就没有再提到过它。Avineri, "The Fossil and the Phoenix," in *History and System*, 页53。

② 黑格尔指出,犹太人借由上帝按照自己的形象创造人以及人"堕入"识别善恶的知识的故事而获得了一种更深层的思辨洞见。这故事为犹太教所独有,但它只出现在希伯来圣经的开头,没有对其他部分造成影响(L 431)。

教。"正如神圣理念在其自身之内具有这种朝向人的跨越,人也将自己认作在其自身之内的无限性。"(L 431)这样,个人便获得一种无限的内在性,但这种内在性只有通过打破自然领域、担负十字架、忍受国家迫害的艰苦劳作方能获得(L 427-432)。

基督教的胜利对生活和国家有几点影响。第一,奴隶制被排除在外。人之为人具有无限的价值,[122]且人注定是自由的。尽管其外部历史与此相反,然而当基督教得到真正施行时,便不能有奴隶制了;基督教有着真正的人性。第二,道德生活的形式发生了变化。一种真实的、内在的精神主体性出现了,它不再是希腊人美好的伦理生活,也不能仅仅是罗马人的个人兴趣和反复无常。第三是两个世界的建立:一个主观内在的超感官精神世界和一个时间性的世界——一种限定性的存在,一方面作为教会出现,另一方面作为国家出现(L 432-434)。

最后即第四点影响涉及与基督教相对应的政治体制。基于已经提到的理由,真正的政治体制不能是东方的专制统治,也不可能是希腊的民主——在这种民主中,主观意愿与国家的意愿直接一致——也不可能是罗马贵族统治下的那种奴役。在真正的国家中,对世俗秩序的服从必须是一个同个人主观目的"相调和"的问题。国家必须强大到足以容纳这些私人利益,并满足它们。国家本身必须是理性的,本质上必须是公正的。如我们所见,黑格尔认为,这些条件最令人满意地体现在君主立宪制的现代原则中。他对此有一种有机的观点,即自由的那些合法竞争的好处结合成一个有机的整体。

每一环节都被假定为独立的力量,同时也是整个有机体的一个器官。(L 434-436)①

---

① 黑格尔1830至1831年的讲演在这一点上有很大的不同。虽然黑格尔在这一时期关于基督教到来的讨论与1822至1823年讲演中的相似,但他增加了一段对宗教更为一般的分析。他认为,所谓的理性与宗教之间的对立(antithesis)不过是一种区分(distinction)。理性既是精神之本性的基本特征,又是神性之本质的基本特征。宗教存在于灵魂和心灵之中,而理性在认识真理以及将真理作用于实际生活上具有相同的内容。"这种联结在于,在宗教中,心灵是在神之内的自由圣殿;而依据理性,世界或国家是一个自由的圣殿,能够拥有一种其本身就是神圣的[内容],以至于国家中的自由被宗教保存并以宗教为具体呈现,因为国家中的伦理法则不过是那构成宗教的基本原则的事物的深入阐述。因此,历史的进一步任务是要使宗教作为理性显现,使宗教原则扎根于人类的心灵和灵魂,并作为世俗自由而产生出来。接下来的历史[由这一点向前]应当超越心灵的内在和存在之间的这种分裂,应当使和解成为现实,并因此使基督教原则成为现实。"(L_{30-31} 349、350)黑格尔在1830至1831年的讲演中增加了关于"法律与国家"和"君主制与国家"的讨论,而他在1822至1823年的讲演中只是简单地提到这一点(L_{30-31} 351-358)。接下来,在1830至1831年的讲演"基督教原则的出现"这一节,[123]有一个耶稣教谕的大纲。在这当中,为了心灵同上帝的内在和解以及精神的纯洁而产生出对福音的绝对要求,这与世俗伦理生活的现实对立了起来(L_{30-31} 358-360)。因此,纯粹的基督教原则需要"发展",随之而来的整个历史就是其发展的历史。首先,"基督的友人组成了一个会社(society)、一个共同体",直到他死后,他们才能在圣灵的指引下抵达其教导的真理(L_{30-31} 361、362)。但是这个共同体不得不在罗马世界中发展,在这个共同体的影响下,福音书的理论要素必须被设立为"教义"。教会元老和早期的教会会议借鉴了亚历山大里亚的哲学和新柏拉图主义哲学,这些哲学以自己的方式得出了这样的见解:思想或理念(与感性的神灵相对)是宗教的基本内容。这些内容被早期的教父们基督教化了,他们明确将基督指涉为上帝的思想(或言辞)之化身。"基督宗教的伟大之处在于,它尽管如此深刻,却很容易被意识从其外在的方面来把握,同时又能使自己适用于更为深刻的洞察力。"(L_{30-31} 362-366;引自页366)

罗马的衰落

尽管基督教诞生于罗马世界的时代,它还需要另一个民族来作为其原则的承载者,这个民族便是"北欧民族"。罗马人与他们非理性的、贫乏的、抽象的帝国统治原则有着不可分割的联系,当他们接触到一个新的世界历史民族之时,他们的终结也就到来了。

有三个特点标志着他们衰落。第一,内在的腐化从内部摧毁了帝国。第二,精神作为一种更高的东西退回到自身之中:一方面是斯多亚主义,另一方面是基督教。第三,异族人的涌入将帝国淹没在一场洪水之中,那是一场任何堤坝都无法抵挡的洪水。这场洪水便是北欧和东方蛮族的大规模迁徙。

> 由于这些……野蛮人被称作"日耳曼人",世界历史民族现在便是日耳曼民族。(L 438)①

---

① 黑格尔在 1830 至 1831 年的讲演中以不同的方式结束了对罗马世界的论述。在那里,他关注的焦点是东方拜占庭帝国的衰落。基督教仍然是一种被帝国政治扭曲的抽象概念,被固守无用的教条主义区分和偶像崇拜亵渎成某种可憎的东西。这种"腐朽的结构"一直持续到 1453 年才被土耳其人摧毁。在东方,基督教被已经存在的文化所腐蚀;而在西方,基督教必须创造自己的新文化,并第一次为野蛮的大众提供文明。因此,它被迫发展出某种新的、真实的东西。(L_{30-31} 367—373)

日耳曼世界

引 论

黑格尔使用germanisch[日耳曼的]和Germanen[日耳曼人]这两个术语来指代民族和语言传统从属于日耳曼的欧洲民族。[124]日耳曼民族是分布在古代欧洲大部分地区的一个庞大的民族复合体。日耳曼语是印欧语系的一个语族,但在德语中,indogermanisch[印度日耳曼语]和indoeuropäisch[印欧语]是同义词。日耳曼语族不仅包括德语(Deutsch),还包括英语、荷兰语、佛兰芒语、瑞典语、丹麦语、挪威语和冰岛语。黑格尔确定的另外两个欧洲民族复合体是罗曼民族和斯拉夫民族(黑格尔少有或者几乎没有提到过凯尔特、芬兰、匈牙利等民族)。"日耳曼"一词实际上成了"欧洲"的同义词,因为在黑格尔看来,日耳曼原则已遍布于整个欧洲。这一原则终归与民族或语言无关,而是同世俗与灵性、实体性与主体性、国家与自由、现实与理性的调和有关。然而,他的历史观不仅是欧洲中心论,而且是日耳曼中心论。①

---

① 黑格尔特别提及的材料只有:塔西佗的《日耳曼尼亚志》(*Germania*),艾希霍恩的《德国的国家和法权史》(Karl Friedrich Eichhorn, *Deutsche Staats- und Rechtsgeschichte*, 4 vols., Göttingen, 1808—1823),以及皮特的《德意志发展主线中的帝国史》(Johann Stephan Pütter, *Teutsche Reichsgeschichte in ihrem Hauptfaden entwickelt*, 3rd edn., Göttingen, 1793)。关于将"日耳曼的"等同于

在论述日耳曼世界之时,我们面临的主观困难在于,论述较为邻近的历史时不能像论述遥远的过去时那样,做到不偏不倚;而客观上的困难则在于赢得"理念本身,以及绝对的终极目的之达成将要浮现于其中的特殊性"。后一困难的出现是因为,意志的主观性如今与绝对理念本身一同占据着主导地位;这两者本质上有所不同,然而二者的结合却是世界史的终极目的。个别的意志在追求自身的目的时,首先要抵御被拽入一种绝对的终极目的;"特殊意志通过与绝对的对抗来促成绝对的东西本身"。这一冲动最初晦暗不明、未经识别,"因此,我们常常被迫借以评判那业已发生的存在的,乃是那种与各民族的历史情形恰恰相反的方式"。法兰西人说:"人在拒绝真理的时候,恰恰是在拥抱真理。"这便是现代欧洲在血腥的斗争中耗尽自身所完成的东西。这段历史表明:

> 理念以天意的方式进行统治——天意作为一种被掩藏着的内在力量,[125]借由各民族相互抵触的意愿而实现其目的并赢得胜利——以至于它所实现的和各民族所意愿的东西常常不相一致。

"欧洲的",参见 L 81、117,注释 79。贝尔纳斯科尼主张:塔西佗声称,日耳曼人是一个纯粹的、未经混杂的民族,黑格尔采纳了这一观点,这似乎是他的民族融合有益原则的一个例外。(Robert Bernasconi, "The Ruling Categories of the World," in *A Companion to Hegel*, 2011, 页 326、327) 然而,如果"日耳曼的"一词被视为等同于"欧洲的",它便包括三个主要的种族:日耳曼民族、罗曼民族、斯拉夫民族。这些民族无疑是在创造现代欧洲的认同中融合在了一起。

这便是上帝的否定法则在历史中的一个主要范例。(L 438、439)

欧洲各国在相互对抗和相互斗争中形成,但它们也被推向一种总体上的统一。当这种统一完成后,欧洲就转向了对外的发展——而不是向着一个较早的民族后退,也不是朝着一个新的民族前进。这是因为"世界的原则借助于基督宗教而得到了完善;审判的日子已经来临"(L 441,含注释 2)。① 在转向外部的时候,基督教遇上了伊斯兰世界。对基督教而言,那是一个无关紧要的环节(L 442,含注释 3)。"基督教的世界已经环绕并主宰整个世界"(L 442);未来的任何重要变革都将发生在其中。

在抽象概括欧洲如何"终结"之后,黑格尔紧接着回到了欧洲的起点。在 4 世纪和 5 世纪,罗曼民族和日耳曼民族的大规模迁徙开始了。日耳曼民族被他们最终征服的文化世界所吸引,但几个世纪以来,他们一直落后于直接继承罗马文化的罗曼民族。在较远的东边生活着斯拉夫民族;而南边则有后来的匈牙利人即马扎尔人的入侵。不过,这些起源于亚洲的民族还没有进入欧洲历史领域中(L 442-447)。

日耳曼世界的各个历史阶段

黑格尔运用最宽泛的概括方式区分了日耳曼世界的三个阶段(早期、中世纪、现代),它们代表了三个类型的统一(真实、理想、普

---

① 我将在第五章重拾"世界审判"的主题,因为这一主题与"上帝的审判"(神正论)相关。

遍),并与世界史中各个较早的阶段(波斯、希腊、罗马)①形成了对照。然而,要把宗教改革归入这个分类并不容易,在黑格尔的实际论述中,它属于第四个阶段,我们称之为"向近现代的过渡"。正如基督教颠覆了罗马的霸权却没有寻找到它的"民族",宗教改革颠覆了中世纪的综合,[126]但还没有完全现代化。日耳曼世界的最后一个阶段不像早期帝国那样是"衰退与没落"的阶段,而是"近现代"的阶段。在黑格尔看来,"近现代"似乎代表着世界史的完满实现——不过他仍旧在沉思这一点。同罗马的比较令人不安。(L 447-449)

中世纪早期的准备

从罗马帝国的覆灭(480年)到查理曼大帝的统治(800—814年),中世纪早期②一直在个人独立与对社会组织的需要之间的张力中挣扎。日耳曼一直有自由的个体,但他们聚集在一起组织集会——聚集在最高统帅和国王周围。他们对国王的忠诚被称作"效忠",这是现代世界的一个原则:"一个人从思想和内心深处与另一个主体相联结。"(L 453)这两个要素在形成国家的过程中是

---

① 这里的波斯原则代表专制统治;希腊原则代表一种精神的理想性;罗马原则代表对普遍统一的追求。

② 在1830至1831年讲演中,黑格尔以罗马世界中的日耳曼各民族(Germanic peoples)和日耳曼国家(Germanic nation)的逐渐形成作为第一个阶段的开端(L_{30-31} 378-385)。在转向法兰克王国和查理曼帝国的组织架构之前(L_{30-31} 390-397),他紧接着论述了伊斯兰崛起、阿拉伯人入侵北非和欧洲南部以及伊斯兰的文化和特征(L_{30-31} 385-389)。

统一在一起的——忠诚与个人意志的统一。然而,统一只是逐步发生的,尤其是在最初分裂成许多个公国的德国,在这些公国中,私人特权与思想和激情的特殊性占据了上风。(L 450-457)

与欧洲早期的这种极端特殊性相对立的是另一种极端,即对太一的纯粹思想,这种思想在7世纪作为伊斯兰教出现在东方世界(L 457,含注释14)。在这里,所有的特性都是偶然的。犹太教和基督教与伊斯兰教一样,都崇拜"太一",但在伊斯兰教中,这一崇拜变得狂热起来,因为所有的差异和确定性都被废除了。一切都消失了:积极的权利、财产、所有物、特定的目的。"这就是伊斯兰教摧毁、改变、征服一切的原因所在。"与此同时,爱的热情和美在这里得到了最为充分的表达;尽管黑格尔没有注意到,但对其他宗教的宽容是穆斯林统治被征服民族的一个早期特征。黑格尔确实指出,基督教世界的"生父"是西方,但其"更为崇高的精神之父"则是东方。[127]东方是自由和普遍性的诞生地,与北欧民族对个别主体性的依赖形成对照。基督教能够将这些因素结合起来,但伊斯兰教基本上没有受到西方影响。伊斯兰教征服了它所能征服的一切:中东、北非、西班牙和法国南部。阿拉伯人只在普瓦捷(或图尔,732年)被查理曼大帝的祖父查理·马特(Charles Martel)阻止过。小亚细亚、埃及和西班牙出现了大城市;学者产生、学派奠立,他们传播科学和古代经典著作,还有自由诗和自由的幻想。直到现代早期,随着奥斯曼土耳其人的入侵——发生在19世纪20年代,在希腊争取独立的斗争形式中为黑格尔所熟悉——伊斯兰教才再次冲击了欧洲历史。(L 457-462)

中世纪

中世纪阶段从9世纪早期延续到了宗教改革。① 查理曼大帝

---

① 关于中世纪阶段的划分和宗教改革的过渡性特征,参见 L 462,注释 18。在 1830 至 1831 年的讲演中,黑格尔对中世纪的描述截然不同。他在 1830 至 1831 年的讲演中以对加洛林王朝霸权的三种反抗开始:各民族反抗法兰克王国的普遍统治,个人反抗国家的法律权力和权威,以及世俗原则反抗神职人员(L_{30-31} 397-414)。接着讨论的是中世纪教会的神学。在 1830 至 1831 年的讲演中,取代了"这一个"这一主题的论点是,基督教原则的本质是中介的原则,即对人性与神性的统一性的意识,对这一意识的直观已经在基督之中被给予了人类。基督的在场在天主教弥撒中被认为是一种外在的东西,在那些控制通往至善的人(神职人员)和那些从他人那里获得至善的人(普通信众)之间产生了分歧。据说人类的地位太低,无法直接与上帝建立联系,所以他们求助于上帝时,需要一种个人的中介。因此,教会对他们的生活拥有绝对的权威(L_{30-31} 415-522)。

黑格尔在 1830 至 1831 的讲演中接着介绍了城市的建立在培育人性的内在自由和自律中所扮演的角色(L_{30-31} 424-430),这一介绍不仅先于十字军东征,也先于西班牙的基督徒与撒拉逊人之间的武装冲突,还先于身处欧洲东部和南部的斯拉夫异教徒以及法国南部的异端教众(L_{30-31} 431-437)。教会在这些冲突中耗尽了它所有的道德权威,精神又被驱赶回自身之中,这在修道院和骑士制度的建立以及人们对哲学和艺术的阐述中得到了证明(L_{30-31} 437-442)。黑格尔相当关注国家如何从一种体现主奴关系的封建制度中显露出来。教会反对国家权力,并且想要束缚个人精神;但是,在人文艺术的复兴和对自然探索的开端中,新的世俗性的觉醒出现了。指南针使得船只能够在探索发现的航行中驶向开阔的海域。"这些现象就像日出一样,经过长时间的暴风雨之后,日出反过来又预示着美好的一天。宗教改革的出现就像灿烂的太阳,[128]它散发光芒,照耀万物。"(L_{30-31} 442-459)黑格尔在 1830 至 1831 年的讲演中虽然提供了更为详细的历史信息,但他在 1822 至 1823 讲演中的那种丰富的思辨洞察在此似乎减弱了。

统一了法兰克王国,[128]于800年加冕为神圣罗马帝国皇帝。后来帝国四分五裂,日耳曼世界又回到了私人依附关系。因此,在中世纪阶段,借由天主教会的胜利,"真正的"权威和统一成了"理想的"或精神上的权威和统一。天主教教会的第一项伟大成就在于,它通过把理性反思加诸基督教之上,使得基督宗教成为学术研究的对象。教会的基本教义由早期的教父和大公会议确立。

> 此外,现存的教义是……西方的神学家们……对这个问题所作的详尽阐述,他们在思想中阐明了这个问题;这些神学家本质上就是哲学家……每一种神学都必须是哲学性的;因为单纯的历史考察丝毫不会涉及作为真理的内容。

神学把辩证思维加诸信仰之上,并对其加以改进。作为对真理的认知,神学科学成了学术研究的主要模式,但其他科学也出现了,如法学和医学(L 464-466)。

然而,[教会的]第二项成就是感受方面的,即"宗教在个体心灵中的深化"。教会创立了女隐修会和僧侣会。甚至连日耳曼人"如橡木般坚实而多曲折的心灵"也被基督教剖为两半,为理想的力量所刺穿。

> 正是这种不可思议的力量,打破了野蛮人的顽抗和固执己见,把这种本性的力量摔倒在地。(L 466)

对理想的展望最终采取了与教会相一致的形式以改造法律:谋杀成为一种犯罪,并且不再作为一种复仇形式得到宽恕;辖制婚姻的法律禁止将妇女作为财产来买卖,也不允许离婚;但独身和宗教生活取得了更高的地位(L 467、468)。

黑格尔相当详细地描述了教会在中世纪政治中的作用。世俗权威和教会权威之间发生了权力斗争,欧洲的不同地区通过亲身经历而找到了不同的解决办法。特别是在德国,皇帝和教皇之间的斗争绵延不绝,这场斗争破坏了德国的统一,最终导向了教会的胜利。在其权力的鼎盛时期,教会在生活和学术的各个方面都彰显着自己的权威。[129]真实的王国被"这一理想王国的统治"所取代(L 468-478)。

教会似乎拥有一切,但却缺少一样东西:"自我意识所体验到的[上帝的]在场。"早期的教会会议在很久以前就确立了基督教客观、绝对的内容。这一内容没有被经院哲学改变,"我们这个时代的哲学也只能将这内容转入到概念的形式之中"。这一学说的一个方面在于,神性不是一种数量而是一种关系,一种神与人的统一,"以至于对人来说,上帝仿佛是对人类完全显现的"。神的本性在自身之中具有这一个的性质。

> 基督已经显现了,这种存在,这种人与神的统一……就是世界一直以来所追求的。(L 478、479)

但是基督如今身在何处?神人耶稣基督作为一个时间性的存在而存在,因此是作为一个过去的存在而存在。他的精神存在不可能像达赖喇嘛的世系那样是一种肉体得到了延续的存在。过去的已经不存在了,但是这一个应该依然存在。神的个体性不仅是实体的样态(mode)或偶性,而且是上帝的无限性之本质,而且这种个体性必定存在。对于中世纪的天主教来说,这种存在可以发现于弥撒或最后的晚餐中。弥撒不是一次性的,而是永恒的,因为它是上帝的生命、苦难和死亡。献弥撒是一种真实的存在,而不仅仅是一种历史记忆或心理现象。它持续不断地发生在信仰共同体中,而信仰共同体本身就是与教士一起共同举行弥撒的人。然而,弥撒的问题在于,基督在其中被描绘成某种外在的东西,被教士尊崇为主(host)。因此,感性的存在对于这一个来说是必不可少的。但当它成为主时,圣餐和圣酒理应被尊崇为上帝,然后它可以被无休止地重复,对这样一种有形存在物的需求也成倍地增长。奇迹和遗物延伸了神圣的存在;自然的单一细节被转化为神的特殊表现。基督在无数教会中重生,但基督自己作为上帝之子,始终是完全的独一者。教会所要求的是这个彻底为一的存在,在大地之上、在这个尘世之中、在他的肉体之中的存在,即便其形式于现在早已腐朽。但是通往圣地和基督坟墓的道路被异教徒也就是穆斯林封锁了,十字军东征就变得必要了(L 479–484)。

[130]十字军东征(总共九次,发生在1095年至1291年间)的无能,再加上他们的任务宏大,导致了大规模的流血和目标的失败;基督的十字架变成了一柄剑。但是当最终抵达基督坟前时,十字军战士们发现了感性的这一个的终极含义:"你为何要在死者中寻找活人?他不在这里,他已经复活了。"圣灵紧跟着基督的感性存在降临在教众中,充盈了人们的心灵和思想,而不是他们的双手。十字军东征驱除了基督徒对这一个之意义所抱有的幻想;精

神的存在取代了感性的存在;感性的兴趣现在可以被导向自然的世界(L 484-487)。

黑格尔通过考察[精神]朝着自然和世俗事务的转向,总结了他对中世纪的论述。他在此讨论了工业、工艺和贸易的出现,以及火药和印刷机等新发明。兴起于城市中的自由打破了封建制度。欧洲的社会阶层本质上是政治性的,不像东方那样构成自然的差别。阶层化的国家只出现在欧洲,私人权利和私人财产亦是如此。各阶层之间取得了一种力量上的平衡,正如各国之间取得了均势一样(L 487-494)。

向近现代的过渡

在转向宗教改革之前,黑格尔简要地考察了艺术和教会腐败。① 艺术通过赋予外在的这一个以精神性,将其升华,为其注入鲜活的生命,从而使其内在地转化为一种属于精神的具象形式。一种仍然处在束缚状态中的虔诚、一种迟钝的依赖感并不需要艺

---

① 关于这一过渡章节,参见 L 494,注释 47。在黑格尔 1830 至 1831 年的讲演中,宗教改革并未被当作一种过渡,而是第三个主要阶段的开端,这一阶段延续至今。黑格尔在此对宗教改革本身及其神学的讨论在概念层面上不及他在 1822 至 1823 年的讲演中那么有趣(L_{30-31} 461-463)。但黑格尔更关注宗教改革后的发展,包括:新教的分裂和天主教的反应;日耳曼、斯拉夫和罗曼语国家对宗教改革的不同响应;新教废止独身、贫穷、顺从的要求;天主教强调精神折磨、内在之恶、女巫审判(新教徒也采取这种做法);近代早期国家的形成;国家间的外交关系;17 世纪的宗教战争;启蒙运动对思想和经验的一种新的强调(L_{30-31} 464-492)。

术,也不能辨别出真正的艺术作品(L 494-496)。

[131] 至于教会腐败,我们是从一个必要而不是偶然的方面来说的。这种腐败存在于教会内部,因为教会并没有真正地、完全地排除感性的因素。腐败存在于教会的虔诚之中,存在于教会将感性事物视为绝对事物的迷信崇拜之中。教会的最高美德现在采取了一种否定性的形式:避世、自我弃绝、了无生气。在黑格尔看来,最高的美德与此相反,它存在于活生生的领域,存在于家庭之中。教会本应拯救灵魂,使其免于堕落,但却把这种救赎变成了一种全然外在的手段,即赎罪券。为了支持建造基督教世界最辉煌的教堂即圣彼得大教堂,教会兜售了赎罪券。黑格尔提醒他的听众们注意,雅典人使用来自提洛同盟的资金建造了帕特农神庙(L 377)。

> 正如这是雅典的不幸一样,米开朗基罗以末世审判的图景装饰的圣彼得大教堂,也成为对这座极为壮丽宏伟的教会建筑的最后审判——对教会自身的腐败的最后审判。(L 496-498)

伴随着对宗教改革的描述,黑格尔抵达了《世界史哲学讲演录》的叙事高潮。

> 德意志出现了一位质朴的修道士,他心中产生了这样的意识,即必须在心灵深处,在内心的绝对理想性中寻找这一个……路德的质朴教义是,对当下存在中的这一个的意识绝不是感性的东西,而是某种现实的、精神的东西;它不存在于感性东西中,而是存在于信仰和享受中。(L 499)。

这里的信仰(faith)不是指对于已经发生或存在于过去的事物的信念(belief),而是关于永恒的主观确定性,关于自在自为的真理的主观确定性,并且只能由圣灵产生和给予。这种信仰的内容不是它自己的主观性,而是教会的客观真理:基督、圣灵、三位一体、上帝的绝对存在。在信仰中,绝对的存在成为主观精神的存在。主观精神在与信仰相关联时获得了自由,因为主观精神由此与自身的存在和真理本身相关联。对上帝信仰的存在论意义上的(ontological)参与,精神与精神的交流,有限精神与无限精神的相互沟通,这在路德和黑格尔看来是核心洞见。基督教的自由便是这样实现的——通过参与到真实的内容之中并把这内容变成自己的内容来实现。[132]正如路德的新康德主义阐释者们所宣称的那样,信仰和自由并不仅仅是一些供人论辩的范畴(L 499-501)。①

至于我们已经达到了叙事高潮的证据,请读下面这段话:

> 这是人们聚集在其周围的新的和最终的旗帜,自由的旗帜,真正的精神的旗帜……在我们这个时代之前的时代所面对的只

---

① 近期的路德研究确认了这种解释。参见 Christine Helmer (ed.), *The Global Luther: A Theologian for Modern Times*, Minneapolis: Fortress, 2009; Carl E. Braaten and Robert W. Jensen (eds.), *Union with Christ: The New Finnish Interpretation of Luther*, Grand Rapids, MI: Eerdmans, 1998。与此相对,韦斯特法尔(Merold Westphal)认为,黑格尔所描绘的宗教改革是一种"对理性的赞歌"和"自律原则",而非对 sola fide, sola scriptura, sola gratia [唯信、唯经、唯恩]的讴歌;因此,他与路德本人意见相左。参见 Merold Westphal, "Hegel and the Reformation," in *History and System*, 页 73-92,尤参页 80。在我看来,将黑格尔解释成一个在原则上提倡"自律"的人,从根本上说似乎是错误的。

是一种劳作,所承担的只有一项任务,那就是把这一原则塑造为现实性,从而为这一原则取得自由和普遍性的形式。(L 502)

虽然高潮已经抵达,情节已然完全揭露,但历史本身却还在继续,工作也还有待完成。最重要的是,现实化的工作依然存在:在宗教信仰中隐含地发生的和解必须在近现代的生活体制中拥有具体的存在,并且必须被普遍化,以便容纳整个世界。这是一个苛刻的要求,黑格尔对其成就的相对乐观主义在我们这个时代已经变得复杂太多了。我之所以说"相对的"乐观主义,是因为黑格尔在简要描述近现代史时承认了其深刻的模糊性和困难。

近现代史

近现代的初步发展①(L 506,注释 61)要求"新的教会"(新教

---

① 在 1830 至 1831 年的讲演中,黑格尔对"晚近时期"的讨论只以 18 世纪中叶的启蒙运动和法国大革命作为开端。他对两者的关注都集中在"纯粹的自由意志"(reine freie Wille)这一最内在且最崇高的[原则]之上,这一[原则]是权利的实质性基础。法国人试图以共和制政府的形式将这一理念付诸实践。在共和制政府中,绝对自由导致了恐怖统治,部分原因在于没有考虑到宗教信仰。黑格尔隐晦地总结道:"任何政府都不可能遵循[主观意志的]这一原则。这个冲突、这种困难、这一问题标划出了历史,然而历史还没有去解决它。"(L_{30-31} 505;参照 493-505)他的意思想必是,主观意志的原则必须与统一的原则和社群主义的治理原则相协调。英国好歹还有个政府,而法国什么都没有,但英国的政治体制仍然基于古老的君主特权和一般特权(prerogatives and privileges)。在德国,封建义务已经被废除,个人自由已成为君主立宪制框架中的基本原则。新教教会促成了宗教与权利的和解,且不在世俗权利的范围之外寻求一种宗教良知,或者至少不完全与之相冲突(L_{30-31} 506-508)。

教会)为自己创造一种世俗性的存在。[133]这并非一项简单的任务,因为"旧的教会"保留了相当大的权力基础,而且不轻易放弃其霸权。事实上,宗教战争持续了很多年,德意志严重受损,土耳其人入侵欧洲,真正的宗教和解从来就没有达成过。除了西欧的天主教-新教(或罗曼-日耳曼)分裂之外,还有第三大群体(constellation)即"斯拉夫的秉性"(Slavic nature)。尽管俄罗斯接近西方,但它仍然保持着"原初的稳定性"。新教教会确实取得了一种稳固的法律存在,但欧洲还远远没有统一,世界的其他地区仍然存在着深远的分歧(L 506-511)。

近现代的第二个发展是对自然的科学考察,这代表了黑格尔所说的"思维的形式普遍性"。真正的文化现在基本上变成了科学的文化,并且同国家而不是教会结成联盟。教会在推进自由和科学方面都不承担领导责任。知性的各门科学声称自己将给人和上帝带来荣耀,它们被广泛接受为有效的科学,尽管天主教不承认科学荣耀上帝。科学可能导向唯物主义和无神论,就此而言,教会是对的,因为自然及其法则如今已被视作是终极的和普遍的。人们确实可以补充说,上帝创造了世界,但经验主义科学无法认识上帝。知性在其规律的普遍性中所确认的只是它自身(L 512-516)。

近现代的第三个发展是思想的形式普遍性转向了实践性、现实性。知性伴随其规律将自身转变为"启蒙",以对抗精神性的实在,亦即宗教的领域。知性的原则来源于自然,在逻辑上具有一致性、同一性和连贯性。知性认可一种自然意义上的不朽、同情心,等等,但它本质上是反宗教的。"因为宗教的原则就在于,自然的事物恰恰是否定性的而且必须加以扬弃的东西……宗教是思辨的……因此与知性的抽象同一性不相一致。"理性(Vernunft)将内在于自身的差异把握为一个统一体,而知性(Verstand)则固守一种无差别的抽象的同一性。对知性而言,"有限的东西不是无限的",这就把问题解决了(L 516、517)。

[134]然而,当思想转向国家之时,会产生更加有益的影响。思想使人洞察国家的普遍目的,这样的目的优先于特权和私有权利。战争和革命如今基于政体原因而非基于宗教原因而开战。这样的战争试图通过自下而上的武力来改变政府,这是为了意志的自由(Freiheit des Willens,而非 Willkür[任意])和独立自决。"意志的自由就是精神在行动中的自由",而且意志的自由直接来自新教教会的原则。

> 自在自为的意志的自由是在自身之内的上帝的自由;它是精神的自由,不是某一特定精神的自由,而是普遍精神本身的自由,与普遍精神的本质存在相一致。因此,革命是由思想产生的。这一思想与现实性有关,并已成为对既定秩序的有力反抗。

这样的革命已然在新教国家发生了。这些国家现在处于和平状态,但在罗曼语国家,革命具有严格的政治性,还没有什么宗教上的变化随之发生。只有宗教发生变化,才能有真正的政治变革(L 517-521)。黑格尔认为,在近现代,新教教义在伦理-宗教上具有优越性,这并不是由于它的日耳曼民族性,而是由于天主教教会强调绝对服从,因而排除了个人层面和社会层面上的真正的人类自由之可能性。

结　论

在这里,黑格尔以一种犹豫不决且并无定论的状态——也许有人会认为,这是由于他时间不够用而不得不如此——结束了这个故事;然而他在 1830 至 1831 年讲演的结尾部分也没有更为坚决。在结论处,他只是对整个历史作了简短的总结,认为整个历史不过是精神的实现。在思想中真实的事物必定也会在现实性中呈现出来,反之亦然。

> 因此,这种内容是给精神提供见证的精神,它在精神中就是在它自身,就是自由的。重要的是洞见这样的事理,即精神只有在历史和当下存在中才能寻得自由和满足。现在发生和过去发生的事情不仅源自上帝,而且是上帝的作品。(L 521)①

---

① 黑格尔在 1830 至 1831 年讲演中用同样简单的结论把 1822 至 1823 年讲演中还很含蓄的东西明确表达了出来,即精神原则的发展就是"真正的神正论"。"概念在历史中完成了自身,这是上帝的荣耀,是上帝在历史中的自我实现和自我展开。"(L_{30-31} 509)

当今的自由诸形态

[135]威廉姆斯指出,对黑格尔来说,现代性有着一个阴暗之面,其中包括上帝之死、虚无主义、文化破碎、缺少社会稳定性、政治不平等。黑格尔的批评尽管在《世界史哲学讲演录》中陷于沉寂,却在其1821年宗教哲学讲演的结尾处最为清晰地阐述了出来,黑格尔在那里将现代的堕落与罗马帝国的衰亡作了对比。① 当认识被限制为有限性时,它就成了要求普遍正义的一个绝对障碍。

> 对上帝的一无所知不再是我们这个时代的悲哀;毋宁说,知道这种认识根本就不可能达成,这恰恰被视作最深刻的洞见。②

有限性被弃置在一旁,便面临着这些选项:对自己在认识中否定了的上帝的无尽渴望、自足的有限性以及人类中心主义。反思的各种启蒙哲学都没能理解生活的意义,也未理解持久对立的痛苦的意义,因此也就不能领会精神、爱、共同体以及上帝。爱从痛苦那里分离是政治经济中贫富两极之间的精神关联。现代公民社会代表了伦理生活的解体,呈现出一种放纵和痛苦的景象。③ 主人和奴隶的形象退回到一个奴隶制应当业已被消灭了的世界之中。

---

① *Lectures on the Philosophy of Religion*,卷三,页158-162。
② 同上,卷一,页87;对照页444,注释175。
③ *Elements of the Philosophy of Right*, § 185,页222、223。

现代性并没有消除悲剧,它不过是自由走向悲剧实现的最新景象。黑格尔的"痛苦的和解"和"不安的极乐"使他成为"一个批判的（如果不是不情愿的）现代主义者"。①

当然,黑格尔的不安打破了他是一个不加批判的现代主义者的神话。但他的确仍然把现代欧洲（以及北美）视作自由在未来得以实现的地方——事实上,不仅是欧洲,而且是日耳曼的、新教的欧洲,因为他坚信天主教的威权主义排除了一种对主观自由的承诺。[136]只有在日耳曼社会——包括不列颠和斯堪的纳维亚,人类的潜能才能得到最大程度的发挥。② 这似乎不过是一种偏见,在现代的世俗欧洲,新教和天主教的区别在很大程度上确实已经消失了,但还是要考虑下述问题。国际货币基金组织最近基于与人类繁荣相关的问题（如收入不平等、失业、民主程度、全球幸福指数、预期寿命、监狱人口以及学生表现）对"经济发达"国家作了排名,并将这些国家排在前列:澳大利亚、加拿大、挪威、荷兰、德国、

---

① Robert R. Williams, *Tragedy, Recognition, and the Death of God: Studies in Hegel and Nietzsche*, Oxford: Oxford University Press, 2012, 章 3、8、10。"痛苦的和解"(anguished reconciliation)和"不安的极乐"(disquieted bliss)的表述出自《美学讲演录》,黑格尔在那里说道,悲剧的解决方式不是欢乐的或喜剧式的,而是一种"痛苦的、沉痛的和解,一种处在灾难之中的不安的、破碎的幸福"(eine schmerzliche Versöhnung, eine unglückselige Seligkeit im Unglück[一种痛苦的和解,一种处在不幸之中的不幸福的至福])。参见 *Aesthetics: Lectures on Fine Art*, trans. T. M. Knox, Oxford: Clarendon, 1975, 卷二, 页 1232。

② 参见 W. H. Walsh, "Principle and Prejudice in Hegel's Philosophy of History," in *Hegel's Political Philosophy*, ed. Z. A. Pelczynski, Cambridge: Cambridge University Press, 1971, 页 183。

奥地利、瑞士、丹麦、芬兰。① 黑格尔将这些国家——除了澳大利亚和加拿大(也许它们并不是真正的例外)——认作是日耳曼式的国家,而且除奥地利以外,所有这些国家都有相当数量的新教徒。从这个意义上来说,在黑格尔讲演结束后的近两个世纪里,旧的日耳曼-欧洲霸权依然存在(尽管历经了两次世界大战的巨大动荡),但是他对近现代的严厉批判仍然适用。

瓦尔什指出,黑格尔并未真正跟随赫尔德从而认同人性和文化的多样性,尽管他的确强调了许多重要的差别。

> 黑格尔故事的真正主角毕竟是精神,他用这个词所指的是在所有文化和民族中都很活跃的东西,某种与人性有关的东西。精神的不同表现的确是清楚明白的,但这并不是说它们不能被看作一个单一过程中的各项步骤。黑格尔十分确定,他们可以这样被看待,而且这一过程在现代欧洲达到了顶峰……的确,黑格尔保留了 18 世纪对于人类共通本性的某些信念,他很少采取极端的历史决定论或历史相对主义。在黑格尔的晚年,历史相对主义在浪漫主义历史学家的影响之下流行开来。②

---

① Charles M. Blow,"Empire at the End of Decadence," *The New York Times*, 19 February 2011,页 A19。美国排名垫底,英国在 33 个国家中排名第 18。亚洲国家或地区仅包括日本、中国香港、新加坡、韩国、中国台湾。其余均为欧洲国家。

② W. H. Walsh,"Principle and Prejudice in Hegel's Philosophy of History," in *Hegel's Political Philosophy*,ed. Z. A. Pelczynski,Cambridge:Cambridge University Press,1971,页 193。正如我所指出以及黑格尔本人所承认的那样,

[137]这段引文很好地展现了对一种真正的多样性或人类文化多元主义的信念与对一种人类共通本性的信念之间的差别。这两种信念都包含真理的要素,而个人虽然不情愿,却不得不在二者之中作出明确的选择。黑格尔本人也认识到了这一困境,并试图通过他的同一—差异—中介(identity-difference-mediation)的辩证法来阐明这一困境。每个经过中介的结果都成为一个新的反题的端项,而这个端项则处在一个持续的过程之中。黑格尔在过程本身中发现了可理解性和真理,这便是精神抵达自身的过程(或是绝对精神借由差异而返回自身的过程)。最后的重点和目标是统一而不是差异。但差异是统一的必要组成部分,统一不是抽象的,而是被表述为一个整体,从而持续不断地在保存于其自身之中的所有差异之间起中介的作用。

我们今天所面临的问题在于,能否把对多样性更为真确的多元主义评判整合到黑格尔的中介里,能否去思考一个多元世界(multiverse)而非单一世界(universe)、一种关于精神的多元形式的视角?归根结底,只有一个精神、一种人性、一种神性,但这种独一性(oneness)在一种远为宽广的形式多样性中展现了自身,这种宽广大大超出了黑格尔所能料想到的任何事物。事实上,这些形式不能被任何单一的哲学或神学观点所整合。正如我所指出的,黑格尔所提供的与其说是一种世界文化的历史,不如说是一种世界

瓦尔什认为,黑格尔那个时代的欧洲国家离实现他所描绘的理想"遥远得可笑",普遍的自由在19世纪还没有实现(页194、195)。

文化的类型学(和地理学);类型学在原则上可以被修改和扩大。自由诸形态不仅出现在一种线性的发展轨迹中,而且出现在一种时空性的联结中。黑格尔提出了一个宏伟的 19 世纪早期版本的世界史;如今,这个计划将不得不以截然不同的方式,作为一系列有关精神及其形态的局部历史来处理。

在《时间与叙事》(1988)的第三卷,利科(Paul Ricœur)在"我们应该摒弃黑格尔吗?"一章中反思了这些选项。他说,如今,我们不再确定实现自由是不是历史的目标。"我们即使把它作为我们的指导方针,也不能确定它在历史上的化身是否形成了一个 Stufenfolge[层级/阶梯],而不仅仅是一种分支式的发展。差异在此不断地战胜了同一性。"也许我们只是在争取自由的斗争中发现了一种"家族相似性",仅此而已。抛弃黑格尔主义"意味着放弃破解终极线索的尝试"。①

[138]但利科对这一损失感到悲伤,在接下来的一章"走向一种历史意识的诠释学"中,他部分地挽救了这位被抛弃的哲学家。"还有另一条道路,"他写道,"那便是,一种结局开放的、不完整的、不完善的中介……在未经 Aufhebung[扬弃]的条件下进入一种整体性之中。在这种整体性中,历史中的理性与它的现实是一致的"。将一种极度封闭的整体性归于黑格尔,这种整体性简单地把理性及其历史化身视为同一的东西,并且认为上帝只不过是把人

---

① Paul Ricœur, *Time and Narrative*, trans. Kathleen Blamey and David Pellauer, Chicago: University of Chicago Press, 1988, 卷三, 页 193-206, 特别是页 205、206。

类当作不情愿的傀儡。这样的观点无法得到《世界史哲学讲演录》文本的捍卫。① 利科若是能批判性地考察文本，应该早就修正了自己的判断。利科将他自己的立场描述为一种"后黑格尔式的康德风格"（post-Hegelian Kantian style），这意味着黑格尔的本体论主张只能有一种规范性意义——这种规范性意味着为思想和行动而不是为一种对神性的有效认识提供准则，意味着使得真正的无限包容有限的事物。然而，他的结论与我所称的一种修正后的黑格尔主义非常相似。利科表现出一种后康德信念和后黑格尔信念的错综复杂的混合。他继续道：

> 我认为，每一期待都必定是一种对人类整体的希望，人类若没有历史，便不能算是一个物种；反过来说，为了有这样一种历史，人类作为一个整体必须是一个集合单数（collective singular）的主体。（对黑格尔来说，一种"集合单数"或者一种多元统一体恰恰就是精神之所是，而不是一种整全的统一性。）

在今天，权利的多元性必须得到承认，这当中包括较以往不同的权利。但今天也必须有一种法律的统治来为人们提供共同的参

---

① 在这些段落中，利科似乎把黑格尔的上帝视为一位合法施行惩罚的专制君主，并且声称"理性的狡计"代表着一种"可耻的神学"（同上，卷三，页203）。在第五章中，我为上帝如何在历史中运作提供了一种不同的解释，指出了一种不完善的中介与黑格尔的历史哲学是相容的，从而对这些观点作出了回应。

照点。利科喜欢谈论沟通和解放、为沟通性真理而斗争(一个有着深刻的黑格尔来源的概念),而非抽象的原因本身。他认为,不受约束和限制的沟通是一种"限定的观念"(limit-idea),这种"限定的观念"也必须成为一种"规范性的"观念,"引导我们的预期视野和经验空间之间的具体辩证关系"。不同于黑格尔的"永恒的现在",他偏向于谈论"历史的现在"。一方面,历史的现在"在每一个时代都是一种完成了的历史的最后阶段,它自身即完成并终结历史。另一方面,在每一个时代,[139]现在同样就是(或者至少会成为)尚未被创造的一种历史的初始力量"。① 事实上,这非常接近于黑格尔所说的永恒历史和历史的终结。

利科在其"结论"中问道,他提出的"通过一种不完善的中介的整体化"是不是"对时间的整全性疑难的一个恰当回应"?他认为,"历史意识的不完善中介"与"时间性的多元形式的统一"之间确实存在着一种良好的相关性。即便"单一历史和单一人性的观念"有着多种形式,并且出现在解放性沟通的多样化形态之中,我们也绝不能放弃这一观念。②

这种修正后的黑格尔主义(结果开放的中介、多元形式的统一、自由的多样化形态)提供了一种思考当今世界的方式。自由并非任何单一文化或单一传统的财产。自由出现在亚洲、非洲、南美洲的宗教文化传统中,正如它出现在欧洲和北美的宗教文化传统

---

① 同上,卷三,页 207-240,特别是页 207、215、216、225-227、239、240。
② 同上,卷三,页 241-274,特别是页 256-258。

中一样;这些多样化的形态可以相互充实,彼此促进。全世界都能发现对自由的渴望。北非和中东最近的自由运动就部分利用了非暴力的资源,这些资源最初由印度的甘地和美国民权运动中的马丁·路德·金滋养出来;1989年的中欧和东欧以及1990年代的巴尔干地区再次兴起了自由起义。这是全球范围内的一种共同的轨迹和一种共有的人性。

黑格尔对君主立宪制的偏爱并没有占据上风。相反,现代性面临着一个更为严峻的选择:在民主与各种形式的专制或威权统治之间作出选择。民主已经在欧洲、北美、南美部分地区、澳大利亚、新西兰、印度、韩国、日本和以色列扎下了牢固的根基;它在其他地区的根基较为薄弱,如巴尔干半岛、土耳其和巴基斯坦等地的情形。美国的伟大民主实验解答了黑格尔关于其联邦在一场血腥内战中的稳固性的问题。美国在20世纪成为世界上的主导力量,部分借由反法西斯主义和极权主义的斗争而团结起来。自从这些外部威胁在20世纪末减少以来,这个国家由于意识形态上的分歧而变得严重两极分化,由此对它的未来构成了挑战。出人意料的是,这类似于希波战争之后希腊出现的内部纷争和冲突(参见 L 367)。[140]西欧国家把他们旧有的宗教和政治对抗抛诸脑后,但由于经济上的不平等和文化遗产的多样化,他们在创建欧盟方面只取得了部分成功。①

---

① 关于黑格尔与欧盟的讨论,参见 Ulrich Thiele, Verfassung, *Volksgeist und Religion:Hegels Überlegungen zur Weltgeschichte des Staatsrecht*, Berlin:Duncker & Humblot, 2008, 页 122-125。梯勒说,鉴于目前德国和法国在价值观念上的

世界上的其余国家差不多仍然处于专制政权的掌控之下。古代的专制制度卷土重来，其猛烈程度足以使黑格尔大为震惊。从前苏联的加盟共和国（包括俄罗斯）到亚洲大部分地区、中东以及非洲，威权统治者还保留着他们的权力。美国试图通过武力强制推行民主的努力基本上失败了，但来自内部的民主冲动开始在北非和中东浮出水面。与此同时，还有索马里、也门、阿富汗和朝鲜等"失败国家"，它们是恐怖分子的滋生地，其自由的缺失也说明了国家在人类社会中的关键作用。

未来一如既往地充满了不确定性。如今，由于核冲突和恐怖袭击的威胁，以及与环境、气候、粮食供应、人口过剩、经济不公和贫困有关的危机，未来更加不确定。自由的实现仍然是历史的伟大目标，但它需要我们这个时代保持和过去任何时候一样的警惕和努力。事实上，这仍然是一项比黑格尔所能想象到的更为艰巨的任务，它将把黑格尔的"痛苦的和解"和"不安的极乐"推向极致。

和解，黑格尔关于普鲁士-法国关系的观点已经过时，他关于两国人民在宗教上不相容的基本论点也过时了。黑格尔会对模糊了国家界限的欧洲政治体制持怀疑态度，但可能对一种邦联形式持开放态度。在这个邦联中，参与联合的国家将保留其大部分的主权。欧洲为其历史和灾难所限制，但也受到这些历史和灾难刺激。然而，建立一种欧洲政体联合有一个基本条件：这一联合必须是民主的。

第五章 历史中的上帝:自由王国

对黑格尔的一种神学解读?

[141]"痛苦的和解……不安的极乐。"和解和极乐都是有着神学渊源的术语;它们昭示着超时性的维度。"和解"并非简单地意指以一种启蒙政治或者一种治愈创伤的仁慈的社会实践,因为这种创伤是某种比人类施加于自身之上的创伤更深的东西。创伤有一种广阔深远的维度,涉及一种无限与有限之间的冲突,一种善与恶之间的斗争。只有当上帝将创伤带入自身之中,施加在神性之上,伤口才能愈合。"极乐"并不是指人类可以通过历史的规划而获得的那种幸福,而是一种终极的安宁、爱与自由的完满。由于人类境况的悲剧性本质,以及历史本身就是个屠宰场这一事实,和解是"痛苦的",极乐是"不安的"。

黑格尔所呈现的困难在于:他理解无限与有限的关联方式,并试图构造一种将对正统有神论的理性批判考虑在内的神学,使后人将他的哲学解释为一种精心设计的人本主义得以可能。这种人本主义在进入自我觉知的同时,将无限性和绝对精神的品质投射在人类自身之上。毕竟,在讨论希腊宗教时,黑格尔不也说过"对人来说,神就是他们自身的本质"(L 338)、"希腊人把本质性的存在描绘为人"(L 341)?问题在于,人类是否只是在有限的存在中拥有他们自己的本质,然后称之为"神",以拔高自己;或者,人的本质(Wesen)是否恰恰就是他们有限的存在所不具备的东西。[142]如果是后一种情形,那么只有当人们否定了自己的有限性,并将之视为"非存在"时,他们才能过渡到真正的无限;然而,甚至于这种"过渡"也是无限向着自身的回归,而非有限事物的一项成就。

在本章的第一节,我将审视支持对黑格尔作神学解读的证据。接下来,在第二节,我将概述黑格尔在1829年的《关于上帝定在的证明的讲演》中所说的话。这些讲演很重要,因为它们阐明了无限与有限的复杂辩证法,这对正确理解黑格尔的上帝理念至关重要;此外,英语世界中也少有关于它们的讨论。第三节将讨论,对黑格尔来说,将上帝称作"绝对精神"意味着什么:绝对精神是三位一体的上帝,出自一种相互关联的内在联结,进入有限存在的世界之中,化身为一个单独的人——一个这一个,也就是基督——并返回到作为相互承认的精神的上帝自身。这样的上帝将世俗的痛苦接纳到自身之中(悲剧的一面),并将其转化为极乐(和解的一面)。第四节和第五节论述两个主题,这两个主题描述了这样一个上帝是凭借什么在历史中行事的:上帝的统治("天意")和上帝的正当性证明("神正论")。最后一节提出了一个神学隐喻来解释历史的目的:"自由王国"。

黑格尔的《世界史哲学讲演录》并非一部神学文献,但它对宗教和神学问题的关注程度令人惊叹。前几章强调的是关于宗教的下述内容。在关于"哲学的世界史"的讨论中,黑格尔认为,理性(与之相伴的还有上帝)是统治世界的无限实体和力量,这一统治可以被称为神圣的"天意"(M 140-142;L 20-23)。在解释自由如何在世界上实现之时,他描绘了人类的激情和神圣理想的交织。他认为理念是主动的,在一种否定性的模式中是"狡计",在一种肯定性的模式中则是诱惑或说服(M 155-171)。他警告说,哲学不应该不考虑出自"胆怯"的宗教直观,他接着解释了宗教的终极目的(永恒的极乐、对上帝的尊崇和荣耀)(L 57-59)。他说,宗教的下述各方面可以仅仅用哲学来证明:宗教既是对精神之自在自为的存在(绝对精神)的意识,也是对这种存在与个人相统一的意识;人类有这样一种意识,因为他们在认知上是无限的,但在意愿上是有限的;[143]上帝的本质性存在既具有普遍力量的性质,又具有主观人格的性质;神圣理念是普遍精神与持存着的精神的统一。

  这就是基督宗教所揭示和启示的另一种形式的奥秘,即上帝是人的本性与神的本性的统一。这是宗教之为宗教的真正理念。属于宗教的还有崇拜,这无非表示,单个的意识在努力达到其自身与神圣之物的这种统一。因此,神圣之物与属人之物的这种统一才是宗教的真正理念。(L 85;对照 L 83-88)

因此,宗教本质上是一种关系;而宗教的对象,即上帝,也是一种关系、一种性质,而不是一种数量或实体,也不是一座"坚不可摧的城垛"。上帝是人的本质与神圣本质的统一。上帝那抽象的、孤立的至高无上性已经被取代。这种取代体现为基督教上帝三位一体关系的奥秘,也表现为上帝化身为一种单一个人(一个这一个)的奥秘,并进一步呈现为这个奥秘在精神共同体中的存在。黑格尔后来在探讨罗马世界和日耳曼世界的讲演中详细阐述了这些主题。

但是,怎样才能防止这种宗教关系转变成这样一种说法:人性是神的本质与人的本质的统一?费尔巴哈、鲍威尔(Bruno Bauer)、马克思等19世纪的左派黑格尔主义者完成了这一逆转。这样一种解释已经被泰勒、平卡德、皮平等近期的黑格尔诠释者所接受。然而,黑格尔本人坚持神的本质的客观性,认为神的本质不能被还原为人的本质。要想有一种真正的关系,也就必须有真正的区别,即客观性与主观性、无限与有限的区别。黑格尔在其《宗教哲学讲演录》中提到了神的"抽象概念",这个概念是哲学用自己的方式把握到的。这便是那个理念,那个"神是绝对真理,是万物的真理"的理念。哲学所抵达的至高之点便是这个证明:"这绝对地接纳和包容万物的自在自为的普遍,唯独通过它,万物才存在且拥有持存(is and has subsistence)——这普遍性即是真理。这太一便是哲学的结果。"①对这个哲学概念的支撑来自宗教意识,宗教意识具有这样的信念,[144]即神是"中点,是绝对的真实,万物由之出发又归于其中,万物都依赖于他,除此之外没有什么比他更拥有绝对的、真正

---

① *Lectures on the Philosophy of Religion*,卷一,页367。

的独立"。① 这样一位神不可能是大写的人性,因为其他原因姑且不论,单单物理的世界("万物"的一个面相)就不依赖于人性。

这一抽象的上帝概念始于说"上帝是包含在其自身之内的东西(das in sich Verschlossene),或是与其自身一起处在绝对统一之中的东西"。但这并不是说,上帝是一种抽象的普遍性,在这种普遍性之外有着与之相对的独立个体,而是说,上帝的发展还没有超出这种普遍性。普遍的意志确实"表明它自己是绝对实在的、丰富的、内容充实的东西",而这种发展已经蕴含在"绝对充实、完备的普遍性"即上帝之内了。严格说来,上帝"之外",无物持存;上帝是全体,是普遍,将一切特殊性包括并保存在自身之内。② 黑格尔接着解释说,这样的观点不是任何粗糙意义上的"泛神论"(pantheism),这种泛神论只是简单地把上帝与存在着的(is)万物等同起来。真正的泛神论是将上帝等同于万物之中的本质、实体和普遍力量,而不是事物本身。在今天,我们可以把黑格尔的立场叫作"泛神内在论"(panentheism)。这种观点也许仍然会受到正统有神论的反驳,但不能将之与无神论或人本主义相混淆。黑格尔的批评者也许更有理由指控他是"无世界论"(acosmism)者而不是"无神论"者,也就是说,他认为世界相对于上帝不具有现实性,而不是认为上帝相对于世界不具有现实性。但黑格尔的辩证思维方式既

---

① 同上,卷一,页 368。

② 同上,卷一,页 368、369。参见 Peter C. Hodgson, *Hegel and Christian Theology*, Oxford: Oxford University Press, 2005, 页 103、104。

避免了无世界论,又避免了无神论。上帝是大全,但上帝将真正的非上帝(not-God)包括在自身之中。上帝既不是一个脱离世界的"大实体",也不只是这个世界的有限的进程。毋宁说上帝是"真正的无限",这意味着上帝不是一个被有限者(一个虚假的无限者)所限定的"彼岸",而是超越了有限并把有限保存在神的大全之内。① 上帝超越了有限的事物,但它们并没有超越上帝;在这方面,[145] 无限与有限之间的关系是不对称的。上帝在历史之中的方式不同于历史在上帝之中的方式。

一些批评者不能容忍黑格尔的"既不也不"(或"两者皆是")的上帝哲学;他们倾向于"非此即彼",即上帝与世界之间的明确区分;他们坚持一个超验上帝的存在,他只能以矛盾的方式出现在这个世界上,坚持时间与永恒之间的无限性质的区分。② 其他批评者将"两者皆是"敉平为一种同一性哲学,这种同一性是在人类精神达到自我认同和自我肯定之时完成的。神的所有断言都被转换成了人的断言。这是这些批评者对《世界史哲学讲演录》中的神学语言所能作出的唯一解释。在黑格尔的神智学(theosophic)诠释者们的泛理性主义(pan-logism)中,另一种同一性被发现了。在他们看来,自然的"实在性"以及有限事物的精神都被吸收进了纯粹的理想性之中。

---

① 同上书,页 104-106。

② 参见 Karl Barth, *The Epistle to the Romans*, trans. Edwyn C. Hoskyns, London: Oxford University Press, 1933, 页 10, 这里提到了克尔凯郭尔(Søren Kierkegaard)1847 年 11 月 20 日的《日记》(*Journals*)。

更有说服力的是这样一些人的观点,他们承认对黑格尔的辩证式解读是可能的,或者其中至少有一部分解读是彼此兼容的。在书写黑格尔在其社会哲学中表述的自由理念时,帕滕区分了以下四种解读,即他所谓的因循传统的(不可能跳出现存的社会制度所固有的各种伦理形式去探究它们的立场或可接受性,一切理性都以这种方式被限定在各种有限实体中)、形而上学的(有可能跳出各种伦理规范并给予它们以理性的保证,这些规范是上帝自我实现的必要媒介)、历史主义的(有可能通过哲学反思为各种伦理规范提供一种理性的保证,因为这些规范都是经由历史发展而来的),以及自我实现的(而不是强调上帝的自我实现或者任何历史叙事,这种观点表明,现有的制度和实践促进着人类的自我实现)。帕滕认为,只有第一种解读与其余三种解读中的任何一种都不相容,而这余下的三种解读都抓住了黑格尔立场的某个面相。"黑格尔有可能将现代社会既有的实践和制度视为:(a)上帝实现自我的必要工具;(b)一种针对历史上各种先前尝试所具有的缺陷和不足的理性回应与解答,这些尝试意在详细阐释一系列意义和原因;[146]以及(c)充分的人类自我实现的情境。"① 帕滕提出了一种基于(c)而对(a)和(b)的整合,他称之为"公民人本主义解读"。他认为,因循传统的解读无法令人满意,而且就其没有得到其他观点的补充来说,形而上学和历史主义的解读同样如此。然而,在其著

---

① Alan Patten, *Hegel's Idea of Freedom*, Oxford: Oxford University Press, 1999,页 10;参见页 8—11。

作的结尾,帕滕承认,黑格尔关于人的主体性与现代社会伦理生活相融合的主张最终确实退回到了"一个关于上帝经由历史过程而自我实现的故事。人的自由和主体性是思考社会问题和政治问题的正确理想,从根本上说,这是因为上帝想要(甚至是需要)被自由地了解和崇奉"。① 这是一个相当有限的论证,因为它依赖于神圣的意志或欲望,而没有考虑到作为在本体论上自由且自我沟通的神圣存在。但它表明了,需要有一个神学的维度来充当关于自由和伦理生活主张的终极正当。"一路向下"行走意味着在抵达上帝无限的主体间性之前不作停留。因此,我倾向于一种基于(a)(形而上学的或本体论神学式的观点)而对(b)和(c)(历史主义和人本主义的观点)的融合;我相信这种融合更接近黑格尔的意图,至少在《世界史哲学讲演录》和《宗教哲学讲演录》(Religionsphilosophie)中是这样。然而,我认识到,这两种整合都是合理的,并且代表了不同的解释性议程。

另一种整合也是可能的,那便是使用美学而不是伦理学或神学的范式。讨论这个问题可能会离题太远,但我稍后将采用黑格尔在其美学中引入的"历史的内在建筑师(Werkmeister)"的形象。这形象给出了一个"建筑"和"设计"的隐喻,用以理解上帝如何在历史中运作,以及神圣的天意与什么相关。②

---

① 同上,页203、204。参见前文,页70、71。
② 布劳尔对美学范式作了一种反神学的阐释。他说,美学范式使得黑格尔将人类精神的劳作视为一种生产,这种生产在其作品中变得有意识。历史精神的确是它自身活动的结果,但其产物首先是作为一种异质性的力量、作为

[147]黑格尔对神学传统作了一种概念性的重构。他的观点不能被视为与正统的基督教相对立。正统基督教被一些黑格尔诠释者认为是唯一有效的基督教,或者至少是他们所熟悉的唯一的基督教。事实上,黑格尔是僵化的正统思想和不加反思的原教旨主义的批判者。他提出了自己的思辨神学以取代正统神学,这是一种修正主义式的自由新教主义,必须在那样的背景下加以理解。这对于通常被认为是"自由主义神学之父"的施莱尔马赫来说,尤其是一种替代方案。施莱尔马赫是黑格尔在柏林大学的同事,作为后康德时代的思想家,他们有着共同的假设,尽管他们在建构性的论证中走向了截然不同的方向。黑格尔也成为现代自由主义神学之父,他的影响可以在鲍尔(F. C. Baur)、多尔纳(Isaac Dorner)、比德尔曼(A. E. Biedermann)、特洛尔奇(Ernst Troeltsch)、巴特

命运或天意的作品而出现的。精神劳作的目标是对其自身的认识,这种认识既体现在对其艺术作品的意识中,也体现在对其自身创造的解读过程中。在《美学讲演录》中,黑格尔把世界精神称为"历史的内在建筑师"。布劳尔声称,黑格尔在这里想到的是埃及人在建造金字塔以及其他不朽杰作之时的产物(尽管他引用的是史诗)。[147]这位建筑师的作品表明,人类还没有成为自己作品的主人,这一认识需要一种从东方精神到希腊精神的过渡。参见 Oscar Daniel Brauer, *Dialektik der Zeit: Untersuchungen zu Hegels Metaphysik der Weltgeschichte*, Stuttgart-Bad Cannstatt: Frommann-Holzboog, 1982,页 160-162。然而,布劳尔并没有注意到,黑格尔说过:希腊人的更高目标是真理,而不是美(L 338)。因此,希腊艺术必须被基督宗教取代。此外,"历史的内在建筑师"不是人性,而是"在人身上实现自身的永恒而绝对的理念";然而(黑格尔认为),美学作为实现这一目标的中介并不足以完成这项任务。参见 *Aestherics*,卷二,页 1065。因此,美学范式和伦理范式一样,都不能取代神学范式。

(Karl Barth)、蒂利希(Paul Tillich)、拉纳(Karl Rahner)、汉斯·昆(Hans Küng)以及云格尔(仅举几例)的思想中感受到。近来,一些针对黑格尔的哲学批评者由于不够熟悉这一神学发展轨迹以及黑格尔对其所处时代的神学争论的深度参与①而受阻,他们认为神学不过是一种老古董或小圈子里的爱好。

黑格尔关于上帝的"证明"

1829年夏季学期,黑格尔做了16次关于上帝定在的证明的演讲。这并不是他的常规系列讲演的一部分,而是一个特别的项目,他显然是打算将其出版的,因为他创作的文本是一份完整的手稿。1831年11月,他签署了《论上帝的定在》一书的出版合同,[148]但三天后就去世了,很可能是死于一种肠胃疾病。从1829年起的文本并不完整,只有一个冗长的介绍和宇宙论证明,但合同的签署表明他意在完成这项工作。随后,1829年讲演的手稿被编辑菲利普·马海内克(Philipp Marheineke)连同一篇残破的手稿《论宇宙论证明》附加在其友人版《宗教哲学讲演录》(1832年)之后,这篇残破的手稿极有可能追溯到黑格尔完成《大逻辑》之时。除此之外,附加在《宗教哲学讲演录》之后的还有1831年宗教哲学讲演中

---

① 参见 *Lectures on the Philosophy of Religion*,卷一,页83-184,导言。

关于目的论和本体论证明部分的记录稿。① 对这些证明的处理并没有得到广泛的讨论,但它对黑格尔的重要性不仅体现在其内容上,还体现在他的出版计划上。在这方面,这有似于他在1830年关于世界史哲学的讲演手稿,他仅仅在一年后就写成了它,并且意在出版。两部作品在有关上帝、理性、证明和定在等概念上有着主题上的相似性。

黑格尔以评述证明和信仰之间的关系作为开始。他说,信仰是一切思想的基础性前提,但在自由的思想中,前提成为一种被领会了的结果。这种包含在证明里的思想并不存留在它的对象之外,而是像信仰一样,与它一道占有自己,并且这是其本性所固有的运动。这样的证明包含了"人类精神朝向上帝的升华"——这种升华构成了宗教的本质,是人类存在的必要条件。对这种必要性的描述就是我们所说的"证明"。② 宗教的升华首先不是靠哲学上的证明来实现的;毋宁说,后者是对宗教中产生的事物作出反思、

---

① 这一材料构成了 Lectures on the Proofs,页 1-4 的内容。斯皮尔斯(E. B. Speirs)和桑德森(J. B. Sanderson)将其早期译本附在他们翻译的《宗教哲学讲演录》(1895)之后。本节由我的论文"Hegel's Proofs of the Existence of God," in A Companion to Hegel, ed. Stephen Houlgate and Michael Baur, Oxford: Blackwell, 2011,页 414-429 节略而成,经约翰·威利父子公司(John Wiley & Sons)许可后使用。[译注]引用自《关于上帝定在的证明的讲演》的材料,译者均借鉴了梁志学译本(《黑格尔全集·第18卷:讲演手稿 II [1816—1831]》,沈真、张东辉等译,梁志学、李理校,北京:商务印书馆,2019)和张松译本(这里的汉译引自《黑格尔著作集·第16卷:宗教哲学讲演录 II》,燕宏远、张松、郭成译,北京:人民出版社,2015),译文根据英译有所改动。

② 同上,页 38-44。

证明和探问。然而,证明本身是一种纯粹的理性活动,它不是从切实经验出发,而是从"偶然性""必然性"等抽象范畴出发。①

[149]黑格尔提出的第二点是,关于上帝的证明并不仅仅是对我们而言的一个主观过程,而是对象在自身之中所固有的运动——在这种情形下,目的便在于使人类精神向着上帝升华,这同时也使上帝回归于上帝自身。真正的证明不是简单地"指示"或"指向"某物(weisen[指示]②),而是包含中介、一种运动或过渡(Be-weisen[证明]),具有三段论的性质。在关于上帝的证明中起作用的中介不仅是主观的,而且"同样是一种在上帝自身之内的客观中介,一种上帝自身逻辑的内在中介"。中介只有被包括在神圣理念自身之内时,才成为一个必要的环节,成为概念本身的一种活动。③ 真正的证明是上帝的自我证明或自我调解。因此,将上帝作为一个证明对象、一项论证或者一个结果并不恰当。有限之物不能作为证明上帝定在的基础,因为上帝是一种非衍生性的东西,是一种前提,而不是结果。向着上帝的升华扬弃或逆转了其自身:它否定有限,肯定无限。无限不单单是一个面相,不是两极中的一个方面,而是整体。④ 全体(the whole)是一个非整体化的整体性(to-

---

① 同上,页94、95。

② [译注]原文是首字母大写的Weisen,但在此作为不定式应小写。

③ 同上,页45-50;*Lectures on the Philosophy of Religion*,卷一,页408、414-416;引文引自 *Lectures on the Philosophy of Religion*,卷二,页253。黑格尔在讲演中对这些证明也有详细的讨论,既包括对个别宗教的讨论(1821年和1824年的讲演),也包括汇集到一个特定章节中的讨论(1827年的讲演)。

④ *Lectures on the Philosophy of Religion*,卷一,页417-419、422-425。

tality),因为它保留了差异性和有限性。

这些证明类型不应被理解为历史的(诉诸他人的观点),也不能被理解为基于共识的(那种似是而非的主张,即世界各地的所有人都信仰某类神祇),而是形而上学的或哲学的。然而,这里所涉及的形而上学并不是高度抽象的自然神学的形而上学,而是思辨哲学的形而上学,后者认为上帝是完全实在的,是一个由各种特定性质组成的有机统一体。① 上帝并没有被恰当地设想为一个形而上的对象、一个至高的存在或者一个巨大的实体,而是被设想为一个有机的整体或主体,自然和精神的一切都持存于其中,并在其中得到反映。一种双重的映射发生了:上帝就是镜子,就是 speculum[镜子],同时也是意识;而"思辨性的逆转"则使得黑格尔的一整套方法能够处理关于[上帝定在的]证明以及上帝[概念]。

此外,严格说来,得到证明的并不是上帝的"存在"(existence)或"是"(being)。在黑格尔的逻辑中,"是"(Sein)指的是单纯的直接性,[150]即相对于自身的在场(presence),这是最空洞的范畴,而"上帝"(或"绝对精神")则是最充盈的范畴。"存在"作为 Dasein[定在]只不过是在"那里"(da)的"是",是限定的或有限的"是";而"存在"作为 existentia[生存],所指的则是某种作为基础和条件的东西,而非本质性的东西(essentia)。② 上帝的存在绝不是一种直接的、限定的、有限的、有条件的存在,而是本质性的存在

---

① *Lectures on the Proofs*,页 69-81。
② 同上,页 97,注释 8;页 105,注释 1。

(Wesen)。因此，与其说是上帝的"存在"，还不如说是"上帝及其所是(being)，他的现实性(Wirklichkeit)或客观性(Objektivität)"。① Wirklichkeit[现实性]的优点在于指出，这里牵涉到的乃是上帝的 Wirksamkeit[作用]或"活动"：上帝在历史以及人的理性思考中发挥着作用；上帝是纯粹的行动。"客观性"意味着上帝的现实性并不是人类意识的投射，而是与意识相对立的（这是一种 Gegenstand[对立之物]），即便它同时是被意识所认识的事物。黑格尔对 Dasein[定在]一词的使用是对关于上帝存在的证明的传统语言的让步；但这在一种特定的含义上是适当的，即在与本体论的证明相关联并且指向 Dasein Gottes[上帝的定在]之时。

黑格尔引入了被他描述为思辨神学的讨论。这种讨论关乎"上帝的自我意识，也关乎上帝对自身的知与上帝在人的精神中并通过人的精神的知的关系"，或是关乎"上帝在人心中的自知和人就上帝而言的自知"。上帝的真正本性便是将上帝自身传达给人类。基督教"教导说，上帝主动俯身，降至人的水平，甚而谦卑至奴仆的形象。上帝把自己启示给人，他不仅把……最高的东西赏赐给人，还将那个启示降示给人，那最高的职责，即他们应当认识上帝"。② 一条

---

① *Lectures on the Philosophy of Religion*，卷一，页 417。
② [译注]此处后半句的德文为："... sondern eben mit jener Offenbarung es demselben zum Gebote mache, und als das Höchste ist damit angegeben, *Gott erkennen.*"[……甚至伴随着前面的启示将最高的东西变成对于人的诫命，作为最高的东西就被给出了，即认识上帝。]英译作："... God laid upon humans with that very revelation the highest duty that they should know God."

与之相关的哲学原则是:

> 精神的本质在于,它在把自己的东西分享给别人时,全然掌控着自己的整个所有。

认识上帝的阻碍不在于上帝那一方,而在于我们这一方,由于任性和虚假的谦卑,一种独断的观点坚称,人类理性的局限妨碍了其对无限的认识。

> 更为确切地说,认识上帝的并非所谓的人类理性及其界限,而是在人心中的上帝的精神……在人的认知中认识自己的,乃是上帝的自我意识。①

[151]因此,人的"升华"产生自神圣的"下降";在人对上帝的认识中,发挥作用的乃是上帝的自我启示和自我沟通。这是思辨的洞见。黑格尔在讲演将要结束的地方回到这一点上来,他在那里谈到了"上帝与人的彼此的共同体",那是"一种精神与精神的共同体"。"知晓上帝的人之精神就是上帝本身的精神。"②精神与精神的共同体是一种关于有限与无限之间的关系的思辨概念的神学版本。对黑格尔来说,"真正的无限"并不与有限相对立,而是超越有限并将有限包括在自身之内。作为结果的并不是"同一",而是

---

① *Lectures on the Proofs*,页64-68。引出这一神学附论的是黑格尔对戈舍尔(Carl Friedrich Göschel)于1929年出版的一本书的书评(页65,注释4)。

② 同上,页126。

"在上帝之内的有机生命"。① 黑格尔指出,在历史之中可以找到众多证明,因为存在着"无限数量的开端,由这些开端出发,有可能也确实有必要过渡到上帝"。但是这些为数众多的证明削减为三种主要的形式,这三种形式出自有限与无限或者存在与思维之间的一种双向关系。②

第一种证明是从一种偶然的、非自立的存在(non-self-supporting being)出发,推断出一种真正的、内在必然的存在;这便是 ex contingentia mundi[出于世界之偶然性]的证明或宇宙论证明。第二种证明则是从发现于有限存在之中的目的关系出发,推断出该存在的一位睿智的创造者——目的论证明。第三种证明将上帝概念作为出发点,推断出上帝的存在(being)——本体论证明。③ 黑格尔《关于上帝定在的证明的讲演》的独特贡献在于,他在其中展现了从一种证明到下一种证明的逻辑进程。一件偶然事物,只有当其存在的基础寓于一绝对必然存在之中时,才能够存在(宇宙论证明)。紧接着,必然性在自由中寻得其真理,而自由则蕴含着目的关系。由于这个世界中的善恶具有模糊性,有限的目的性只有以普遍的、神的目的性为基础才是真实的(目的论证明)。然而神的目的性并没有简单地受限于对象性,正如当它作为目的时,它只是对事物在目的上的限定(对象性的概念)。应当说,它是自为、自

---

① *Lectures on the Philosophy of Religion*,卷三,页351。
② *Lectures on the Proofs*,页82-87。
③ 同上,页92。

我中介、客观性与主观性的统一;并且就这一点来说,它是活的理念,在其自身内包括了向着现实的过渡,[152]因而成为精神(本体论证明)。① 就这样,宇宙论证明过渡到目的论证明,目的论证明再过渡到本体论证明;但是接下来,本体论证明又回到前两种证明所由出发的现实。一种辩证式的螺旋将其自身印刻在偶然性与必然性、目的与自由、概念与理念之间;上帝逐步显露为必然存在、睿智的创造者以及自由精神。②

《关于上帝定在的证明的讲演》的最后七讲详细阐述了宇宙论证明,正如之前关于这个主题的手稿一样。黑格尔对这一证明的独特解释在他对康德批判宇宙论证明的回应中变得清晰起来。黑格尔指出了这种证明的两个缺陷:宇宙论证明中的上帝概念之缺陷,以及从偶然性到必然性的推论之缺陷。关于前者,绝对必然性的概念并不足以构成一个宗教上切实可行的上帝理念。黑格尔指出,希腊人在使自己服从于非人格的必然性上并没有得到满足,这种必然性灭除了他们最高贵的英雄;黑格尔评估了泛神论体系的不足之处,即它还没有超出绝对必然存在或本质的范畴;它只是将上帝把握为本质,而不是主体和精神。幸运的是,其他证明给它带来了对上帝"更为深远和具体的规定"。③

从偶然性到必然性的推论的缺陷在于,其惯常的形式中有着

---

① 同上,页 98–100。

② 从必然性向目的性和自由的过渡在 *Lectures on the Philosophy of Religion*,卷二,页 391、392、401–404 有详细的描述。

③ *Lectures on the Proofs*,页 107–110、133–44。

这样的意涵:"因为世俗的事物是偶然的,所以存在着一种绝对必然的存在者(being)或本质。"这种推论形式似乎把必然性变成了一种跟随作为基础的偶然性而来的结果。只有我们对绝对必然存在的认识才受到偶然出发之点的制约,而绝对必然性本身则不然,就此而言,这种批判具有误导性。但这种证明还有另一个方面的缺陷,即它在小前提中将"据有着存在"(having being)设定为偶然的性质:"有一个偶然的世界","偶然的世界存在着"。有限事物的独特性质在于具有一个终结,它会走向崩溃,并成为那种仅仅是可能的存在,同样也可以不成为它所成为的那样。如果它具有一种存在,那么它所拥有的存在就不能是它自己的存在,而只能是一个他者的存在。这并不是因为偶然的事物是(is),而是因为它不是,[153] 因为它是非存在,因为它仅仅是自我扬弃的表象;而绝对必然性是,而且不仅仅是一种关系的一个方面,而是其全部。总之,否定的环节并不见于三段论的一般形式,亦即知性(Verstand)的一般形式之中,而恰恰是偶然事物的自我否定才使其成为一个上升至绝对必然性的出发之点(而不是一种基础)。这样,知性的虚假命题被取代:"偶然事物的存在仅仅是自身的存在,而非另一事物的存在。"黑格尔阐明了思辨思维的真命题:

> 偶然事物的存在不是其自身的存在,而仅仅是一个他者的存在,而且事实上,它被界定为它的他者之存在,即绝对必然性的存在。①

---

① 同上,页 111-117、159-165。

与莱辛、康德、谢林和雅各比相反,黑格尔认为,从有限到无限实际上是有一座桥梁或者一个通道的,但这一桥梁或通道不是基于有限的自我肯定或者自我投射,而是基于自我否定以及承认有限与无限的任何联系都是来自无限而非有限。这种承认在崇拜中以牺牲和圣礼的形式表现出来。实际上,这种承认正是在作为"礼拜"(Gottesdienst)的崇拜行为本身之中表现出来的。

黑格尔对目的论证明的批判本质上是类似的:从有限的自由、目的和智慧抵达无限的自由、目的和智慧,没有肯定的通路,而只有一种对有限的目的论行动的否定,以及一种对上帝无限的目的性不过是通过上帝自身的力量(如"狡计""诱惑""内在的建筑师")而在世界中获得充盈的承认。如康德所做的那样,把上帝当作实践理性的一个公设,是配不上宗教体验的,因为宗教体验并非真正由对惩罚的恐惧和对奖赏的期许所驱动,而是由崇敬、敬畏和感恩所驱动的。而且,目的论证明所达到的神性有似于古人所说的"灵魂"、nous[理智]、世界的有机生命、生命的原则,而不是作为精神或主体的上帝概念。①

经由黑格尔对宇宙论和目的论证明的批判,我们便过渡到他的本体论证明,即"唯一真正的证明",它确定了"是"(being)或者"存在"(existence)包含在真正的上帝概念之中,或者说有限的东西包含在真正的无限之中。黑格尔回应了康德的反驳,康德认为,"存在"(being)不是给一个概念添加任何东西的谓词(我们具有对

---

① *Lectures on the Philosophy of Religion*,卷二,页 703-719。

一百元的概念,无论这一百元是否存在)。[154]黑格尔对此回应说:

> 所要求的……并不是真的要在概念上添加任何东西……而是要从概念上除去那仅仅主观存在、不是理念本身的缺陷。那仅仅是某种主观东西的概念,一旦脱离了存在,便无足轻重。①

但是概念和存在的同一性必须得到证明,而不是像安瑟尔谟那样简单地假定。这一证明在《大逻辑》第三部分"概念的学说"中有详细的阐述。② 黑格尔在《宗教哲学讲演录》中作了一个简短的总结:

> 概念不只是在自身之中隐含着存在——并非只有我们才具有这样的洞见,此外,概念也是显露的存在。概念扬弃自身的主观性并将自身客观化。人类实现他们的目的,即是说,最初只是理想的事物被剥除了其片面性,从而被变成一种持存性的存在……如果我们仔细观察概念的本性,我们就会看到,与存在的同一就不再是前提,而是结果。所发生的情形乃是:概念自我客观化,使自己成为实在,而且它因此就是真理,是主体与客体的统一。③

---

① 同上,卷三,页 352-354。
② 参见 *The Encyclopaedia Logic*, §§ 160-244,页 236-307。
③ [译注]这里的汉译引自《黑格尔著作集·第 16 卷:宗教哲学讲演录 II》,燕宏远、张松、郭成译,北京:人民出版社,2015,页 409-410,译文根据英译有所改动。

概念是积极活跃的,就像作为人的"我";概念的活动可以被叫作一种冲动(drive),对冲动的每一次满足都是对主观性的一种扬弃,也是对客观性的一种设定。①

基督教为这一逻辑上的洞见提供了一个具体详尽的说明。在此,概念与存在的统一将被把握为"一个绝对的过程,如同上帝的真实活动一样"。就此而言,上帝是自我区分和自我启示的。上帝也是自我化身的。

> 作为精神或作为爱,上帝是这种自我殊化。上帝创造世界并诞生出他的圣子,设定一个相对于他自身的他者,并且在这一他者中具有他自身,与他自身相同一。

黑格尔说,化身是"宗教思辨的中间点"。在基督教的叙事中,上帝采取一个人——一个这一个,一个生活、受难、死去的个体,被提升到信仰共同体的生命之中,在这精神共同体中,上帝精神性地在场——的有限的、尘世存在的形式。② 在这一非常具体的意义上,谈论 Dasein Gottes[上帝的定在]是恰当的。

[155]当我们把这些证明作为一个整体来考虑时,我们就可以

---

① *Lectures on the Philosophy of Religion*,卷一,页 438、439;卷三,页 356。在黑格尔的图景中,概念既在自然之中并借由自然而将自身现实化,也在人之中并借由人而将自身现实化。因此,自然的存在和秩序之偶然性成就本身即是一种与基督教截然不同的本体论证明形式。

② 同上,卷一,页 245、437;卷三,页 109-133、211-223、310-328、356、357。

得到一个关于上帝的适切概念。上帝是绝对必然性(力量、实体),是绝对智慧(自由、善良、目的),是绝对精神(爱、主观性)。这些属性就像它们所依靠的证明一样,是相互依存的。在这些证明中有一个双向的过程:自然经由有限的精神抵达上帝,上帝进入自然和有限的精神。这两种过程属于同一个概念,是一个既是基础又是结果的整体。一项运动的结果成为另一项运动的基础。每一运动都凭借其辩证的本性将自身推进到另一运动。每一运动都将自身展现为一种过渡——一种向另一运动的过渡。① 严格意义上说,没有基础,只有一种对总是参与其中的各种要素的辩证性映照。

这种辩证的映照是一种双重映照——意识借由客体的映照、客体借由意识的映照;或者有限借由无限的映照、无限借由有限的映照。在《论宇宙论证明》的残稿中,黑格尔指出,本体论证明的命题不是简单的"无限者是/存在(is)",而是"无限者是有限的"。

> 因为无限者在决定让自己成为**存在**的过程中,便将自身限定为自身之外的他者之所是;但是无限者的他者恰恰就是有限者。

不同于"荒谬的唯心主义"主张——若某物是思想,它便不再存在——严肃的唯心主义"在其内部包含着一种回击(Gegenschlag),这种回击乃是刚刚分开来提出的两个方面之绝对结合于

---

① 同上,卷三,页 174、175 以及 *Lectures on the Proofs*,页 89-92。

一的本质,是概念自身的本质"。① 这种"回击"是从无限到有限、从概念到存在的本体论过渡,平衡并整合了从有限到无限、从存在到概念的宇宙论-目的论过渡。在《宗教哲学讲演录》中,黑格尔借用了一种类似于反冲(Gegenstoß)或者"一股朝着相反方向流动的洪流"的图景,使人想到位于其思想核心的思辨性逆转:有限意识抵达绝对的上升,同时也是绝对精神从它在有限性中的物化和外在化返回到其自身。② 无限是整个过程的基础,这是就无限作为搏动于整个过程的能量或力量来说的,但这些搏动向着两个方向移动。[156]在黑格尔看来,世界史哲学就是这种双向搏动的一个主要实例。

上帝作为精神、三位一体和化身

对上帝最恰切的界定不是绝对必然性或绝对目的,而是绝对精神,因为精神涵盖了上帝的所有属性。上帝可以被视作精神最崇高的范例,但严格地说,上帝不能是一个"范例";上帝是"普遍者,是真本身,其他所有事物不过是它的范例"(L 31)。上帝作为三位一体的精神的显现出现在历史本身的过程中,并且是这一过

---

① *Lectures on the Proofs*,页 164、165。

② *Lectures on the Philosophy of Religion*,卷一,页 227,注释 115;页 322,亦参 *The Encyclopaedia Logic*,§ 36 附释,页 75。

程的线索。

在《世界史哲学讲演录》以及其他讲演中,黑格尔回溯了神的概念在文明史中的演化。他以古代亚洲世界为起始,那里的神或是展现为自然、感性形式(各式各样的神祇),或是展现为高度抽象的普遍实体(梵、光明),这些表象产生出各种形式的有神论、多神论、泛神论以及二元论。在埃及,精神挣扎着将自身从自然中解脱出来,但神的不可理解性依然显现在动物的灵魂中。埃及人还没有发现,适合于精神事物的感性形象是人的形象,而不是动物或混杂物。这个发现留给了希腊人,但上帝还没有在精神中向希腊人显现,因为上帝还不是纯粹的思想。对希腊人来说,上帝也并非以肉身的形式出现,因为他们还不认识一个直接作为人而存在的上帝,一个这一个。犹太人最大的成就乃是承认上帝是纯粹的思想。他们的宗教是第一个真正的精神性宗教,但他们还没有把普遍性赋予他们的原则,而且他们还没有把握到上帝的生命的内在联系,或是上帝的生命在一个这一个中的会合。

基督教以其三位一体的学说获取了这一洞见。

> 在基督宗教中,上帝首先被称为"圣父":这威力,这抽象的普遍,仍然被笼罩着。其次,上帝作为对象,是一个将自己分裂为二的东西,一个设定他自身的他者的东西。这第二项要素被称作"圣子"。然而,"圣子"是这样被规定的,即在对于上帝自身而言的他者之中,上帝恰似直接性的上帝自身,仅仅在这个他者中设想和认识自身;而这种自有、自知、固有统一

以及在他者中的自在存在①就是"圣灵";[157]也就是说,这个整体即是圣灵;无论是此方,还是他者,其本身都不是圣灵。而上帝被界定为精神;上帝第一次成为真的,成为完善的。上帝在感觉或感知的形式中被宣示出来,就是永恒的爱,就是圣子,在他者中认识自己,将他者据为己有。在思维形式中,这一特征是精神的构成部分。这种三位一体使得基督宗教成为启示宗教,成为唯一真的宗教。(L 32)

黑格尔继续说道,如果基督教缺少了三位一体,思想也许会在其他宗教中寻找到更多的真理。三位一体是基督教中的"思辨要素",因为哲学在其中找到并承认了理性的理念:理性蕴含着同一-差异-中介的过程,这与理性在上帝的三位一体生命中所展现的过程是一样的。这一评议表明:三位一体是"真实的",这并不是由于一种权威的神圣启示,而是因为它是理性的,而理性在其他宗教中同样可以找到真理。在一种多元主义的背景下,我们应该补充说,三位一体只是几种可能的解释模式之一,其他宗教也提供了他们自己的深刻见解。(从基督教的角度来看,佛教、印度教和犹太教的见解尤其具有建设性。)那唯一的真理以多样化的形式展现出来;真理是多元形式,而非一元形式。

三位一体的位格(persons)不是字面意义上的人,而是各种关系的形象。所有关系都是在圣灵的形象中完成的,这既是一个哲

---

① [译注]"在他者中的自在存在",德文为 Im anderen bei sich Sein,英译作 being present to self in the other。

学概念,也是一个神学概念。这三个"位格"构成一个神的 Persönlichkeit[位格],即绝对精神;但黑格尔也使用了神学的隐喻性语言。"圣父"代表抽象的普遍(内在的三位一体);"圣子"是上帝在一个这一个(基督)中的实在性;"圣灵"即上帝在信仰共同体中的居留。这三个位格一同组成了上帝——一个包容性的三位一体,一个在自由中爱着的上帝。①

基督教的洞见首次出现在犹太教众中,恰逢罗马帝国统治世界之时。这一洞见源自拿撒勒人耶稣的生平、教训和死亡,源于福音书作者对这些事件的解释,[158]源于使徒保罗深奥的神学理论,源于早期希腊和拉丁教父们富有想象力的直观。真正的上帝是内在具体的,并且在其自身之内是确定的。

> 上帝是这种无限的生命,他将他者与自身分隔开来,并且在这种被分隔的要素中对自身呈现。

这种"思辨形式"构成了基督教的三位一体说和基督神性说(L

---

① 关于黑格尔对三位一体说和道成肉身学说的详尽论述,参见 Lectures on the Philosophy of Religion,卷三,尤其是 1824 年和 1827 年的讲演;亦参 Peter C. Hodgson, *Hegel and Christian Theology:A Reading of the Lectures on the Philosophy of Religion*, Oxford:Oxford University Press,2005,章 6-9。关于三位一体说在世界史哲学中所扮演的角色,参见 Robert Bernasconi,"'The Ruling Categories of the World':The Trinity in Hegel's Philosophy of History and the Rise and Fall of Peoples," in *A Companion to Hegel*, ed. Houlgate and Baur,2011,页 315-331。贝尔纳斯科尼与其说是把三位一体说当作一种关于上帝的学说,不如说是把它当作一种世界史的组织原则。

419—422)。当有限的"一"(罗马皇帝)与无限的太一相对立时,真理便出现了。无限的太一作为感性存在而出现在这个一即耶稣基督之中。上帝将自身显露为"具有人类形象的人"。在此,世界的期望得到了满足:作为有限的人应当"被提升以及被把握为神的本质的要素",而上帝则应该"脱离他那抽象的渺远性,进入表象,进入人类的直观之中。这种直观是构成人类与上帝以及上帝与人类和解的要素"(L 427;参照 422—432)。这种新的宗教排除了专制和奴役,改变了伦理生活,建立了一个精神世界(教会),要求一种"有机的"治理形式,并扎根于北欧/日耳曼世界,因为它与罗马世界的疏离和残暴并不相容(L 432—438)。

伴随着黑格尔对中世纪教会追寻上帝在场的描述,基督教再度出现在他的《世界史哲学讲演录》中。借由十字军东征的失败,基督徒发现"在场"的真正含义是精神上的,而不是感性的(并不局限于墓穴或者在弥撒中复制的有形元素)(L 478—486)。这一发现在新教改革中得到深化和完善。对当下的这一个的意识是某种事实上和精神上的东西,是在信仰和参与(交流)中的一个实际存在的意识。信仰不是论辩性质的,而是一种在上帝中的本体论的参与,是精神与精神的交流。通过参与到真正的内容之中,并且把这内容变成它自己的内容,基督教的自由得以实现。在这里,世界史的叙述达到了高潮(L 499—503)。但现实化的工作还在继续,在现时代还没有完成,这就带来了新的模糊性和断裂(L 506—521)。分隔、疏离、邪恶以及死亡的悲剧在神圣的生命中被扬弃(aufgehoben),但它在现实世界中继续上演着。

[159]黑格尔的上帝在什么意义上是一位悲剧性的上帝？罗伯特·威廉姆斯探讨了这个问题。① 他批判了伊尔金(Iwan Iljin)和奥里根(Cyril O'Regan),②他们试图把黑格尔的神学解读为一种神谱学(theogony),根据这种神谱学,上帝出自一种原始的混沌或是一种渊深的状态；有了这样一种神谱学,恶就获得了肯定性的本体论地位,从而内在于上帝的神格(godhead)。在克服恶的斗争中,上帝也在同其自身本性的一个方面作斗争。威廉姆斯反对这种上帝降生的解释,他主张一种关于上帝死亡的神学：上帝在与上帝的他者的彻底同一中,在尘世的有限性里,乃至在死亡之中,清空了上帝自身。这个世界并不是一种毫无冲突的和谐,它不应该崇拜一个道德式的控诉之神,也不应当承受盲目的命运或机械必然性的冰冷漠视。黑格尔的上帝并不具有神通,也不需要克服障碍才能成为在爱着的上帝,而是自我牺牲的爱本身。这是黑格尔式的十字架神学。在内在的三位一体——一种非时间性的"神创

---

① Robert R. Williams, *Tragedy, Recognition, and the Death of God: Studies in Hegel and Nietzsche*, Oxford: Oxford University Press, 2012, 章 7、8、10。接下来的几个段落概括了威廉姆斯的解读——通常是用他自己的话。我选择这样做是因为,他为我在《黑格尔与基督教神学》(2005)中详细讨论过的、主要来自《宗教哲学讲演录》的材料提供了一个全新的视角。威廉姆斯分析的某些视角可参见"Love, Recognition, Spirit: Hegel's Philosophy of Religion," in *A Companion to Hegel*, ed. Houlgate and Baur, 页 387–413。

② Iwan Iljin, *Die Philosophie Hegels als kontemplative Gotteslehre*, Berne: Francke, 1946; Cyril O'Regan, *The Heterodox Hegel*, Albany, NY: State University of New York Press, 1994.

论"(theogenesis)——之中,有对立和差异,它们是生命和运动所固有的,但没有真正的破裂或分离,因此也就没有恶。① 然而,"人创论"(anthropogenesis)有一种与自然的必然决裂或分离,以及一种退回到自身、一种自为的生成——这种生成是且善且恶的状态。② 当精神聚集并释放自身时,自然的自我外化性必须被克服。在这样的情形下,恶不仅是可能的,而且是不可避免的。在上帝之中,并没有什么深渊、混乱或邪恶隐藏着并破坏着上帝的自我揭示。③ 因此,黑格尔拒斥那种具有未知性的、超凡(demonic)神性的悲剧神学,这是奥里根和利科归给他的观点。上帝是自我沟通之中的良善,也是和解之中的爱。

[160] 与他的大多数同时代人不同,黑格尔意识到,有关人的各种现代观念是悲剧性的。根据威廉姆斯对黑格尔的解释,有限是悲剧性的,因为它具有内在的矛盾性;作为否定的自我关联,有限是不稳定的,容易自我解体。由于有限之存在和确定性的必要条件同时也是其灭亡的条件,有限就有着形而上学的悲剧性,但又未削弱人的自由和责任。④ 黑格尔批判了神学传统对悲剧性的拒斥,这种悲剧性所基于的乃是前现代的人类学和救赎史的模式。在黑格尔看来,自由意识始于一种分离、一种退回到自身的且善且

---

① *The Science of Logic*,页759;*Lectures on the Philosophy of Religion*,卷三,页189-198、275-290。
② *Lectures on the Philosophy of Religion*,卷三,页205、206。
③ *Lectures on the Proofs*,页68。
④ *The Science of Logic*,页128。

恶的状态。自由在争取承认的斗争中变成了现实,这种斗争也许会跑偏,但它终归是采取了一种具有主体间性的承认以及和解的社会形态。自由意识既表达了一种对和解的需要,也表现了一种凭借自身去实现和解的无能为力。黑格尔批判了现代的自由观,即人性"本质上"是善的,在共同体中与他人共存是一种人为的恶。精神浸透在自然之中(自我外化性或他律的领域),在其中,精神还不是它应当是的东西。争取解放的长期斗争随之而来。通过解释人性"本质上"是恶的这一命题,黑格尔拒斥了古典的"堕落"学说、人性本善的现代乐观主义,以及将共同体视作人为之物的现代式的、自给自足的个人主义;伴随着这种拒斥,世界道德图景崩塌了。作为替代,黑格尔选择了一种悲剧性的视角。恶与人类的存在相关联,与包含着一种断裂、一种退回到自身的自由意识相联系。恶所预设的人类学-本体论结构乃是:对立、分离、分裂、与外部世界的对抗以及意志或欲望。但这些都不是恶本身;它们是使恶变得可能的条件。恶并未止步于此,恶还利用它们并改造它们。恶包含了个体化,将自己隔绝于世界、他人、理性意志、法律。但是一个人要成为一个自我而不是一块石头,这是他必须要做的。① 恶与自由和自律的自我意识分不开。但这并不是故事的全部,因为和解制止了隔阂与罪恶。

[161]威廉姆斯继续写道,上帝之死不仅反映并融合了悲剧的传统,也是和解之义的一个关键部分。启蒙运动试图将爱从痛苦

---

① *Lectures on the Philosophy of Religion*,卷三,页 198–211、295–310。

中分离出来,并称之为"享受"或"幸福",但神圣的爱包含承受痛苦、卸下圣装以及死亡。这些主题是黑格尔基督论(christology)的核心。① "上帝之死"一词源于罗马帝国和现代启蒙运动的不满意识,并且还带有一种所有实质性事物都丧失了的意味。基督教神学借用了这一表达并将其转化为基督论的主张,即在上帝之中就有否定性和苦难。上帝并非一个无生命的孤立者,而是自由地选择关联,并且出于爱和同情而受难。上帝受世界的影响,正如世界受上帝的影响一样。富于同情的自我牺牲的爱为了它的他者而走向死亡之点,这构成了黑格尔思想的基础性的思辨直观。黑格尔拒斥了关于神与世界相互对立的图景:君主制的隐喻、经典的神圣喜剧、道德的上帝和道德的世界;但他也没有采纳古典的悲剧神学。他的神学以基督为中心,以圣灵为中心,这意味着上帝受难、死亡并从死亡中复活;上帝受难并非因为上帝是有限的,或是邪恶的,或是必须克服渊深的元素,而是因为上帝是自由的爱,他不能对上帝的他者即这个世界保持冷漠。黑格尔的基督论和圣灵论(pneumatology)是三位一体的:上帝在完全的他者性、否定、卸下圣装、苦难以及死亡中仍然是上帝。上帝的死亡只是和解的开始。和解也是死亡的死亡,它包含着一个巨大的逆转,被"复活"的象征即精神共同体的兴起所捕获,基督的显现在信仰和实践中成为现实。② 上帝三位一体的存在方式本身就是和解,因此也是神与人之

---

① 同上,卷三,页 211-222、310-328。
② 同上,卷三,页 223-332、326-333。

间以及人与人之间和解的客观本体论基础。①

上帝的统治：天意

在对黑格尔的上帝概念作了以上详尽论述之后,我们应该准备好去探讨他关于上帝的"统治"或神圣"天意"的主张。[162]然而,在面对这一话题之时,人们常常会感到一种不情愿或是担忧。鉴于历史中已经发生过以及继续发生着的事件,谁还能说上帝"统治"或"支配"着历史？这种统治的显著作用在哪里？"天意"(providence)一词是应该按照字面意思理解为"预先看见"(fore-seeing,拉丁语 pro-videre,德语 Vor-sehung),还是应该按照一种更加具有隐喻性的意义来理解？providentia[预见]的一种缩略形式是 prudentia[明智],指的是对健全判断或智慧的运用,尤其是在实际事务上。因此,"天意"与其说是一种"预先看见",不如说是一种"照看"或"关照"。托马斯·阿奎那把天意理解为上帝的明智的一种表现,因此,他强调得更多的是神圣的维持和智慧,而非预见知识。这一说法也适用于黑格尔。

对黑格尔在《世界史哲学讲演录》中关于天意的说法作一回顾,可以看出下述几个要点。他在 1830 年的手稿中写道,这是理性统治世界之信念的一种应用形式,

---

① 同上,卷三,页 271-290。

> 这就是宗教真理的形式,即世界不会受偶然事件和外在的、偶然的原因支配。毋宁说,一种天意掌控着世界……神圣的天意就是由无穷威力引导的智慧,这种智慧将它的目的即世界的绝对的、理性的终极目的变为现实。(M 146)

黑格尔说,我们不应当满足于这样一种信念:所谓的天意的计划隐藏在我们的视野之外,想要了解它是一种自以为是的想法;也不应当满足于这样的信念:这个计划仅仅适用于特定的个案。我们要处理的不是这种"蝇头小利",而是必须认真对待我们对上帝的信仰,认识到"具体事件,即天意的方式,是天意的手段,是天意在历史中的表象"。然而在历史上,由上帝的天意智慧所支配的事件并不涉及个人本身,而是涉及各民族、各个整体、各个国家(M 147、148)。① 世界史运行在一个高于个人道德的层面上。

> 凡是精神的终极目的(一个自在自为地持存的目的)所要求和完满实现的,以及凡是天意所做的,都超越了职责、归罪能力以及落在对个体性之上的道德方面的期望。(M 201)

[163]黑格尔在1822至1823年讲演的导言中论述了同样的主题。如果我们对世界史中存有理性这一点抱有信念,那么我们

---

① 在黑格尔1830至1831年的讲演中,这段话有所改变:神圣的天意以无限的智慧在这个世界上实现了其实际上的终极目的。然而多数人认为,天意的具体计划隐藏在视线之外,他们坚持一般性的说法。只有在个别情形下,虔诚的灵魂才会在处于危困时看到上帝的援手。但在世界史中,我们论述的是作为整体的国家,我们承认整体意义上的天意。(L_{30-31} 5-8)

至少必须秉持对于信仰的信念——

> 这个信念便是：历史确实有其起因,理智、精神都不受偶然事件的摆布……我们往往承认,精神世界没有被上帝抛弃,一种神圣的意志和终极目的支配了历史,上帝统治着世界;但是在这种场合,一俟开始涉及比较确定的东西,人们就往后退缩,不问天意的蓝图如何……这个蓝图能被领会吗？(L 22)

上帝的天意和本性据说是不可思议、用之不竭的。但基督宗教宣称,上帝的本性和本质已经被揭示出来了,因此唯一的义务就是认识上帝。基督徒"被引领进入了上帝的奥秘"。

> 因为上帝的基础性存在是通过基督宗教揭示出来的,所以世界史的钥匙也交到了我们手上:世界史是上帝的本性在一个特定元素之中的展开。(L 23)

世界史的关键在于,上帝的"奥秘"在历史中通过自由的实现而"展开"——一种超越却又包含着个体自由的社会形态中的实现。个体本身的目标仅仅是"永久和平",它来源于在神圣生命中的分享,来源于将尊崇和荣耀归给上帝。

在1822至1823年的讲演中,黑格尔在稍后的两处情境中回到了关于天意的主题。在讨论希腊神谕的时候,他说：

> 基督徒相信,其特殊的命运和福祉,不论是短暂的还是永恒的,都是上帝关怀(Sorge)的对象。他的生命之旅全都是为

了他自己的益处。基督徒在其自身的特殊性中,根据自己的诸特殊目的,在这些点上,在向上帝的祈祷中,是上帝的对象和目的,是绝对合理的。这一个人,每一个人,都应该获得救赎,都应该永远被祝福。希腊人还没有达致这样的看法,也还没有能力抵达;因为只有在基督宗教中,神才变成一个这一个,并把这一个的规定吸收到神圣概念的规定中。(L 351)

这里所指的是上帝的关怀(Sorge),重点完全落在个体身上,因为上帝化身为基督(这一个)而对每个人都有无限的关怀。

基督徒对上帝的这种如同家人般的信任恰恰在于,上帝亲自体验了这种苦难中的人类的各种感受,因而那些特别的情况都会受到上帝的庇护。(L 352)

因此,基督徒可以自己决定和解决事情,而不是仰赖神谕或屈从于命运。

[164]在这一个之中,基督徒认识到神圣的本性,他们相信上帝会把这一个的事情当作其关照(Vorsorge)的目的。(L 353)

这种对上帝的 Vorsorge[关照]的信任与我们所说的希腊人的命运相对立。

另外,从特殊方面来看,特殊的东西与普遍的东西的联系对于基督徒和希腊人而言都是不可思议、不被理解的。因为命运发生在人间大地上,人间大地从特殊目的的角度看必定被称为偶然的。这里只涉及特殊性,这些特殊性在自在自为的、独立的东西面前没有正当权利。在希腊人和基督徒看来,这些情况的诸特殊性以及个体的人生道路,是一种无法被把握的东西。但基督徒有一种观念认为,所有这些特殊性都服务于他们的益处,所有这类偶然性都由上帝引导,从而使其得到益处。这意味着,基督徒将对他们而言最好的东西预先设定为神的对象。希腊人却没有这样的观念,这恰恰是因为,特殊的东西、个体的目的没有被接纳到神里。(L 353、354)

因此,笃信上帝的天意的关怀,就会认可历史的特定情境是偶然的,甚至是不可理解的,因为它们与个人有关;但也可以相信上帝"引导"这些偶发事件,并引领它们走向最好的结果。所以黑格尔的天意概念既有个人的成分也有世界-历史的成分;它不否认在世界之中的偶然事实,也不否认上帝统治中不可理解的和神秘的面相。诚然,黑格尔的各种言论中仍然存在着一种张力,这种张力反映了他自己的犹豫不决,又或者他未能从概念上解答天意的所有面相。

黑格尔最后一次提及天意是在他的评述文本里,即欧洲历史似乎只是通过拒斥真理才抵达其终极目的的,正因为如此,"我们常常被迫借以评判那业已发生的存在的,乃是那种与各民族的历史情形恰恰相反的方式"。他接着说道:

> 这段历史清楚地表明,作为一种掩藏起来的内在力量(eingehülltes Inneres),理念①以天意的方式施行统治,通过各民族相互抵触的意愿来实现自己的目的,以致它所完成的东西往往是各个民族所希求的东西的对立面。(L 439)

在此,重点已经退回到对立于个人层面的"更高"层面;但请注意:天意的作用是否定性的,而这种神秘性依然存在,[165]因为所涉及的是"一种隐蔽的内在力量",而不是直接的属神的因果性。所使用的隐喻有智慧、指导、关怀等。

事实上,黑格尔关于天意的论述是高度隐喻性的,因为他认识到,神秘性掩盖了上帝统治世界的方式,而由启示(re-velatio)所完成的揭示并没有除去这层面纱。上帝统治这个世界,这一事实由基督教信仰以及黑格尔本人关于上帝作为绝对的、包容世界的精神之理念来确保;但统治是如何发生的,其手段和效果是什么——都很难用纯粹的概念语言来描述。试着回想一下黑格尔所说的"理性的狡计"。我对这个隐喻的解释是,由于理性是精神之物而非有形之物或自然力量,它必然是否定性地运作着;理性不是直接地克服对立和恶,也不是通过干预自然过程或使用超自然的手段,而是间接地通过让恶对抗恶,让激情自我消耗殆尽。理性在其狡计中颠覆了人类的意图,它有

---

① [译注] 英译文将"天意"理解为那"掩藏起来的内在力量"(...providence as a veiled inner power...),根据德文,应该是"理念"(...daß die Idee in der Weise der Vorsehung, als eingehülltes Inneres...)。

那种看似柔弱的力量（不是有形的强力或暴力），能够从恶中引出善。我甚至认为，狡计的力量就像十字架的力量，上帝在那里以人的形态死于人类暴力之手，但上帝的目的仍然在那里占据了上风。罗马人以为，把一个惹是生非的犹太人钉死在十字架上就可以除掉他，但一种新的宗教却诞生了，这便是上帝的狡计。十字架代表了伟大的逆转，代表了对理念的反向冲击。根据本章早些时候对黑格尔神学中耶稣受难和上帝死亡的中心地位的评论，这种解释似乎更有道理。"上帝亲自体验了人类的苦难感受。"（L 352）在某种意义上，上帝"放手"了，祂通过放手，借由受难逆转了恶的力量。但这是如何发生的，苦难如何具有逆转性的力量，仍然是个谜。① 我承认，这种解释可以被看作对黑格尔所称的"狡计"的一种修正，但如果是这样的话，它就与黑格尔思想的其他方面相一致，也与一种有关在历史中的上帝的后黑格尔式感伤相一致。

将天意作为一种"隐蔽的内在力量"提及，让人想起黑格尔在《美学讲演录》中的"历史的内在建筑师、[166]永恒绝对的理念在人性中实现自我"的比喻。② 与"建筑师"或"建造大师"（Werkmeister）相关联的意象是设计、施工、建造的意象。但这是一个内在的建筑师，他的工作不是在事件的表面而是在作品的背后和内

---

① 若作出这样的解释，理性的狡计就不应受到利科的反驳，即认为这是一种"可耻的神学"。Paul Ricœur, *Time and Narrative*, trans. Kathleen Blamey and David Pellauer, Chicago: University of Chicago Press, 1988, 卷三, 页 203。

② *Aesthetics*, 卷二, 页 1065。

部进行。上帝内在的建设性工作指出了这一理念在历史上的肯定性作用,它不再显现为一种反向冲击,而是显现为一种道德、伦理生活和宗教形式的诱惑。在此,理念充当着一种吸引和呼吁我们的理想的作用;它具有说服的力量,而不是胁迫的力量。这是一种把我们拽入未来的吸引力,但也是历史上的伟大人物在过去运用过的一种吸引力,乃至他们在为自身的使命而牺牲时也激励着我们。

总而言之,上帝的天意就像上帝的三位一体存在一样是个谜,对其可以用诸如智慧、引导、关怀、狡计、劝导、建造来隐喻性地表达。黑格尔对希腊神谕的引用为解释"神秘"提供了背景:它描述了某人开始进入一项 mysterion[秘仪]时应该采取的态度,即应该闭上(myein)眼睛和嘴巴。人在神秘面前"缄默"。一种非同寻常的知识正是通过宗教仪式和神谕来传达的,这种知识无法看到也不能谈论,而是需要极其专注的倾听。神秘包含着一种更高的理性,一种更高的真理。这不能用普通的主体-客体的表达方式来描述,只能间接地指涉。对新柏拉图主义者来说,在秘仪的时代之后,mysterion[秘仪]就变成了"思辨哲学"的意思,所处理的就是更高层次的真理;新柏拉图主义神学家的"隐秘神学"也是如此。① 神秘中的沉默必须变成言说,在真的开始言说之时,它就既采用了隐喻性的语言,又采用了思辨性的语言(是 Vernunft[理性]的语言,而不是 Verstand[知性]的语言)。神秘并没有消散:被传递出

---

① *Elements of the Philosophy of Religion*,卷一,页382;卷三,页280。

来的东西恰恰就是它的神秘性,也即它那无穷无尽的、不可思议的理性。Vernunft[理性]丰富并强化了语言,往往会抵达隐喻性的临界点。理性通过叠加影像以及探索不同的修辞策略来达到其目的。理性不是对知性的一种空洞抽象的简化,而是造就了语言的繁盛。

[167]作为隐喻延展到临界点的事例,请考察这一点:"理性是现在的十字架中的玫瑰。"①理性就像一朵玫瑰(一种芬芳而脆弱的爱),它使人能够忍受历史的矛盾,理性地把握这些矛盾,为自己的抉择而奋斗,而不是逃避或否定这些矛盾。理性需要人的辛勤劳作,因为他们必须在这个未完成的、零碎的、模糊的、当前作为历史而为人所知的十字架形象中,去追问上帝和上帝的天意的眷顾,而不是在一种超验性的、超越历史的彼岸之中去追问,不论这眷顾是天堂般的还是末世论的。

---

① 参见 *Elements of the Philosophy of Right* 前言页 22:"在现在的十字架中去认识作为玫瑰的理性,并对现在感到喜悦——这种理性的洞察就是同现实的和解。哲学只把和解给予那些曾经得到内在召唤的人去把握,让他们在实体性的东西中取得主体的自由。与此同时,他们与主体自由一道,不过不是在特殊和偶然的事物中,而是在自在自为地存在着的事物中。"[译注]译文参考了黑格尔,《法哲学原理》,邓安庆译,北京:人民出版社,2017,页 14。这一比喻也出现在 *Lectures on the Philosophy of Religion*,卷二,页 248 注释 45。黑格尔从路德的盾形纹章(coat of arms,一颗被白玫瑰环绕的心,中间是一个黑色的十字架)和玫瑰十字会(Rosicrucian,一个使用圣安德鲁十字和四朵玫瑰的 17 世纪隐秘组织)那里得到了启发。

上帝的正当性证明:神正论

比天意充斥着更多疑难的一个话题是与神正论紧密相关的问题。在 1830 年的手稿中,有一个关键的段落。在黑格尔主张的语境中,上帝在基督宗教中揭示了上帝自身,使人类知道了上帝是什么,因此上帝不再是遮掩着和隐藏着的东西。

> 我们的认识在于获得对这一事实的洞见,即永恒智慧抱有的目的既在自然的基础上,也在现实的世界[人类事务]和行动的基础上产生出来。就此而言,我们[对历史]的考察是一种**神正论**,即一种为上帝所作的辩护,莱布尼茨在形而上学里以他的方式用抽象的、不确定的范畴作过这样的尝试。它应当使我们能够理解世界中的恶,包括道德上的恶;能思维的精神[因此]就与否定性的东西和解了;而且,恰恰是在世界史中,全部具体的恶都摆在我们眼前。事实上,任何地方都不像世界史一般,有着对这样的和解性认识的一种更高的要求,而我们也将相应地花一些时间[来考虑它]。要获得这样一种和解,只能借助于对[历史中的]肯定性[元素]的知识。否定的东西在[历史中的肯定性元素]中消逝,成为某种从属性的、被克服的东西。[168]和解的达成,部分在于意识到世界的终极目的真正是什么,部分在于意识到这个终极目的已经在世界中变成现实,以及恶无法在其身旁获得一个平等的席位。(M 150)

认识到以下几点很重要:对于上帝的正当性,必须在具体和特定的范畴里(与莱布尼茨抽象的神正论相反)加以把握;可怕的恶的现实就摆在我们眼前;辩明(Rechtfertigung)与审判(Gericht)本身无关,而是与和解(Versöhnung)相关;通过和解,历史上的否定性因素"消散为某种从属性的东西",但它并没有消失;它作为肯定的从属性方面而继续存在。

在1822至1823年讲演的导言中,黑格尔认为,历史必须有一个"目的",这个"目的"不是简单地通向无限的一个过程。"这个概念解答了一切,并且一直在作出解答。"根据这一决断,"历史的法庭(das Gericht der Geschichte)也将终结和完成;因为审判只能在事物与概念不一致时作出。在这种思想向着自身的回归之中,永久的和平将被建立"(L 56)。这段话让人回想起《法哲学原理》中的一个著名段落,黑格尔在那里引用席勒的话,把世界史指涉为世界审判(das Weltgeschichte ist das Weltgericht[世界史就是世界审判]),并且说道,当世界的普遍精神在其不受约束的自由中产生出自己,并通过有限精神的辩证法而行使自身的权利——这是一切权利中最高的权利——之时,审判就完成了。[①]

[①] *Elements of the Philosophy of Right*,§ 340,页371。黑格尔引用了席勒的诗歌《忍从》(1786年)倒数第二诗节,但他的意思与席勒不同,正如下文所指出的那样。[译注]在席勒那里,Weltgericht 指的是"末日审判"。《忍从》的倒数第二诗节为:"如果摘下二者中的一枝花,/另一枝就得放弃。不能信者,就享乐。这句古话/像世界一样永久。能信者,克制吧!/最后审判总结一部世界史。"引自席勒,《席勒文集·第1卷:诗歌小说卷》,张玉书选编,钱春绮、朱雁冰译,北京:人民文学出版社,2005,页29。

这一理念在黑格尔法哲学的第一个版本中得到了更充分的阐述：

> 世界史就是这个神圣的悲剧，在这里，精神超越了怜悯、伦理生活和其他领域中一切对它而言神圣的东西……世界精神是严酷无情的。即使是一个民族最好的、最高的原则，作为一个特定民族的原则，也是一种被时代的前进精神所抛弃的、受限制的原则。没有什么是比席勒的话更深刻的了："世界史是一个世界审判的法庭。"没有谁曾经遭受过冤屈；它所遭受过的都是它应得的。世界审判的法庭不应当仅仅被视作精神的力量。①

[169]正是由于其背后所蕴含的悲剧性观点，这段文字看起来很是尖锐。在这些早期的演讲中，理性的东西显然并非简单地就是那些现实存在(is)的东西，而是那应该成为现实的东西。同样，自由显然应该产生出来。这里要强调的是一个动态的、未完成的过程，而且没有理由把任何存在的东西当作理性的东西。② 悲剧标志着理性与现实之间的鸿沟。因此，世界精神必须是严酷无情的。但这并不意味着它的审判（其权利的施行）是报应性的，也不意味着它运用的是"单纯的力量"（有形之力）而非精神性的力量，精神性的理论如同十字架的力量一样，是调和性的。鉴于大屠杀中发

---

① *Lectures on Natural Right and Political Science*，§ 164，页 306、307。
② 同上，§ 122，页 221，含注释 53。

生在犹太人以及其他种族群体身上的一切——仅仅是由于他们的民族身份、他们的"他者性"——黑格尔的观点,即没有哪个民族曾经遭受过不义,就应当得到修正;但是,由于侵略和傲慢(有意的和顺从的)而遭受的民族苦难必须被视作是应得的。黑格尔关于每一世界历史民族的堕落和衰亡的观点意味着:每一民族都必须承担其所遭受苦难的责任,不是作为惩罚的征兆,而是作为其自我颠覆的征兆。对历史的悲剧性解读意味着,一个民族的力量也可能成为它的弱点,进而导致其衰落。

黑格尔在对日耳曼世界的讨论中又回到了审判的主题,他认为基督教是内在完善的,并且在本质上克服了一切外在的东西。

> 但如今,借助于基督宗教,世界的原则得到了完善;最后的审判日已经来临。教会的确是指向彼岸,这在一定程度上是为未来做准备。但永恒是一种仅仅为了个人、为了各个特定的个体而考虑的未来。然而,上帝的圣灵也显现在教会之中;教会对罪人说"你的罪得到宽恕了",他们就在尘世安居乐业,就好像在天国之中一样。这样,每一个人都得到了享受和满足。(L 441、442)

稍后,在提到罗马的圣彼得大教堂时(米开朗基罗以《最后的审判》的场景为之装饰),黑格尔说道,这座教堂"成了对教会最引以为傲的雄伟建筑的最后审判——一场对教会自身腐败的最后审判"(L 498)。

神正论形象的最后一次现身恰好是 1830 至 1831 年讲演结束时。在 1822 至 1823 年的讲演中,黑格尔这样结束了他的讲演:

> 重要的是要认识到,[170]精神只能在历史和现实中找寻到自由和满足,正在发生的和已经发生的事物不仅来自上帝,还是上帝的作品。(L 521)

在其 1830 至 1831 年的讲演中,这段话变成了:

> 精神原则的发展是真正的神正论。概念在历史中完成了自我,这是上帝的荣耀,是上帝在历史中的自我实现和自我揭示。(L_{30-31} 509)①

---

① [译注]这段文字的德文原文为:"Die Entwicklung des Prinzips des Geistes ist die wahrhafte Theodice; der Begriff hat sich in der Geschichte vollbracht und diese ist die Ehre Gottes, denn Gott hat sich in ihr verwirklicht und geoffenbaret."黑格尔 1840 年的友人版《著作集》以汇编而成的如下文字作为结尾:"这个世界的历史,连同它的编年史所呈现的一切变化的场面,就是这一发展过程以及精神的实现——这才是真正的神正论,是上帝在历史中的审判。只有这样的洞见才能使精神与世界的历史相一致——也就是说,已经发生的和每天正在发生的事情,不仅不是没有凭借上帝(sine Deo),而且本质上就是上帝的作品。"译文出自西卜利 1857 年版《历史哲学》(1956),页 457,有改动。或许,特洛尔奇在撰写其《基督教会的社会教导》时记在心上的正是黑格尔《世界史哲学讲演录》中的这一结语。他在书中写道,"历史上的偶然事件",如中世纪和加尔文主义体系,仅仅在这一意义上是偶然事件,即"并没有什么内在的发展,而不是说这些事情的发生 sine Deo[没有凭借上帝]"(Ernst Troeltsch, *The Social Teaching of the Christian Churches*, trans. Olive Wyon, London: George Allen & Unwin, 1931,卷二,页 916)。

我们该如何解释这些段落呢？神正论、辩护、判断与和解的概念是相互联系着的，然而它们是以什么方式联系的呢？云格尔提供了一种与"理性的狡计"这一概念相关的解释。他指出，判断（Gericht）在德语中意味着公正（Recht）被实现了出来。世界审判包含着一种神圣的审判，借由这种审判，世界抵达了它的终局。犹太教和基督教传统通常都把审判日视作一个将会终结世界历史的未来事件。但席勒和黑格尔从根本上改变了关于世界审判的传统话语：世界审判并非发生在时间的终点，而是始终发生在时间之中；它完成于出现在世界史中的自由之实践。对席勒来说，这种得到实现的末世论意味着将自己托付给上帝或是屈服于上帝，为了上帝的缘故而放弃生命，而不是为了奖赏的缘故。黑格尔将强调的对象由个体转向民族，转向国家；他将情绪由顺从转向实现。国家是世界上最高的权力；没有比国家更高的法庭，只有国家之间的相互一致和相互承认（或冲突）。黑格尔对康德关于通过国家联盟实现永久和平的观点持批判态度。在黑格尔看来，高级法官（higher magistrate）并不是一个国家联盟，而是 Weltgeist［世界精神］，这种世界精神将自身从有限的辩证法中带领出来，[171]显现于各民族的历史以及他们的民族精神（Volksgeister）之中。世界精神行使其自身的权利（Recht），它这样做是 ex opera operatio［凭借成果而运作］，只不过是在历史的进程之中行使权利。世界精神不是一种更高的世界力量，而是上帝的力量。上帝就是精神，也是自由的。上帝的自由在世界精神的奋斗之中得以实现，世界精神则存在于世界史之中。世界精神凭借其"狡计"，利用具体的情境，经常与这些

情境原本的目的背道而驰,穿越它们却又始终保持超越它们的地位。云格尔接着写道:

> 人们任意地理解黑格尔的理性的狡计(一种不太令人宽慰的表述)。无论如何,我们不应忽视这样一个事实,即黑格尔并没有在世界史的理性化中清除掉"整个为数众多的实实在在的恶"。恰恰相反,他如此认真地对待这一事实,以至于它要求和解,也就是借由卸下圣装的上帝[而实现]的调和……这种和解发生在历史本身的进程之中。"的确,没有哪个领域比世界史领域更为迫切地需要这样一种和解性的知识。"在这种和解性的知识产生的地方,世界史的"思考"就变成了"一种神正论,一种对上帝正当性的证明(Rechtfertigung)"。发生在世界史中的世界审判(Weltgericht)被视为神正论,说明这不是一种出于报复(Vergeltung)的审判,而是一种服务于和解的审判(Versöhnung)。上帝不是通过施行惩罚而是通过和解来使自身正当化。①

云格尔的确对黑格尔的实现了的末世论提出了批评,本章的

---

① Eberhard Jüngel, "'Die Weltgeschichte ist das Weltgericht' aus theologischer Perspektive," in Rüdiger Bubner and Walter Mesch (eds.), *Die Weltgeschichte—das Weltgericht? Stuttgarter Hegel Kongreß* 1999, Stuttgart: Klett-Cotta, 2001,页 14-25,引自页 25。云格尔的论断在第二章中已有引述,在这里重复提及乃是由于它的重要性。他引用黑格尔的文句来自 M 85、86(前文,页 167、168)。

最后一节对此有所考察，但是他澄清了上帝审判的意义是和解而不是报应，这是非常有帮助的。因果报应式的上帝预设了一种关于救赎的惩罚观，牵涉到付出代价，从而将有罪的人类从罪孽的负担中解放出来。偿付的代价是，一位无辜的受害者，即基督，代替罪恶的一方（人类）牺牲了。黑格尔反对替代式赎罪的整个机制以及与之相伴的审判-惩罚范式，即奖惩体系。虽然这一观点在基督徒中仍然非常流行，但在黑格尔看来，这是对在基督中显现的关于上帝真理的根本扭曲，上帝真理即上帝是痛苦的爱、[172]救赎性的自由、极其丰盈的宽恕。和解内在于上帝的存在本身之中，上帝是和解关系的内在联结，是他把和解送进这个涵盖各种有限精神的世界之中（圣灵的 missio[发送]）。这不仅仅是一种同否定的和解，还是对上帝与人类以及人与人之间的异化的克服。和解的在场并不会摧毁恶的力量，而是在消除那驱动它的隔阂与冲突的意义上将其"逻辑"置于从属地位。恶在原则上是可以克服的，在实际上却不能。这种克服的证据可以在自由意识的发展过程中找到，在自由成倍增长的形态中找到。因此，历史中正在发生的[进程]便构成了一种神正论，一种对上帝正当性的证明。这是一个大胆的命题——或许太过大胆，因为它似乎最小化了历史的模糊性和混乱性，例如发生在历史上的大规模种族灭绝和可怕的个人悲剧，以及在日常世界中普遍存在的奖惩机制。基督教通过把救赎从世界史转入"救赎历史"之中，并将救赎的完成推迟到最后的审判日，来化解这种紧张。但黑格尔拒绝了这一解决方案。只有一种历史，即世界史。当个体寻找到永久和平之时，当上帝被赋予尊严和荣耀之时,当为了赢得自由的抗争前进一小步之时(即便只是在先前的退步之后前进的一步),①以及当有一项不求回报的爱的行动作出之时,完善就每天都在发生。被钉在十字架上的上帝与我们同在,在我们的失败中受难,在我们的胜利中喜悦。上帝是我们坚持前进的力量,是自由之中的爱的力量,也是爱之中的自由力量。在经历了20世纪和21世纪的毁灭性冲突之后,黑格尔的大胆需要通过更为清晰地认识历史的模糊性和悲剧的复杂性来加以调和。

历史常常为报应法则所支配。2011年5月2日,奥萨马·本·拉登被美国突击队追踪到并击毙。有人说,正义借由这一行动得到了伸张,但这是报应的正义,而不是和解的正义。纵使本·拉登被活捉并接受审判,和解也不可能达成。这是历史上人类和解不可能实现的一个例子;因此,它反映了人类的悲剧性处境,[173]并处在耶稣关于"不要以眼还眼,以牙还牙"的言辞的审判之下。

威廉姆斯在有关黑格尔神正论②的一章中提出了这样一个问

---

① 自由的行进在一首南非赞歌的步法中表现为:前进两步,后退一步。"我们在上帝的荣光中前行。"(Siyahamba,1984)[译注]这首赞歌源自一首祖鲁语民歌,1952年,安德里德·凡·通德(Andries van Tonder)将其写下来,安德斯·居贝里(Anders Ryberg)于1984年将其编辑出版,此后它便作为一首基督教的赞歌而在欧美流行开来。参见 Anders Nyberg, Freedom 13 Coming: *South Africa for Mixed Choir*, Uppsala: Utryck, 1984, 页31。

② Robert R. Williams, *Tragedy, Recognition, and the Death of God: Studies in Hegel and Nietzsche*, Oxford University Press, 2012, 章12; 亦参"Love, Recognition, Spirit: Hegel's Philosophy of Religion," in *A Companion to Hegel*, ed. Houlgate and Baur, 页387-413。我在接下来的段落中概括了他的论点,因为它介绍了我没有具体讨论过的主题。

题:一个赏善罚恶的世界,当它的"道德图景"(约伯的凌虐者们的世界观和康德的绝对命令)被一种更深刻的图景所取代时,会出现什么样的神正论? 黑格尔同意席勒的观点:历史的审判不是一个先验的末世论事件,而是在历史进程的每一环节里自在地发生着;但历史仍然是悲剧性的,是一个屠宰场;和解不是没有冲突的和谐,而是黑格尔所说的"一种令人不安的幸福"。

> 基督教不像希腊宗教那样宁静,而是永远产生对立并克服对立。上帝向有限敞开自身,容纳痛苦和死亡,但上帝仍旧是上帝,于是出现了一场逆转,亦即死亡的死亡。

黑格尔通过重拾其最古老的主题而更新了基督教的教义,这一主题便是被传统神学和形而上学所掩盖的十字架神学。

恰如我们所见,黑格尔认为,审判在历史的每一环节都是内在的,主要施加在国家和历史时代上,而不是诸个体身上。威廉姆斯说,审判是隐喻性的,因为没有哪个民选长官可以审判国家。国际争端通过谈判解决,如果谈判失败,则通过战争解决。历史往往像一个屠宰场,但只要有和解性的认知,历史就可以且能够成为一种神正论。屠宰场的比喻指向存在、自由以及历史的一种悲剧性维度。① 尽管如此,和解在历史上是可辨识的——不是一种消除否定的和解,而是一种与否定的和解。正是借由对恶寄居于其上的肯

---

① 在这里,威廉姆斯引述了前文所引的 *Lectures on Natural Right and Political Science* 中的文本(参见本书,页 168 注)。

定性元素的辨识,以及对于世界的终极目的即自由的意识,认识达成了和解。但在历史上,自由是模糊的,是悲剧性的,因为恶在自为存在的分离中占有一席之地,这自为存在是自我意识的一个必要方面。上帝因审判而被正当化是为了和解,不是为了施行报应。神正论不是历史进程的一项法则,而是认识的洞察力的一个结果:[174]不是一种源自悲剧性历史的和解,也不是一种对悲剧的屈服,而是即便有悲剧,即便是在悲剧之中,也有和解。

和解不仅仅是认知上的;它在宗教生活和伦理生活中也有切实的一面。崇敬者每天都把他们的有限利益奉献给神。居留于信仰共同体中的精神,每一日死亡而又复活,表明了永恒的神圣历史乃是和解的基础和关联事项;客观神学的历史标准是上帝之死和上帝复活。在这个过程中,痛苦和爱永远结合在一起。人类的使命是获得伦理-宗教的自由,但它的欲望将其推向一个破坏性的顶点,即一种自我绝对化。和解以否定为前提,以否定对抗否定,开辟了一条通向与他者建立肯定关系的道路,这是一种在他者之中与自身相合的存在。① 正义、伦理生活、自由和爱都联系在一起。虽然历史不是幸福生长的土壤,但世界也不那么残酷,因为和解确实会发生。若要让每一个体的无限价值在世界上成为现实,普遍的自由和正义就是必要的。因此,废除奴隶制是一种服务于和解的判决,是一个神正论的环节;但是争取正义的斗争仍在继续。

---

① [译注]"与自身相合的存在",德文为 Beisichsein,英译作 being at home with self。

上帝之死是一种无限的悲伤,传统的神正论论证以及对恶的工具性解释对此毫无用处。"思辨性的耶稣受难日"①意味着上帝之死必须被纳入上帝概念本身中。一方面,这种死亡是无目的性的、悲剧性的;另一方面,它是对否定的否定,是黑格尔思辨目的整体论中最激进、最大胆的范例。旧的君主式的上帝概念必须被抛在一边,取而代之的是一个社会共同体的隐喻,即真正的无限。历史仍然模棱两可:有时是一个屠宰场,有时是一派自由的景象。根据一种过程哲学的观点,威廉姆斯认为,矛盾最终不是在历史中被克服,而是在上帝中被克服。他认为这种解释与黑格尔的理性的狡计相一致,而后者带有一种末世论的附带性条件。上帝的因果性是一种终极的因果性,这意味着上帝的力量不是完全的强制,而是具有说服力、安慰性和创造性。创造性意味着终极目的的实现改变、超越并取代了各项先行条件。宽恕是另一种形式的创造力,因为它放下过去,使新的可能性得以出现。[175]上帝那忍受死亡痛苦的爱是悲剧性冲突的补救之法;上帝的爱有比毁灭更大的智慧和谋划;它能够无限地设计各种新的统一。

黑格尔在《论爱残简》中写道:

> 爱比恐惧更加强有力。爱……取消分离……爱是一种相互给予和相互接受……爱恋之人中的接受一方并不因接受爱而变得比另一方更富有;他确实变得富有了,但只是与另一方一样富

---

① *Faith and Knowledge*, trans. Walter Cerf and H. S. Harris, Albany, NY: State University of New York Press, 1977, 页 191。

有。同样地,给予者也没有把自己变得更贫穷;在给予另一方的同时,他也在同等程度上增加了自己的财富。(对比《罗密欧与朱丽叶》中的朱丽叶[第二幕,第一场,第175-177行]:"我的赠礼如海洋广阔无边,我的爱如海水深不见底;我给你的越多,我拥有的就越多。")爱在交换每一思想、每一内心体验的过程中获得了生命的财富,因为爱寻求差异,无穷无尽地创造着统一。①

历史的目的:自由王国

黑格尔在1822至1823年讲演的导言中讨论"历史的目的"的关键段落与我们这最后一节相关(L 56-59)。历史的目的不可能是一种无止境的阶段性进程,必须假定它具有"一种确定的形态,并且以一种确定的方式来描绘自身"。

> 假如不断出现的仅仅是一些新原则,世界史就不会有任何指向目标的目的……可是,被宗教和理性承认为饶有趣味的,只是真实的、自在自为地存在的东西,以及没有任何限制和并不单纯瞬息即逝的东西。(L 56、57)

---

① *Early Theological Writings*,页306、307。*Tragedy, Recognition, and the Death of God: Studies in Hegel and Nietzsche*(Oxford University Press,2012)第十章引用了这一段落。

这个终极目的的确定形式是什么？人们往往说那便是"善"，但善本身是不确定的。如果我们转向宗教（我们必须这样做），据说"人类应当获得永久的和平，应当被圣洁化"。一方面，因其考虑到个体，这的确就是真正的宗教目的；目的即是灵魂在其中找寻到其救赎的东西。但这个目标似乎是属于未来和彼岸的，是"在那边"的东西，而我们则对此时此地的日常活动感兴趣。这个世界可能仍然是预备给并且通向一个彼岸目的的地方，但在这一情形之中，它具有手段的特性。[176]然而，事情不会是这样。

> 通向目的的道路不单纯是手段，而且同时也是绝对的事实本身（die absolute Sache selbst），是绝对的历史，个人在其中只不过是单个的环节。(L 58)

历史的绝对Sache[事实]是什么？用宗教的术语来说，不过就是"对上帝的赞美和上帝的荣耀（die Verherrlichung Gottes und seiner Ehre）"。上帝是历史的目的，上帝在历史中显现为一种"绝对的历史"，个人在其中只不过是个别的环节。

> 精神的绝对者是万物的绝对者，是神圣的存在者。因此，精神的目的、精神的绝对冲动因而就是要获得一种对于这个存在者的意识，所以这个存在者作为唯独存在的和真正的东西被知晓。万物都借由它而产生和发展，所以万物都必定会据此得到安排，并且确实以这样的方式得到了安排。因此它是这样一种神圣的威力，这种神圣威力曾经引领过并且现在

仍引领着,曾经支配过并且现在仍支配着世界史进程。在这些个行动和事业中,关于这一点的认识,就是宗教通过给予上帝以尊崇,或是借由赞颂真理而表达的那些东西……在上帝的荣耀中,个人的精神也有它的荣耀。这不是它特有的荣耀;相反,它的荣耀是由于认识到它的自我感知就是对上帝的实质性意识,它的行动就是对上帝、对绝对者的尊崇。在这一知识中,个人的精神已达到它的真理和自由,它就必须同纯粹概念、同绝对者打交道。它不再处在任何事物那里,而是在它自身之中,在它的本质之中;不是在一个偶然事物那里,而是在绝对的自由中。因此,这应当是世界史的终极目的……在此,自然死亡也不再存在,永恒的循环已经完成。(L 58、59)[①]

那构成给予上帝以尊崇和荣耀的"承认"不是什么发生在超越历史的将来之中的东西,而是切实发生在每一环节中的事实。一旦"绝对历史"填满真实的历史,终结就发生在历史之中。这种承认所呈现出来的不只是宗教的和认识的形式,还有社会的和伦理的形式。后者在某些方面更为重要,因为它们构成了建筑上帝之国的工作——一种在历史之中总是没有完成而只在上帝之中完成了的工作。这份工作有着一种渐进式的维度,但这一进程是碎片化的、模糊不清的。因此,尽管黑格尔强调当下的实现,但一种末世论的张力仍然存在。

[177]上帝之国(das Reich Gottes)的图景并不见于《世界史哲

---

① 该段落在第二章引用过,这里重复引用是由于它对一种神学目的问题以及一种历史目的问题很重要。

学讲演录》,但这一图景时常出现在《宗教哲学讲演录》中,黑格尔在那里提到了三个王国——圣父之国、圣子之国、圣灵之国。上帝之国不是圣父之国,后者是内在的三位一体的象征。上帝之国是圣子之国(耶稣所宣称的 basileia[王国]),并且尤其是圣灵之国(das Reich des Geistes)。圣灵之国并不仅仅是一个 Reich[王国]、一个国度或一种统治,更是一个 Gemeinde[团体]、一个共同体,而且黑格尔一再强调共同体这个面相。传统上与王权相联系的统治体系被克服了。上帝作为圣灵的共同体并在其中出现,上帝的统治是构建共同体。① 王国是一种延伸的比喻:它在被宣告的时候就形成了,但它提供了一个关于世界可能变成什么样子的愿景。它是"已经和尚未"。它那尚未完成的特性并不指向一个按时间顺序排列的、在未来终结的事件,而是指向尚未完成并且一直在行进中的历史本质;这至少是黑格尔的解释,他的解释是圣经图景的一个可靠版本。

在《法哲学原理》中,王国比喻被拓展到社会生活和伦理生活之中。黑格尔在那里谈及"自由得到实现了的王国(das Reich der verwirklichten Freiheit),精神世界作为一种第二本性"从自身之中产生出来。② "第一本性"是人类从大地的尘土中创生;"第二本性"则是精神世界的创生,这是一个交往世界(social world),这个世界的宿命是成为一个自由得到实现了的王国。第二本性从精神

---

① *Lectures on the Philosophy of Religion*,卷三,页133、142、152、362。参见 Peter C. Hodgson, *Hegel and Christian Theolog*, Oxford: Oxford University Press, 2005,页182。

② *Elements of the Philosophy of Right*, §4,页35。

自身之中产生出来,因为精神的本性恰恰就是主体间性,即一个相互承认的共同体。这种第二本性也是圣灵之国,圣灵之国不仅显现在信仰和崇拜之中,也显现在伦理生活之中。这种联结在宗教哲学中显而易见。黑格尔说,所需要的是"从教会的子宫中孕育出一种自由的生活,一种市民的、政治的生活;从永恒的原则中,派生出一种理性的、世俗的王国,这个王国与自由的理念和权利的绝对特征协调一致"。① 黑格尔描述了世俗化的过程,通过这一过程,教会的原则也成为世界的原则,[178]并在市民的和政治的结构中制度化。但自由王国保留了一种宗教和神学上的渊源,因为在历史中起作用的终归是上帝。

特洛尔奇在其权威著作《基督教会的社会教导》的结尾处,用了一些必定会让人联想到黑格尔且又纠正了黑格尔的语句:

> 在这个世界上,几乎没有任何其他力量能[让基督徒]在大地上创造出一个具有完整的社会伦理有机体的上帝之国……每一理念都仍然面临着残酷的现实,一切向上的运动都受到内在困难和外在困难的制约和阻碍。没有哪个地方存在着一种只等待被发现的绝对的基督教伦理;我们所能做的就是学会在前后相继的各个阶段中控制世界局势,就像早先的基督教伦理以自己的方式所做的那样。物质的本性和人性也没有绝对的伦理改善;唯一存在的就是不断地与他们提出的问题作斗争……只有教条式的空想家和盲目崇信宗教之人才

---

① *Lectures on the Philosophy of Religion*,卷三,页 151、152。

不肯承认这些事实。信念是生命奋斗的能量源泉,但生命仍然是一场战斗,基于不断更新的前线而持续调整。每当一个令人惊惧的深渊闭合,就会出现另一个难以逾越的鸿沟。真理是——这是整件事情的结论,上帝之国就在我们之内。我们必须让我们的光照耀在众人面前,通过坚定而不知疲倦的劳动,让他们看见我们的善行,进而将荣耀归给我们在天上的父。一切人类的终极目的都隐藏在上帝手中。①

特洛尔奇是为数不多的对黑格尔《世界史哲学讲演录》有着深刻理解的神学家。他恰好是在第一次世界大战之前写下了这些话。若是黑格尔本人亲历了不止一次而是两次世界大战的毁灭,很难想象他不会写出这样的文字。

黑格尔对世俗化和以历史为导向的末世论的强调受到了近现代神学家的批评。即便是云格尔——此人在承认上帝的审判需要的是和解而不是惩罚这一点上甚有助益,也认为这一审判是以一切历史的终结为前提,因此是一场最后的审判("最后的"是按照时间顺序而不是按照目的意义来解释?)。从基督教的观点来看,我们不能说世界审判是作为世界史而被完成的;更确切地说,这是一个指导或引领世界史的审判问题。云格尔说,黑格尔的问题在于,上帝的个别责任被世界进程所取代。如果没有一个最终的神圣审

---

① 译文参照 Ernst Troeltsch, *The Social Teaching of the Christian Churches*, trans. Olive Wyon, London: George Allen & Unwin, 1931,卷二,页 1013,有改动。

判与之相对,世界史就会成为世界审判。19 世纪曾经自豪地断言,[179]世界史在自由意识中前进,但在 20 世纪的恐怖和大屠杀之后,这一论断很难再被重复。最终审判(或审判之"日")将世上正在发生的事情引向光明。对存活过的生命来说,最严厉的审判莫过于受福音之光而引发的审判。荷尔德林(Friedrich Hölderlin)比黑格尔更清楚地看到,世界史本身是昏暗且模糊的。在其著作的最后几段中,云格尔似乎退回到了一种先验的、末世论的世界法官形象,这位法官把人类从他们不得不成为自己的法官的负担中解脱出来,并让他们从未能意识到人类渴望像上帝那样超越失败的局限中解脱出来。原罪和罪恶(sin and guilt)必须由世界的审判者来揭露;否则就会有无穷无尽的罪恶和惩罚的压迫。①

类似地,潘能伯格(Wolfhart Pannenberg)说,基督教末世论必须处在"现在完成时"的时态中:时间已经被充盈(fulfilled),但尚未完成;这种完成不可能借助世界史而发生。黑格尔关于基督教自由实现(Verwirklichung)的[过程]实际上是一种世俗化(Verweltlichung)。自由在上帝之中依靠"对完满(Vollendung)的一种预先把握(Vorgriff)"而活着,而这种预先把握仍在等待怀抱信仰的人们。否则当下就会被过分强调,当下之不完善的现实就会在其对完满的要求中被粉碎。真正的末世论不能在概念上被理性所同化。但是,如果它期望在未来之中的完善——这是理性的,那么黑

---

① Eberhard Jüngel,"'Die Weltgeschichte ist das Weltgericht' aus theologischer Perspektive" in *Die Weltgeschichte—das Weltgericht?*,2001,页 25-33。

格尔的论点,即建基于上帝的人类自由在尘世中的实现,一方面便不会遭受批判性揭露,另一方面也不会遭遇被强制推行的命运。①

我赞同这些批评,并且认识到许多人特别是基督徒同胞们会同意他们。但是我要提醒这些基督徒同胞们,黑格尔为我们提供了一个非常好的资源,以便我们从神学上来理解上帝如何在历史中运作。我提醒非基督徒,神学是黑格尔思想的一个基本维度、一个很难被忽视的维度。我曾经主张,黑格尔的神学是可信的和有用的,但我知道,我不过是激起了关于这些问题的争辩。

[180]关于潘能伯格,我有两个问题:首先,基督教自由的世俗化有何问题?没有世俗化,自由仍旧是一个纯粹的宗教概念,也就没有任何转化会出现在日常世界。其次,什么样的未来被预见到了?这是不是一个特定的年代先后意义上的终结,在这一终结里,世界的疾病得以解救,因着基督的超自然回归,审判被加诸善恶之上?在我看来,这样的期望是一种幻觉,因为世界不太会遵循一种末世论而走向终结,而更可能以一场核爆炸结束,或者最好是在一阵呜咽②中结束——人类生活逐渐从这个地球上消失,因为环境会在下一个冰河时代或者由于全球变暖而变得让人难以忍受,或者被一颗陨星击中,或者消失在一个黑洞中(后面两种情况或许更应算作一场爆炸而不是一阵呜咽)。宇宙历史中接下来会发生什么

---

① Wolfhart Pannenberg, "Präsentische Eschatologie in Hegels Geschichtsphilosophie" in *Die Weltgeschichte—das Weltgericht?*, 2001, 页312-322。

② 参见T. S. Eliot, "The Hollow Men," *The Complete Poems and Plays*, New York: Harcourt, Brace, 1950, 页59。

是不可知的，但我们所知的人类终结不会是上帝的终结。

云格尔的批评比潘能伯格的更为细致入微，但他也保留了一种与世界史相互对立的救赎史。他似乎退回到一种惩罚-审判模式之中，伴之以他那末世论世界法官的形象。事实上，云格尔所说的大部分意在纠正黑格尔的话与黑格尔本人关于历史的模糊性和悲剧性的观点类似，但在这一点上，黑格尔的观点需要按照云格尔所指示的方向加以巩固（世界审判指导并引领世界史，而非简单地被当作世界史的完成）。对黑格尔来说，历史也必须是一个持续到未来的过程，并且没有历史乌托邦式的终结，自由的实现必须始终是一项有待完成的任务。上帝的工作恰恰就是在历史之中、在这个世俗的世界里，而我们则对这一当下环节负有责任。不同寻常的是，在这一当下环节中，我们是那个绝对的代理人。上帝通过我们的责任来履行责任。这绝对不是一个静态的自给自足的数量，而是一种包罗万象的关联性，一种无限的主体间性，一种成为内在于一个这一个的、痛苦的、在自由中的爱的工程。在这项工程中，每个人作为一个特殊的这一个都有其角色，并且通过知晓上帝业已经受过的特定的人类苦难而增强了胆色（参照 L 351–353）。

[181] 在我看来，黑格尔的真正局限在于，他没能从他所取材的那些材料推进到一种多元文化和多元宗教的视角。这样的视角也不可能在19世纪早期达成，而且在今天也仍然难以达到。自由诸形态显露在不同的文化和宗教之中，并且可以扩展犹太教-基督教的范式。近些年，佛教、神道教、印度教以及穆斯林的文化中已经出现了这样的事例。但其中也会出现强烈的抵触和差异，它们

既出现在各种文化和宗教自身之内,也出现在各种文化和宗教之间。亚伯拉罕宗教(犹太教、基督教、伊斯兰教)的各种原教旨主义学说之间相互敌对、昧于无知,这些学说对全球性的对话造成了一种持续性的阻碍。世界史业已成为一项复杂得多的工程,但也是一项至为迫切的工程。这是一项值得新一代思想家去参与其中的任务,他们有能力去超越分歧,寻求一种脆弱的、多元的统一。我们能否大胆设想,这样一种统一将会围绕着自由诸形态而联合起来?

参考文献

黑格尔著作(德文)

Vorlesungen über die Philosophie der Weltgeschichte (Berlin 1822—1823), ed. Karl Heinz Ilting, Karl Brehmer, and Hoo Nam Seelmann, in *Vorlesungen: Ausgewählte Nachschriften und Manuskripte* (Hamburg: Felix Meiner, 1996), xii; contains transcriptions of the lectures of 1822—1823 by K. G. J. von Griesheim and H. G. Hotho.

Vorlesungen über die Philosophie der Weltgeschichte, 1st edn., ed. Eduard Gans, in *Werke: Vollständige Ausgabe* (Berlin: Duncker & Humblot, 1837), ix; 2nd edn., ed. Karl Hegel, in *Werke: Vollständige Ausgabe* (Berlin: Duncker & Humblot, 1840), ix.

Vorlesungen über die Philosophie der Weltgeschichte, ed [.] Georg Lasson, 4 vols. (Leipzig: Felix Meiner, 1917—1920), i. *Die Vernunft in der Geschichte*, rev. and reissued by Johannes Hoffmeister (Hamburg: Felix Meiner, 1955).

Vorlesungsmanuskripte II (*1816—1831*), ed. Walter Jaeschke, in *Gesammelte Werke* (Hamburg: Felix Meiner Verlag, 1995), xviii; contains manuscripts of the introduction to the *Philosophie der Weltgeschichte*.

Phänomenologie des Geistes, ed. Johannes Hoffmeister (Hamburg: Felix Meiner, 1952).

黑格尔著作(英译)

Lectures on the Philosophy of World History, i. *Manuscripts of the Introduction and the Lectures of 1822—1823*, ed. and trans. from the Jaeschke and Ilting/Brehmer/Seelmann edns. by Robert F. Brown and Peter C. Hodgson, with the assistance of William G. Geuss (Oxford:Clarendon, 2011).

Lectures on the Philosophy of World History. Introduction: Reason in History, trans. From the Hoffmeister edn. by H. B. Nisbet, with an introduction by Duncan Forbes (Cambridge:Cambridge University Press, 1975).

The Philosophy of History, trans. from the K. Hegel edition (1840) by John Sibree (1857), with a new introduction by C. J. Friedrich (New York:Dover, 1956).

Reason in History: A General Introduction to the Philosophy of History, trans. from the K. Hegel edn., with passages from the Gans and Lasson editions, by Robert S. Hartman (New York:Bobbs-Merrill, 1953).

Aesthetics:Lectures on Fine Art, trans. T. M. Knox, 2 vols. (Oxford:Clarendon, 1975).

Early Theological Writings, trans. T. M. Knox and Richard Kroner (Chicago, IL:University of Chicago Press, 1948).

Elements of the Philosophy of Right, ed. Allen W. Wood, trans. H. B. Nisbet (Cambridge:Cambridge University Press, 1991).

Encyclopedia of the Philosophical Sciences, pt. 1. *The Encyclopaedia Logic*, trans. T. F. Geraets, W. A. Suchting, and H. S. Harris (Indianapolis, IN: Hackett, 1991); pt. 2. *Hegel's Philosophy of Nature*, trans. A. V. Miller (Oxford:Clarendon, 1970); pt. 3. *Hegel's Philosophy of Mind*, trans. William Wallace and A. V. Miller (Oxford:Clarendon, 1971).

"The English Reform Bill," in *Hegel's Political Writings*, trans. T. M. Knox with an introductory essay by Z. A. Pelczynski (Oxford:Clarendon, 1964), 295-330.

Faith and Knowledge, trans. Walter Cerf and H. S. Harris (Albany, NY:State

University of New York Press, 1977).

G. W. F. Hegel: Theologian of the Spirit, ed. Peter C. Hodgson (Minneapolis, MN: Fortress, 1997).

Lectures on Natural Right and Political Science: The First Philosophy of Right, Heidelberg 1817—1818, ed. Staff of the Hegel Archives with an introduction by Otto Pöggeler, trans. J. Michael Stewart and Peter C. Hodgson (Berkeley and Los Angeles, CA: University of California Press, 1995; reissued by Oxford University Press, 2012).

Lectures on the History of Philosophy, 1825—1826, ed. Robert F. Brown, trans. R. F. Brown and J. M. Stewart, 3 vols. (Oxford: Clarendon, 2006, 2009).

Lectures on the Philosophy of Religion, ed. Peter C. Hodgson, trans. R. F. Brown, P. C. Hodgson, and J. M. Stewart, 3 vols. (Oxford: Clarendon, 2007).

Lectures on the Proofs of the Existence of God, ed. and trans. Peter C. Hodgson (Oxford: Clarendon, 2007).

Science of Logic, trans. A. V. Miller (London: George Allen & Unwin, 1969).

关于黑格尔世界史哲学以及相关主题的著作

Avineri, Shlomo, *Hegel's Theory of the Modern State* (Cambridge: Cambridge University Press, 1972).

Brauer, Oscar Daniel, *Dialektik der Zeit: Untersuchungen zu Hegel's Metaphysik der Weltgeschichte* (Stuttgart–Bad Cannstatt: Frommann–Holzboog, 1982).

The Cambridge Companion to Hegel and Nineteenth-Century Philosophy, ed. Frederick C. Beiser (New York: Cambridge University Press, 2008). The following essays are cited: Frederick C. Beiser, "Introduction: The Puzzling Hegel Renaissance," 1–14/Glenn Alexander Magee, "Hegel and Mysticism," 253–280.

A Companion to Hegel, ed. Stephen Houlgate and Michael Baur (Oxford: Blackwell (John Wiley & Sons), 2011). The following essays are cited: Frederick

C. Beiser, "Hegel and Ranke: A Re-examination," 332–350; Robert Bernasconi, " 'The Ruling Categories of the World': The Trinity in Hegel's Philosophy of History and the Rise and Fall of Peoples," 315–331; Peter C. Hodgson, "Hegel's Proofs of the Existence of God," 414–429; Robert R. Williams, "Love, Recognition, Spirit: Hegel's *Philosophy of Religion*," 387–413; Allen W. Wood, "Hegel's Political Philosophy," 297–311.

Fackenheim, Emil L., *God's Presence in History: Jewish Affirmations and Philosophical Reflections* (New York: New York University Press, 1970).

——*The Religious Dimension in Hegel's Thought* (Bloomington, IN: Indiana University Press, 1967).

Hegel and Whitehead: Contemporary Perspectives on Systematic Philosophy, ed. George R. Lucas, Jr. (Albany, NY: State University of New York Press, 1986).

Hegel's Political Philosophy: Problems and Perspectives, ed. Z. A. Pelczynski (Cambridge: Cambridge University Press, 1971). The following essays are cited: Z. A. Pelczynski, "The Hegelian Conception of the State," 1–29; J.-F. Suter, "Burke, Hegel, and the French Revolution," 52–72; W. H. Walsh, "Principle and Prejudice in Hegel's Philosophy of History," 181–198.

Heidegger, Martin, *Being and Time*, trans. Joan Stambaugh (Albany, NY: State University of New York Press, 1996).

History and System: Hegel's Philosophy of History, ed. Robert L. Perkins (Albany, NY: State University of New York Press, 1984). The following essays are cited: Shlomo Avineri, "The Fossil and the Phoenix: Hegel and Krochmal on the Jewish Volksgeist," 47–63; Walter Jaeschke, "World History and the History of the Absolute Spirit," 101–115; Merold Westphal, "Hegel and the Reformation," 73–92.

Hodgson, Peter C., *God in History: Shapes of Freedom* (Nashville, TN: Abingdon, 1989).

—— *Hegel and Christian Theology: A Reading of the Lectures on the Philoso-*

phy of Religion (Oxford: Oxford University Press, 2005).

Iljin, Iwan, *Die Philosophie Hegels als kontemplative Gotteslehre* (Berne: Francke, 1946).

Jaeschke, Walter, "Das Geschriebene und das Gesprochene: Wilhelm und Karl Hegel über den Begriff der Philosophie der Weltgeschichte," *Hegel-Studien*, 44 (Hamburg: Felix Meiner, 2009), 13–44.

O'Brien, George Dennis, *Hegel on Reason and History: A Contemporary Interpretation* (Chicago: University of Chicago Press, 1975).

O'Regan, Cyril, *The Heterodox Hegel* (Albany, NY: State University of New York Press, 1994).

Patten, Alan, *Hegel's Idea of Freedom* (Oxford: Oxford University Press, 1999).

Ricœur, Paul, *The Symbolism of Evil*, trans. Emerson Buchanan (Boston, MA: Beacon, 1967).

——*Time and Narrative*, trans. Kathleen Blamey and David Pellauer, 3 vols. (Chicago, IL: University of Chicago Press, 1984, 1985, 1988).

Seelmann, Hoo Nam, "Weltgeschichte als Idee der menschlichen Freiheit: Hegels Geschichtsphilosophie in der Vorlesung von 1822—1823" (doctoral dissertation, University of Saarland; Saarbrücken, 1986).

Siebert, Rudolf J., *Hegel's Philosophy of History: Theological, Humanistic, and Scientific Elements* (Washington, DC: University Press of America, 1979).

Stone, Alison, *Petrified Intelligence: Nature in Hegel's Philosophy* (Albany, NY: State University of New York Press, 2005).

Thiele, Ulrich, *Verfassung, Volksgeist und Religion: Hegels Überlegungen zur Weltgeschichte des Staatsrechts* (Berlin: Duncker & Humblot, 2008).

Troeltsch, Ernst, *The Social Teaching of the Christian Churches*, trans. Olive Wyon, 2 vols. (London: George Allen & Unwin, 1931).

Die Weltgeschichte—das Weltgericht? Stuttgarter Hegel Kongreß 1999, ed. Rüdiger Bubner and Walter Mesch (Stuttgart:Klett-Cotta,2001). The following essays are cited:Eberhard Jüngel,"'Die Weltgeschichte ist das Weltgericht' aus theologischer Perspektive," 14-33;Wolfgang Pannenberg,"Präsentische Eschatologie in Hegels Geschichtsphilosophie," 312-322;Terry Pinkard,"Contingency and Necessity in History:Rethinking Hegel," 95-118;Michael Rosen,"Liberalism,Republicanism and the Public Philosophy of American Democracy," 261-279.

White,Hayden,Metahistory:*The Historical Imagination in Nineteenth-Century Europe* (Baltimore:Johns Hopkins University Press,1973).

Wilkins,Burleigh Taylor,*Hegel's Philosophy of History* (Ithaca,NY:Cornell University Press,1974).

Williams,Robert R. ,*Tragedy, Recognition, and the Death of God:Studies in Hegel and Nietzsche*. Oxford:Oxford University Press,2012.

索 引

本索引基于原书索引制作,译者酌情增加了一些术语,按照汉语拼音顺序排列。索引中的页码为原书页码,即本书[ ]中的页码,如"93-94"表示"参见第93至94页","63注"意为"参见第63页注释"。

A

阿波罗 Apollo 107,111

阿多尼斯 Adonis 103

阿伽门农 Agamemnon 109

阿胡拉·玛兹达 Ormazd 102

阿喀琉斯 Achilles 108

阿里曼 Ahriman 102

阿那克萨戈拉 Anaxagoras 26

阿斯塔特 Astarte 103

阿维内瑞 Avineri, Shlomo 63注,74注,78,104注,121注

埃及 Egypt 84,89注1,93-94,104-108,111,116注,156

埃克施泰因男爵 Eckstein, Baron von 50

爱 love 47,57,65-66,120,159,161,174-175

艾略特 Eliot, T. S. 180注

艾希霍恩 Eichhorn, J. G. 18

奥布莱恩 O'Brien, George Dennis 4注,17-18,28注,38注,54,92

奥古斯都大帝/凯撒·奥古斯都 Caesar Augustus 119

奥里根 O'Regan, Cyril 159

奥林匹斯山众神 Olympian gods 111

奥斯曼土耳其 Ottoman Turks 127

奥西里斯 Osiris 105

B

巴比伦 Babylonia 102-103

巴特 Barth, Karl 145注

巴伊 Bailly, Jean Sylvain 50

拜泽尔 Beiser, Frederick 11 注, 19-20, 29-30

鲍尔 Bauer, Bruno 143

鲍尔 Baur, Ferdinand Christian 147

暴力的衰减 decline of violence 62 注

报应 retribution 46-77, 171-173

悲剧 tragedy 115-116, 135, 159-161, 168-169

北美洲 North America 82-83, 135-136

北欧民族 Nordic people 118, 123

贝尔纳斯科尼 Bernasconi, Robert 86 注, 101 注, 124 注, 157 注

本体论神学 ontotheology 11, 23, 58, 146

变化（改变）change（alteration）21-22, 37, 42, 52

表象 representation（Vorstellung）12, 14-15, 76, 115, 120; appearance 120

波塞冬 Poseidon 111

波斯 Persia 86, 89 注, 93, 96 注, 100-104, 108, 114

柏拉图 Plato 115

伯罗奔尼撒战争 Peloponnesian War 115

珀律比俄斯 Polybius 16, 116

不安的极乐 disquieted bliss/ungl-ückselige Seligkeit 135, 141

不列颠尼亚 Britannia 87

不完善的中介 mediation, imperfect 138-139

布朗 Brown, Robert F. 3

布劳尔 Brauer, Oscar Daniel 11 注, 51, 146-147 注

布雷默 Brehmer, Karl 3 注

不死鸟 phoenix 22

C

财富 wealth 83, 135

查埋曼大帝 Charlemagne 126-127

差异/区别 difference 18, 77-78, 137, 149, 157, 159

成年时期 adulthood 53, 90

承认（相互承认、承认的共同体）recognition（mutual, community of）29, 63, 66, 69-72, 142, 160, 177

持存 subsist, subsistance 25, 34,

船 ship 87-88

创造, 创造力 creation, creativity 22, 42, 47, 49, 121 注, 174, 177

存在与概念 being and concept 153-154

D

《大逻辑》Science of Logic 45, 60 注, 159 注, 160 注

大陆 continents 81, 83-84

大屠杀 Holocaust 169

倒退和前进 retrogression and progression 54-55

德国 Germany 126, 128, 131, 132 注, 133, 136

德朗布尔 Delambre, Jean Joseph 50

狄奥多罗斯·西库卢斯（即西西里的狄奥多罗斯）Diodorus Siculus 105, 108 注

地理 geography 64, 80-88

蒂利希 Tillich, Paul 68
地中海 Mediterranean Sea 83-84, 87, 119
蒂勒 Thiele, Ulrich 61-62, 140 注
定在 existence/Dasein
东方世界 Oriental World 3, 37-38, 81 注, 92-108, 113, 另参中国、印度、波斯、埃及 China, India, Persia, Egypt
东西(方) East and West 114, 120, 126-127
动物 animals 36, 43, 49, 105-106
多元统一和单一统一 multiverse and universe 137
多元文化视角 multicultural perspe-ctive 181
多元主义，多元视角 pluralism, pluriform vision 40, 180

E

恶 evil 43-47, 159-160, 167-168, 171

F

发展 development 33, 48-62
法国 France 127
法国大革命 French Revolution 67, 85, 132 注
法肯海姆 Fackenheim, Emil L. 47 注
法律/规律 law 66
《法哲学原理》Philosophy of Right 5, 7, 63-64, 69-70, 74 注, 78-79, 135 注, 167 注, 168 注, 177

反思的历史 reflective history 15-20
抽象的或具体的 abstractive or specialized~ 17-18
批判的 critical~ 17-18
普遍的(探索和堆积) universal~ (surveys and compilations) 15-16, 18
实用的(道德的、理性的) pragmatic (moral, rational) ~ 16-18
泛神论 pantheism 97, 99, 144
泛神内在论 panentheism 144
菲尔多西 Firdawsi 103
非基础性的基础 non-foundational foundation 11, 155
非洲 Africa 84-86
腓尼基人 Phoenicians 103
费尔巴哈 Feuerbach, Ludwig 61, 143
费希特 Fichte, Johann Gottlieb 19
佛教 Buddhism 100
佛陀 Buddha 94, 96, 100
否定的、否定性的 negative
福山 Fukuyama, Francis 61
复辟政治家 Restoration politics 50
复活 resurrection 130, 161
妇女 women 79, 95, 99, 103, 105, 117, 128

G

概念与存在 concept and being 153-154
甘斯 Gans, Eduard 80
感受/感知 feeling 59, 128, 130, 157, 176

高加索民族 Caucasian race 101 注
格里斯海姆 Griesheim, K. G. J. von 3-4, 41 注
革命 revolutions 134
公民身份 citizenship 66,69,79
共和主义 republicanism 67,73
古波斯人 Zend people 102
古代波斯的阿维斯塔 Zend-Avesta 102
古代杰出的遗迹 ruins of ancient excellence 21-22
《关于上帝定在的证明的讲演》Lectures on the Proofs of the Existence of God 25 注,41 注,147-155,159 注
光明 light 102,107-108
贵族 aristocracy 72-73,118
国家 state
  对国家的误解 misconceptions of ~ 68-69
  国家的概念 concept of ~ 63-72
  国家的社会性 sociality of ~ 63-72
  国家的有机体观点 organic view of ~ 65-66,72,122
  国家与地理 ~ and geography 64,80-88
  国家与个体 ~ and individuals 65-67,71-72
  国家与教会 ~ and church 91
  国家与市民社会 ~ and civil society 69-70
  国家与政体 ~ and constitution 71-75
  国家与自然 ~ and nature 63,80-88
  国家与宗教 ~ and religion 67-68,76-79
  国家与宗教、艺术、科学、文化 ~ and religion, art, science, culture 66,75-80
  国家作为大地上最高的权力 ~ as highest power on earth 170
  国家作为自由的实现 ~ as the actualization of freedom 63-88,91-92
  社群主义的国家观 VS 契约论的国家观 communitarian vs. contractarian views of ~ 66-67,69-70
过程哲学 process philosophy 48,174
过渡,历史性的 transition,historical 53
过度教化 over-refinement 52-54

H

海德格尔 Heidegger, Martin 33 注,51 注
航海 seafaring 87-88
和解 reconciliation 46-47,132,135,141,160-161,167-168,170-174
合作(VS 同质化或不相容) collaboration (vs. homogenization or incompati-bility) 62
荷马 Homer 108-109
赫尔德 Herder, Johann Gottfried 136
荷尔德林 Hölderlin, Friedrich 179
赫尔墨斯(希腊神) Hermes (Greek god) 26 注
赫尔墨斯主义 Hermeticism 26
黑格尔 Hegel, Georg Wilhelm Friedrich
  对黑格尔的不同解读(因循传统的、形而上学的、历史主义的、人道的) diverse readings of ~ (conventionalist, metaphys-

ical, historicist, civic humanist) 145–146

对黑格尔的神学解读 theological reading of ~ 141–147

黑格尔的形而上学或本体论神学视角 metaphysical or ontotheological perspective of ~ 11, 30, 70–71

黑格尔的真正局限 true limitation of ~ 181

黑格尔的政治观点 political views of ~ 63–75

黑格尔对"一般的"历史学家的批判 his critique of "ordinary" historians 18–20, 26, 56

黑格尔对现代性的态度 his attitude toward modernity 132–135

黑格尔关于历史的哲学概念 his philosophical conception of history 31–62

黑格尔关于世界史哲学的讲演 his lectures on the philosophy of world history 1–6

黑格尔论历史编纂的模式 on the modes of writing history 11–27

黑格尔论世界史的进程 on the course of world history 89–140

黑格尔思想的历史性 historicality of his thought 6, 10, 33–34

黑格尔提供了一种对神学传统的概念性重构 ~ offers a conceptual reconstruction of the theological tradition 147

黑格尔与神学 ~ and theology 141–181

作为现代自由神学之父的黑格尔 ~ as a father of modern liberal theology 147

卡尔·黑格尔 Hegel, Karl 3–4, 44, 80

黑人 Negroes 84–86

亨廷顿 Huntingdon, Samuel 61

洪堡 Humboldt, Alexander von 81 注

怀特 White, Hayden 25 注, 32–33

回击 counterstroke/Gegenschlag 41, 155

霍夫迈斯特 Hoffmeister, Johannes 80

霍托 Hotho, H. G. 3–4, 41 注

J

基督(耶稣基督) Christ (Jesus Christ) 129–130, 157–158, 161

基督教 Christianity 78, 90–91, 112, 118–123, 125, 128–132, 154, 156–157

基督神学 christology 161

机械论 mechanism 60

机遇(偶然性) chance (contingency) 23, 27, 112–113

记忆 memory 13

家庭/家族 family 65–66, 69, 79

建筑 architecture 106

奖惩 reward and punishment 171–173

教化 refinement [Bildung] 52–53

教会 church 91, 122, 127 注, 128, 131, 133, 158, 169, 177

集体谬误 collective fallacy 69

近东 Near East 89 注, 101 注, 116

进化/演进 evolution 49, 81

精神 spirit (Geist)

精神的发展 development of ~ 48–62

精神的概念或含义 concept or meaning of ~ 6-7,25,29-30,34-37

精神的劳作 labor of ~ 35

精神的历史 history of ~ 92

精神的提升和转变 elevation and transfiguration of ~ 22

精神实现的手段和质料 means and material of its actualization 40,48,63

精神像一只鼹鼠那样藏身于地下 ~ burrows underground like a mole 56 注

精神依靠自身的活动造就自身 ~ makes itself by its own activity 36-37,88

精神与形态 ~ and shape 7

精神与自然 ~ and nature 39, 80-88, 106,111

精神在时间中自动向西移动 ~ moves through time from East to West 93

上帝被界定为精神 God defined as ~ 157

作为自在地自由的精神 ~ as intrinsically free 34-37

作为一个集体的单一的或多元的统一的精神 ~ as a collective singular or plural unity 138

由自然向精神转化的环节 moment of changeover from nature to spirit 104

精神共同体,圣灵的 community of spirit, of the Spirit 10,71,91,143,161,177

《精神现象学》Phenomenology of Spirit 7

警察 police 74

救赎 redemption 46,171-172

救赎的惩罚观 penal view of redemption 171-172,180

救赎史 salvation history 9,172,180

居鲁士 Cyrus 103

绝对精神 absolute spirit 6,7,10-11,21, 25,35,51,59,137,142,155-157

君主制,绝对的,参专制政体的 monarchy, absolute, see despotism constitutional 72-75,113,122

K

尤里乌斯·凯撒 Caesar, Julius 42,87,119

看不见的手 invisible hand 70

康德 Kant, Immanuel 19,67,76,138,152-153,170,173

考夫曼 Kaufmann, Walter 78 注

克罗赫马尔 Krochmal, Nachman 63 注, 104 注

克罗诺斯 Chronos (Greek god) 51

肯定的、肯定性的 positive

客体/对象 object, 参主体 subject

L

拉法耶特侯爵 Lafayette, Marquis de 73

拉梅内神甫 Lamennais, Abbé 50

拉松 Lasson, Georg 4 注,80

喇嘛教 Lamaism 96,100

莱布尼茨 Leibniz, Gottfried Wilhelm 167-168

莱辛 Lessing, Gotthold Ephraim 38,153

索 引

兰克 Ranke, Leopold von 16, 18-20
老年时期或成熟时期 old age or maturity 90
老子 Lao-Tse 96
理念/观念/思想 idea/Idee
　绝对理念 absolute ~ 36, 120, 124
　理念的表象 appearance of ~ 120
　理念的肯定性运作 positive work of ~ 43, 47-48
　理念的否定性运作 negative work of ~ 43-47
　理念与本质 ~ and nature 81
　理念在这个世界之中的实现 actualization of ~ in the world 42, 43-45, 60-61
　理念作为各民族和世界的向导 ~ as the guide of peoples and of the world 21
　理念作为上帝的意志（或上帝）~ as God's will (or God) 24, 36, 40
　理念作为上帝在自身之中的永恒生命 ~ as the eternal life of God within itself 42
　同一 - 差异 - 中介 identity-difference-mediation 18, 137, 157
　在人类自由和伦理生活的要素中的理念 ~ in the element of human freedom and ethical life 36, 40
　作为神圣理想的理念 ~ as divine ideals 40-48
　作为诱惑的理念 ~ as lure 47-48
里特尔 Ritter, Carl 81 注
李维（提图斯·李维乌斯）Livy (Titus Livius) 16
理性 reason (Vernunft)
　理性的狡计 cunning of ~ 44-47, 70 注, 165, 170-171
　理性的结构任务 deconstructive task of ~ 57
　理性的逻辑认识 logical cognition of ~ 23
　理性将自身中的差异把握为一种统一 ~ grasps distinctions within itself as a unity 133
　理性与语言 ~ and language 166-167
　理性与知性相对立的 ~ as opposed to understanding 18
　理性与宗教 ~ and religion 122 注
　理性作为可传达的真理 ~ as communicative truth 138
　理性作为无限的实体、力量、形式、内容 ~ as infinite substance, power, form, content 24-25
　在当下的十字路口出现的理性 ~ as rose in the cross of the present 167
　在世界史中的理性 ~ in world history 22-28, 138
理性的狡计 cunning of reason 44-47, 70 注, 165, 170-171
理性与现实 rationality and actuality 124, 169
理智 intelligence 27, 60, 76
理智表象 intellectual representation (geistige Vorstellung) 12, 14
立法议会 legislative assembly 74-75
利科, 保罗 Ricœur, Paul 13 注, 57 注, 93 注, 137-139, 165 注

历史 history
对历史的本体论-神学的诠释 ontological-theological interpretation of ~ 29-30, 70-71, 146
对历史的伦理-社会诠释 ethical-social interpretation of ~ 29-30
对历史的人本主义诠释 humanist interpretation of ~ 28-30
既作为 historia（叙事）也作为 res gestae（事件）的历史 ~ as both historia (narrative) and res gestae (events) 12-15
经验性历史 empirical ~ 8, 10, 12, 26, 29
历史处理那为真的显现，而不是真理本身 ~ deals with the appearing of what is true, not with truth itself 119
历史的一元化特点 unitary character of ~ 9
历史的含混不清 ambiguity of ~ 172-174, 178-180
历史的进步 progression of ~ 50-58
历史的开端 beginning of ~ 48-50
历史的开放式结局或整全化？ open-ended or totalizing? 138-139
历史的问题（联结主观意志和沟通性统治）problem of ~（uniting subjective will with communitarian governance）132 注
历史的先验构造 a priori construction of ~ 24
历史的先验虚构 a priori fictions in ~ 26
历史的制造物（由神圣理念和人的激情编织的）fabric of ~ (woven from divine idea and human passions) 41-42
历史的主观面相和客观面相 subjective and objective sides of ~ 48, 90
历史的终极目的 final end of ~ 28, 34, 58-60, 91, 174-181
历史编纂的模式 modes of writing ~ 1-2, 11-27
历史与国家相关 ~ is about states 64
历史与精神 ~ and spirit 6-7, 92
历史与神学 ~ and theology 58-60
历史与相对性 ~ and relativity 61-62
历史与虚构 ~ and fiction 13, 92, 93 注
历史与自然 ~ and nature 1, 8, 48-49, 80-88
历史与自由 ~ and freedom 5-6, 31-62
民族历史的各个阶段 periods of ~ in the history of a people 108-109, 118
由自然和精神形塑的历史 ~ formed by nature and spirit 81
与一个人的成长相对比的历史的发展 development of ~ compared with growth of a human being 89-90
在上帝之中的历史 ~ in God 143-144
作为超时性的历史 ~ as surchronic 33, 62, 141
作为共时性的历史 ~ as synchronic 32-33, 40, 62
作为历时性的历史 ~ as diachronic 33, 40, 62
作为上帝作品的历史 ~ as God's work 134
作为屠宰场的历史 ~ as slaughterhouse 5, 43, 107, 173

历史的目的/终结 end, goal, or purpose of history 28,33-34,58-62,91,175-181
历史学家 historians 15-20
历史学派 historical school 18
良知 conscience 68
《列王纪》Shahnameh 103
灵魂不朽 immortality of the soul 107
卢梭 Rousseau, Jean-Jacques 67,75
路德 Luther, Martin 91,131-132,167
伦理生活 ethical life 5,9,35,64-69,122,178-180
《论英国改革法案》"The English Reform Bill" 83 注
《论人类的教育》Die Erziehung des Menschengeschlechts
罗尔斯 Rawls, John 67,79
罗马史 Roman history 20
罗马世界 Roman World 37-38,90,92,116-123,135
个人献身于国家 sacrifice of individuals to the state 116-117
基督教在罗马世界中的到来 arrival of Christianity in~119-122
罗马世界的各阶段 periods of~118
罗马世界的节日 festivals of~118
罗马世界的界限 finitude of~118-120
罗马世界的精神 spirit of~116-118
罗马世界的衰落 downfall of~123
罗马世界的统治 dominion of~119
罗马世界的宗教 religion of~117-118
罗马世界以及罗马权力的形成 and formation of Roman power 117-119
罗曼民族 Romance peoples 124-125,134
罗森 Rosen, Michael 66-67
螺旋上升 VS 线性前进 helical spiral vs. linear progression 54-55,152

M

马克思 Marx, Karl 75,143
马其顿的腓力 Philip of Macedon 115
马扎尔人 Magyars 125
麦基 Magee, Glenn Alexander 26 注
蛮族 barbarians 123
满足，相比于幸福 satisfaction, compared with happiness 42
美 beauty 110-111,114-115,117,147 注
美利坚合众国/美国 United States 82,139
《美学讲演录》Aesthetics: Lectures on Fine Art 135 注
美学范式 aesthetic paradigm 146
谜 enigma 105
弥撒献祭 Mass, sacrifice of the 129
民主 democracy 72-75,113,139-140
民族精神/世俗精神 spirit of a people, folk-spirit (Volksgeist) 7,9,12,21,25,53,63-70,171
冥界 underworld 107
冥思 meditative thinking [Nachdenken] 26
命运(宿命) fate (destiny) 112,116,164

末世论 eschatology 59,170-173,175-180

目标,参目的 purpose, see end

目的论 teleology 8,60,151,153 174,178

N

拿破仑 Napoleon Bonaparte 82

南美洲 South America 82

尼布尔 Niebuhr, Barthold Georg 17-18,20

奴隶制 slavery 38, 84-86, 113-114, 121-122

努斯 nous 26,27

O

欧盟 European Union 140

欧洲 Europe 84,87,123-126,另参日耳曼世界 Germanic World

欧洲中心主义偏见 Eurocentric bias 81 注,124

偶然性与必然性 contingency and necessity 152-153

P

帕滕 Patten, Alan 29 注,35 注,69-71,75, 145-146

潘能伯格 Pannenberg, Wolfhart 179-180

泡撒尼阿斯 Pausanias 108 注

佩尔岑斯基 Pelczynski, Z. A. 70 注

皮平 Pippin, Robert 11 注,143

贫穷 poverty 83,135

平卡德 Pinkard, Terry 11 注,28-29,143

平克尔 Pinker, Steven 62 注

平原 plains 84,86

普遍的 universal 21, 36, 42, 44, 53, 61-62,65-66, 69, 72, 76, 90, 96, 107, 112,115,120,143-144,156,164

普鲁塔克 Plutarch 116

普瓦捷(图尔的)Poitiers (Tours) 127

Q

启蒙运动 Enlightenment 54,77,132 注,133

气候 climate 81,86,140

枪支暴力 gun violence 27-28

青年/青年时期,富于青年气息的 youth, youthfulness 89-90,108

激情 passions 33,40-48,53,64,68,91

权力平衡(政体的) balance of powers (constitutional) 74-75

诠释学循环 hermeneutical circle 23,25-26

R

人/人类、人性 human being(s), humanity

人必须达成他们的自由 ~ must accomplish their freedom 37-38

人的激情 passions of ~ 40-48

人的人类学-本体论的结构 anthropological-ontological structures of ~ 160

人的自我知识 self-knowledge of ~ 107-108

人根据地域条件而不同 ~ differ in accord with geographical conditions 81,84,86

人类成长的各个阶段 stages in the growth of ~ 89-90

人类只有在与更高存在的意识相一致的情况下才会获得价值 ~ acquire value only in concert with the consciousness of a higher being 85

人与动物 ~ and animals 36,49,105-106

人与上帝 ~ and God 59,76-78,110-111, 120-121,141-145

人作为绝对者的代理人 ~ as agents of the absolute 180

作为悲剧的人 ~ as tragic 160

作为本质上自由的人 ~ as intrinsically free 34-37,39

作为精神的适当的感性形象的人 ~ as the appropriate sensible figure of the spiritual 106

作为一种更高的目的的手段的人 ~ as instruments of a higher end 44-46

作为在认识上无限、在意志上有限的人 ~ as infinite in cognizing, limited in willing 76

人本主义 humanism 28-30,68,70,141-142,143-145

人类的教育 education of the human race 38

日耳曼民族/日耳曼人 Germanic peoples 123-125,128

日耳曼尼亚 Germania 87,119

日耳曼世界 Germanic World 90-92,123-136

处理日耳曼世界的困难 difficulty in treating ~ 124-125

日耳曼世界的各阶段 periods of ~ 125-126

日耳曼世界的开端 beginning of ~ 125

日耳曼世界以及向近现代的过渡 ~ and transition to modernity 130-132

日耳曼世界与现代性 ~ and modernity 132-136

日耳曼世界与早期中世纪 ~ and early Middle Ages 126-127

日耳曼世界与中世纪 ~ and Middle Ages 127-130

作为等同于"欧洲"的"日耳曼" "Germanic" as equivalent to "European" 123-124

日耳曼原则 Germanic principle 124

S

萨维尼 Savigny, F. C. von 18

塞尔曼 Seelmann, Hoo Nam 3 注,14,15 注

三位一体 Trinity 9-10,120,156-157,161

三位一体的"位格" trinitarian "persons" 156-157

桑德尔 Sandel, Michael 67,79

沙漠 deserts 84

山谷 valleys 84,86

山区 mountains 84,86

善好 good 45-46,159-160

上帝/神 God

对黑格尔的上帝概念的批判 critique of Hegel's concept of ~ 143, 145

对上帝的尊崇和上帝的荣耀 honor and glory of ~ 58-59, 176

黑格尔的上帝概念概要 summary of Hegel's concept of ~ 141-147, 156-158

关于上帝的证明 proofs of ~ 参上帝定在的证明 proofs of the existence of God

内在于上帝的和解 reconciliation intrinsic to ~ 172

凭借信仰在上帝之中的本体论参与 ontological participation in ~ by faith 131

上帝被单纯地把握为思想 ~ grasped purely as thought 104, 120

上帝不是一个范例,而是真实本身 not an example but the true itself 37, 156

上帝不是一种量,而是一种质(一种关系)not a quantity but a quality (a relationship) 129, 143

上帝不是一种至高的存在或巨大的实体 not a supreme being or large entity 11, 23, 40, 60, 149

上帝出于自身并回到自身 ~ goes out from and returns to self 120, 158

上帝的客观性/对象性 objectivity of ~ 150

上帝的秘密 mystery of ~ 165-166

上帝的天意 providence of ~,参天意 providence

上帝的永恒历史 eternal history of ~ 9-10, 33, 138

上帝的正当性 justification of ~,参神正论和爱 theodicy and love 47, 159, 161

上帝的直观先于认识 intuition precedes cognition of ~ 60

上帝的终极目的 final end of ~ 24, 28, 58-60, 174

上帝概念的演进 evolution of the concept of ~ 156-158

上帝观念的重构 reconstruction of the idea of ~ 6, 30, 147

上帝化身为一个人的形象 incarnation of ~ in a human shape 121, 143, 154, 158

上帝将非上帝之物包括在自身之中 ~ includes what is not-God within God 144

上帝受难 suffering of ~ 161, 165, 172, 180

上帝通过人类来运作 ~ works through human beings 180

上帝隐藏在动物的生命中 ~ hidden in animal life 106

上帝与国家 ~ and state 78

上帝与基督 ~ and Christ 129-130, 157-158, 161

上帝与精神 ~ and spirit,参精神 spirit

上帝与理性 ~ and reason 23-25,另参理性 reason

上帝与命运 ~ vs. fate 112

上帝与人类 ~ and human beings 59, 76-78, 110-111, 120-121, 141-145

上帝与圣子 ~ as the Son 156-157

上帝在基督之中的现身 presence of ~ in

Christ 129-130,158

上帝在一个"这一个"中的显现 appearance of ~ in a "this" 78, 111-112, 121,129,154,158

上帝支配(统治)这个世界~governs (rules) the world 23,25,27-28,161-167

上帝之死 death of ~ 45-46,129,159-161,174

上帝自我意识在认识人的过程中认识到其自身 God's self-consciousness knows itself in the knowing of humanity 150-151

上帝作为存在物的存在,自在自为的存在~ as being of beings, being in and for itself 6-7,59

上帝作为太一的自由(或自由中的爱) ~ as the One who is freedom (or loves in freedom) 71,157

上帝作为绝对必然、绝对理智、绝对精神 ~ as absolute necessity, wisdom, and spirit 155-156, 另参绝对精神 absolute spirit

上帝作为历史的内在建筑师 ~ as inner architect of history 38 注,146,165-166

上帝作为历史的终结 ~ as the end of history 176

上帝作为前提而非结果 ~ as presupposition rather than result 149

上帝作为在自由中的爱的能量 ~ as the energy of love-in-freedom 172

上帝作为真正无限 ~ as true infinite 6,77, 144,151

上帝作为主体和实体 ~ as subject and substance 7,25

在历史中的上帝 ~ in history 143-144

在这个世界中的 ~ in the world 60

作为悲剧的上帝 ~ as tragic 159-161, 168-169

作为彼岸的上帝 ~ as a beyond 77-78

作为将一切特殊性容纳并保留在自身之内的普遍 ~ as the universal that embraces and preserves all particularity within itself 144

作为三位一体的上帝 ~ as triune 9-10, 120,156-157,161

作为神的本性与人的本性之统一的上帝 ~ as unity of divine and human nature 76-78,129,143

作为圣灵的上帝 ~ as the Spirit 156-157,161

作为位格的上帝 ~ as personality 157

上帝定在的证明 proofs of the existence of God 147-155

上帝定在的本体论证明 ontological ~ 153-155

上帝定在的目的论证明 teleological ~ 151,153

上帝定在的宇宙论证明 cosmological ~ 151-153

上帝定在的证明与信念 ~ and faith 148

宇宙论、目的论、本体论证明之间相互关涉的段落 reciprocal passage between

cosmological, teleological, ontological proofs 151-152,155

作为人类精神向上帝的提升~as elevation of the human spirit to God 148-149,151

作为上帝的自我证明或自我中介~as God's self-proof or self-mediation 149,151

上帝与人的相互交融 communion of God and humanity with each other 151

上帝之国 kingdom of God 176-178

社会阶层 social classes 74,83,130

社团(政治团体)corporations (political associations) 74

神秘 mystery 165-166

神秘主义 mysticism 26,57

神谱学 theogony 159

神学 theology 30,58-60,127 注,128,138 注,141-181

神正论 theodicy 167-175

在服务于和解之中作为审判的神正论~as judgment in the service of reconciliation 171-172

作为上帝的自我实现和在历史中自我启示的神正论~as God's self-actualization and self-revelation in history 134 注,170

作为上帝正当性的神正论~as justification of God 24,27,46,167,170-172

作为世界审判的神正论~as world judgment 168-171,173

神谕,希腊的 oracles,Greek 111-112

审判 judgment, 参世界审判 world judgment

圣保罗大教堂 St Peter's Church 131,169

圣灵 Holy Spirit 130-131,172

圣灵论 pneumatology 161

施莱尔马赫 Schleiermacher, Friedrich 18,147

施莱格尔 Schlegel,Friedrich 49

狮身人面像 sphinx 105-106

实存,感官的和精神的 presence, sensible and spiritual 129-131,158

时间性,时间 temporality,time 33-34,50-52,139

实践,和理论 praxis,and theory 61

十字架、钉十字架 cross, crucifixion 45-47,159-161,165,173-174

十字军东征 Crusades 129-130

史前史 prehistory 13,50

史学史 historiography 1-2,11-27,99-100

事件与叙事 event and narrative 11-14,18

世界 world 60,82-84,180

世界精神 world spirit (Weltgeist) 6-7,9,21,25,35,108,116,146 注,168-171

世界审判 world judgment (Weltgericht) 46,125,131,168-171,173,178-179,180

世界史 world history (Weltgeschichte)

普遍的世界史 universal~61-62,137,另参历史 history

索 引

世界史的概念 concept of~21-27
世界史的划分 division of~89-92
世界史的结论 conclusion of~134
世界史的进程 course of~89-140
世界史的叙事高潮 narrative climax of~131-132
世界史业已成为一种更加复杂且在今天更为紧迫的项目 ~ has become a more complicated yet urgent project today 181
世界史中的理性 reason in~22-28
世界史走向一个比道德更高的层面 ~ moves on a higher plane than that of morality 56
世界史作为各种文化的一种类型学或地理学 ~ as a typology or geography of cultures 92,104,137
世界史作为精神的局部历史的系列 ~ as series of partial histories of spirit 137
世界史作为在世俗性要素中的精神 ~ as spirit in the element of worldliness 81
哲学的世界史 philosophical ~ 17-18, 21-27, 142
《世界史哲学讲演录》Lectures on the Philosophy of World History (Vorlesungen über die Philosophie der Weltgeschichte)
  1822—1823 年和 1830 年导言 introduction to~ in 1822—1823 and 1830 31-33
《世界史哲学讲演录》的记录稿 transcriptions of~1,3
《世界史哲学讲演录》的手稿 manuscripts of~1-2,11
《世界史哲学讲演录》的文本 texts of ~1-6
《世界史哲学讲演录》的早期版本 earlier editions of~4
《世界史哲学讲演录》的哲学问题 philosophical problems with~4-5
《世界史哲学讲演录》与法哲学 ~ and the Philosophy of Right 5
《世界史哲学讲演录》与整个黑格尔哲学 ~ and the whole of Hegel's philosophy 5-6,10
《世界史哲学讲演录》中的宗教和神学动机 religious and theological motifs in~ 142-146
新版《世界史哲学讲演录》new edition of~4
市民社会(公民社会) civil society 63-64,69-70,75,135
世俗化 secularization 40,177-180
世俗主义 secularism 57,90
手段和目的 means and ends 175-176
赎罪的救赎理论 atonement, ransom theory of 47
赎罪券 indulgences 131
衰落、衰退 decline 22,52-54,109,115-116,126,169
双重冲动 double pulsation 41,155
水域(河流、海洋、大洋) water (rivers, seas, oceans) 83,86-88

斯巴达 Sparta 114-115
思辨的耶稣受难日 speculative Good Friday 174
思辨逆转 speculative reversal 149,155
思辨直观(或思辨哲学) speculative intuition (or philosophy) 18,120,149-151,161
斯宾诺莎 Spinoza, Benedict 48
司法 judiciary 74 [113]
司各特 Scott, Walter 20
思考/思想 thinking, thought 21,24,26, 53,57,66,115,128,另参理性 reason
斯拉夫民族 Slavic peoples 124-125,133
斯密 Smith, Adam 70 注
斯通 Stone, Alison 49 注
死亡 death 45-46,107,159-161
苏格拉底 Socrates 27,115
苏特 Suter, J. -F. 83 注
梭伦 Solon 114
琐罗亚斯德 Zoroaster 102

T

塔西佗 Tacitus, Publius 124 注
泰勒 Taylor, Charles 11 注,143
特洛尔奇 Troeltsch, Ernst 147,170 注,178
提坦 Titans 111
天堂 paradise 49
天意 providence 23,27,29-30,112,124-125,161-167
  关于天意的知识 knowledge of~ 162-163
  天意与命运 ~and fate 164
  天意这一术语的含义 meaning of the term~ 162
  天意作为一种隐秘的内在力量 ~as a veiled inner power 164-165
  既关注个人也关注整体的天意 ~concerns individuals as well as totalities 162-164
  作为神秘关照、指导、智慧的天意 ~as divine care, guidance, wisdom 162-163
  作为一种神秘而被隐喻地表述的天意 ~as a mystery expressed metaphorically 165-167
天主教东方研究 Catholic Oriental studies 49
天主教教会 Catholic Church 82,128-131, 133-134
天主教-新教分裂 Catholic - Protestant schism 133
童年时期 boyhood 89
统一 unity 57,61-62,137
统治 sovereign 74-75
痛苦 anguish 103,135,141,174-175
痛苦的和解 anguished reconciliation/schmerzliche Versöhnung 135,140,141

W

瓦尔什 Walsh, W. H. 80 注,136
威尔金斯 Wilkins, Burleigh Taylor 4 注,

10,13 注,15 注,60

威廉姆斯 Williams, Robert R. 11 注, 76 注, 135, 159-161, 173-175

威权统治 authoritarian rule 139-140

唯物主义(无神论) materialism (atheism) 133

韦斯特法尔 Westphal, Merold 132 注

文化 culture 79-80

文化形成的各个阶段 stages of cultural formation, 52-53

文明 civilization 81, 86

伍德 Wood, Allen W. 74 注

X

西伯特 Siebert, Rudolf J. 29 注, 74

西卜利 Sibree, John 3 注

希波战争 Persian Wars 114

希腊 Greece 9, 14-16, 74, 89-90, 93, 104, 107-116, 118, 139

希腊秘仪 mysteries, Greek 111-112

希腊世界 Greek World 92, 108-116

希腊世界的文化 culture of ~ 110

希腊世界的衰亡 decline and fall of ~ 115-116

希腊精神的成熟 maturity of the Greek spirit 114-115

希腊民族的精神源头 origins of the spirit of the Greek people 109-113

希腊世界的各个阶段 periods of ~ 108-109

希腊世界的哲学 philosophy of ~ 115

希腊世界的政治体制 political constitution of ~ 113

希腊世界的宗教 religion of ~ 110-112

希罗多德 Herodotus 14, 85, 105, 107, 108 注, 114

西西里的狄奥多罗斯 Diodorus of Sicily 参见狄奥多罗斯·西库卢斯

席勒 Schiller, Friedrich 111, 168, 170

现代性 modenity 132-136

相对性, 相对主义 relativity, relativism 61-62, 136

象形文字 hieroglyphics 105

《小逻辑》The Encyclopaedia Logic 30 注, 45 注, 49 注, 60 注, 154 注

效忠[宣誓效忠] fealty 126

谢林 Schelling, Friedrich 49, 153

新柏拉图主义神学家 Neoplatonic theologians 166

新教教会 Protestant Church 132-134

新教教义 Protestantism 40, 134, 147

信仰/信念 faith 23, 39, 112, 121, 131, 148, 158

信仰共同体 community of faith 120, 129, 154, 157, 174

《信仰与知识》Faith and Knowledge 174

形而上学 metaphysics 11, 19-20, 29-30, 51, 71, 145-146, 149, 173

形态(格式塔) shape (Gestalt) 7-9, 52, 110-111

行政部门 executive branch 74-75

幸福, 不幸 happiness, unhappiness 42-

43,119,141,161,174
修昔底德 Thucydides 14,108 注
修正的黑格尔主义 Hegelianism, revised 138-139
虚构与历史 fiction and history 13, 92, 93 注
叙利亚 Syria 103
叙事与事件 narrative and event 11-14,18

Y

雅典 Athens 53,114-115
雅各比 Jacobi, Friedrich Heinrich 19,153
亚里士多德 Aristotle 65
亚历山大大帝 Alexander the Great 87,98-99,108,115-116
亚述 Assyria 102
亚洲 Asia 84,86-87, 另参东方世界 Oriental World
耶施克 Jaeschke, Walter 2, 3, 10 注, 11 注, 60-61
伊尔廷 Ilting, Karl Heinz 3 注
伊斯兰 Islam 77,103,125-127
伊万, 伊尔金 Iljin, Iwan 159
伊西丝 Isis 105
以色列 Israel 103-104
意识, 自我意识 consciousness, self-consciousness 7, 13-14, 18, 20, 29, 34-37, 39, 59, 76, 78, 85-86, 99, 104-105, 115, 129, 131, 142-143, 149-150, 155, 160, 173, 176
意识诸形态 shapes of consciousness 7
艺术 art 106,110,130
艺术家 artist 38 注
因果性 causality 28,174
印度 India 37 注, 89, 93-94, 97-101, 139
印度人 Hinduism, Hindu people 12-13, 96, 98-100
印欧语和印欧民族 Indo-European languages and ethnicity 50, 100, 101 注, 124
婴儿时期或童年时期 infancy or childhood 89
英格兰 England 83
英属印度 British India 97-98
永恒性 eternity 51-52,145,169
犹太教 Judaism 77,103-104,120-121
犹太民族/犹太人 Jewish people 63, 104,121
有限与无限[有限的事物与无限的事物] finite and infinite 77, 119-121, 131, 141-142, 147-155
预先把握 anticipation/Vorgriff 179
原教旨主义 fundamentalism 57,181
原始的历史 original history 13-15,17-18
元史学 metahistory 25
元叙事 metanarrative 93
远东 Far East 89,101 注
云格尔 Jüngel, Eberhard 46, 170-171, 178-180

Z

在场 presence/present 9,11,51,108,129, 150,154,158,172

《早期神学著作》*Early Theological Writings* 63 注,175

战争 war

战争的必要性 necessity of~116

战争的徒劳无益 futility of~106-107

哲学 philosophy 10, 58, 60, 76, 78, 115, 129, 另参形而上学 metaphysics

哲学的世界史 philosophical world history 17-18,21-27,142

《哲学史讲演录》*Lectures on the History of Philosophy* 38 注

哲学学派 philosophical school 18

政体 constitution (Verfassung) 71-75,122

正义/公正 justice 67 注,172-174

知性 undersdanding (Verstand) 17-18, 26,57,76,77,120,133,153,166

智者 Sophists 115

中国 China 9, 15, 37 注,52, 89, 93-97, 98,100,101

种姓 castes 98-99

种子和果实 seed and fruit 36-37

种族 race 86,101 注,124 注

朱庇特 Jupiter 51

主奴关系 master-slave relationship 66,135

主体,主观性/主体性(包括与"客体/对象"、"客观性"的对比) subject, subjectivity (including comparisons with "object," "objectivity") 7, 25, 29, 36,76-77,89-90,97,111-115,120, 122,124,127,146,149,151,154

主体间性 intersubjectivity 7, 36, 66-67, 146,160,177,180

专制统治(绝对君主制统治或独裁统治) despotism (absolute monarchy or autocratic rule) 72-73,98-99,140

自然/本性 nature 1,8,29,31,39,48-49, 51-52,68,80-81,86,96,102-104,108, 111,130,133,154 注,155,159-160

自然规律 natural laws 27

自然科学 natural sciences 80,133

《自然权利与政治科学讲演》*Lectures on Natural Right and Political Science* 74 注,83 注,168 注

《自然哲学》*Philosophy of Nature* 8 注,49 注

自我否定 VS 自我肯定 self-negation vs. self-affirmation 153

自我持存的 self-subsistent 90,109

自由 freedom (Freiheit)

自由参与到真正的内容中并把这一内容变成自己的 ~ participates in the true content and makes this content its own 131-132

自由的概念 concept of~9,34-35

自由的行为准则 discipline of~68

各种各样的自由 diversity of~139

精神的自由～of spirit 134
内在于人性的自由 intrinsic～to humanity 34-38
市民的人本主义自由理念 civic humanist idea of～69-71
为了自由的持续斗争 perpetual struggle over～54,92
为了自由的实现所需的劳作 labor required for its actualization 38-40
信仰自由～of faith 39,131-132
一个人[是自由的]、一些人[是自由的]、所有人都是[是自由的] one, some, all are free 34,37-39,89
由神圣理念与人的激情编织的自由～woven from the divine idea and human passions 40-48
自由的实现作为历史的目的 actualization of～as the goal of history 60-61,132,137,140
自由的实现作为一项始终有待完成的任务 actualization of～as a task always to be accomplished 180
自由王国 kingdom of～177-180
自由意识的进程 progress of the consciousness of～5-6,37-40,62注,172
自由与海洋～and the sea 87-88
自由与伦理生活～and ethical life 35
自由与上帝～and God 1,134
自由与为了承认的斗争～and struggle for recognition 160

自由与政体～and constitution 71-73
自由与自然科学～and natural science 80
自由意识之中的各个阶段 stages in the consciousness of～34,37-39,137
自由诸形态 shapes of～8-9,11,40,56,62,92,137,139,172,181
主观的自由 subjective～95
作为自在为他的在其自身的自由～as presence-to-self-in-and-for-another 34-35
作为理念在其中自我产生的方式～as the way in which the idea brings itself forth 40
作为人类的教育～as education of the human race 38
作为自由的实现的国家 state as actualization of～63-80,91-92
作为自由意志,纯粹自由的意志 pure free will as freedom of will (reine freie Wille) 132注,134
作为自主选择或任意 as free choice or will (Willkür) 19,35,64-65,71
自由王国 kingdom of freedom 177-180
自由至上主义 libertarianism 67
自由诸形态 shapes of freedom 8-9,11,40,56,62,92,137,139,172,181
自由主义 liberalism 66-67,74,79
自在自为的 in and for itself / in-and-for-itself 6,7,56,65,85,120,131,134,143,162,164,167,175

自律、他律、神律 autonomy, heterono-my, and theonomy 68
宗法制 patriarchy 69,94-95
宗教 religion
埃及宗教 Egyptian~105-106
包含一种从感性到思想的隐喻转换~involves a metaphorical transposition from the sensible into thought 96
必须为真正的政治变化而变化~must change for there to be genuine political change 134
波斯宗教 Persian~102
两种类型的宗教(分离与统一) two types of~(separation and unity) 77-78
罗马宗教 Roman~117-118
魔法宗教~of magic 85
希腊宗教 Greek~110-112
中国宗教 Chinese~96-97
宗教的目标 goal of~175-176
宗教的终极目的 final end of~58-59

宗教与国家~and state 67-68,76-79
宗教与理性~and reason 122 注
宗教与艺术~and art 76
宗教与哲学~and philosophy 58,60,76,78
宗教与自然~and nature 133
宗教战争 wars of~133, 另参佛教、基督教、印度教、伊斯兰教、喇嘛教、犹太教 Buddhism, Christianity, Hinduism, Islam, Lamaism, Judaism
宗教改革 Reformation 39,125,130-132
《宗教哲学讲演录》Lectures on the Philosophy of Religion 30 注,41 注,85 注,96 注,100 注,104 注,115 注,135 注,143,147-155,157 注,159 注,160-161 注,167 注,177 注
作为屠宰场的历史 slaughterhouse, history as 5,43,107,118,141,173
作为质量的物质(重)VS作为自由的精神(轻) matter as weight (heaviness) vs. spirit as freedom (lightness) 34-35

译后记

本书的翻译始于五年前，翻译此书完全是因为郭昊航师兄的推荐，我于是抱着以译促学的心态开始翻译。译稿完成后，出版计划搁置了很久。经刘小枫老师和郭师兄的努力，译稿终于有机会出版。译稿的校对工作拖延了很久。感谢刘小枫老师的宽限，同时还要感谢刘老师审阅译稿后提出的修改建议。

引自黑格尔著作的原文，均依赖相应的汉译本，我在初校的过程中未能核对德文。柏林洪堡大学的张海龙兄主动提出为我校对，他在二校的过程中根据德文原文校核了引文，发现了不少错误，其中有我自己理解不当之处，也有英译本身的问题。对于较为偏颇的地方，我们尽可能以译注的形式作了说明，为免繁琐，在文中并未一一交代。在此要特别感谢海龙兄，他对英文和德文的把握十分细致。多亏有他抽出大量宝贵时间，认真细致地逐字逐句核校了原书，为我纠正了不少错误和遗漏。对于有疑义的地方，我们尽可能查阅了相关文本，并就个别术语和书名的译法请教过徐晓旭老师、毕唯乐博士、顾枝鹰博士，学友周凯鑫也参与了部分讨论，出版社的程瑜老师对译稿作了细致的编辑，纠正了很多疏漏，在此一并致谢。

最后，感谢家人何定强先生、李跃群女士、唐婷婷女士一直以来的理解和包容，以及在生活上的支持。

译文难免有所不足，若有错漏，敬盼阅者不吝赐教（邮箱：1210059501@qq.com）。

Shapes of Freedom: Hegel's Philosophy of World History in Theological Perspective
© Peter C. Hodgson 2012

It was originally published in English in 2012. This translation is published by arrangement with Oxford University Press. Huaxia Publishing House Co., Ltd. is solely responsible for this translation from the original work and Oxford University Press shall have no liability for any errors, omissions or inaccuracies or ambiguities in such translation or for any losses caused by reliance thereon.

版权所有 翻印必究
禁止将本书内容用于人工智能训练 违者必究
北京市版权局著作权合同登记号：图字01-2024-5641号

图书在版编目（CIP）数据

黑格尔世界史哲学疏证：自由诸形态论 /（美）彼得·霍奇森（Peter C. Hodgson）著；何启文译. -- 北京：华夏出版社有限公司, 2025. --（西方传统：经典与解释）.
ISBN 978-7-5222-0902-9

Ⅰ. B516.35；K01

中国国家版本馆CIP数据核字第2025BU4577号

黑格尔世界史哲学疏证——自由诸形态论

作　　者	[美]彼得·霍奇森	
译　　者	何启文	
责任编辑	程　瑜	
责任印制	刘　洋	
出版发行	华夏出版社有限公司	
经　　销	新华书店	
印　　刷	三河市万龙印装有限公司	
装　　订	三河市万龙印装有限公司	
版　　次	2025年9月北京第1版　2025年9月北京第1次印刷	
开　　本	880×1230　1/32	
印　　张	10	
字　　数	210千字	
定　　价	88.00元	

华夏出版社有限公司　地址：北京市东直门外香河园北里4号　邮编：100028
网址：www.hxph.com.cn　电话：(010)64663331(转)
若发现本版图书有印装质量问题，请与我社营销中心联系调换。

西方传统：经典与解释
Classici et Commentarii
HERMES
刘小枫◎主编

古今丛编

罗马兴志 [古希腊]珀律比俄斯 著
迷宫的线团 [英]弗朗西斯·培根 著
伊菲革涅亚 吴雅凌 编译
哲学、历史与僭政 [美]伯恩斯、弗罗斯特 编
克尔凯郭尔 [美]江思图 著
货币哲学 [德]西美尔 著
追忆施特劳斯 张培均 编
施特劳斯学述 [德]考夫曼 著
欧洲中世纪诗学选译 宋旭红 编译
论源初遗忘 [美]维克利 著
阅读施特劳斯 [美]斯密什 著
施特劳斯与流亡政治学 [美]谢帕德 著
驯服欲望 [法]科耶夫 等著
孟德斯鸠的自由主义哲学 [美]潘戈 著
莫尔及其乌托邦 [德]考茨基 著
试论古今革命 [法]夏多布里昂 著
但丁：皈依的诗学 [美]弗里切尔 著
在西方的目光下 [英]康拉德 著
大学与博雅教育 董成龙 编
探究哲学与信仰 [美]郝岚 著
民主的本性 [法]马南 著
梅尔维尔的政治哲学 李小均 编/译
席勒美学的哲学背景 [美]维塞尔 著
果戈里与鬼 [俄]梅列日科夫斯基 著
自传性反思 [美]沃格林 著
黑格尔与普世秩序 [美]希克斯 等著
新的方式与制度 [美]曼斯菲尔德 著
科耶夫的新拉丁帝国 [法]科耶夫 等著
《利维坦》附录 [英]霍布斯 著

或此或彼（上、下） [丹麦]基尔克果 著
海德格尔式的现代神学 刘小枫 选编
双重束缚 [法]基拉尔 著
古今之争中的核心问题 [德]迈尔 著
论永恒的智慧 [德]苏索 著
宗教经验种种 [美]詹姆斯 著
尼采反卢梭 [美]凯斯·安塞尔-皮尔逊 著
舍勒思想评述 [美]弗林斯 著
诗与哲学之争 [美]罗森 著
神圣与世俗 [罗]伊利亚德 著
但丁的圣约书 [美]霍金斯 著

古典学丛编

法律与理性 汪雄 娄林 选编
伊壁鸠鲁主义的政治哲学
[意]詹姆斯·尼古拉斯 著
述狂与真实之间 [英]哈利威尔 著
品达《皮托凯歌》通释 [英]伯顿 著
俄耳甫斯祷歌 吴雅凌 译注
荷马笔下的诸神与人类德行 [美]阿伦斯多夫 著
赫西俄德的宇宙 [美]珍妮·施特劳斯·克莱 著
论王政 [古罗马]金嘴狄翁 著
论希罗多德 [苏]卢里叶 著
探究希腊人的灵魂 [美]戴维斯 著
尤利安文选 马勇 编/译
论月面 [古罗马]普鲁塔克 著
雅典谐剧与逻各斯 [美]奥里根 著
菜园哲人伊壁鸠鲁 罗晓颖 选编
劳作与时日（笺注本） [古希腊]赫西俄德 著
神谱（笺注本） [古希腊]赫西俄德 著
赫西俄德：神话之艺 [法]居代·德拉孔波 编
希腊古风时期的真理大师 [法]德蒂安 著
古罗马的教育 [英]葛怀恩 著
古典学与现代性 刘小枫 编
表演文化与雅典民主政制
[英]戈尔德希尔、奥斯本 编
西方古典文献学发凡 刘小枫 编

古典语文学常谈　[德]克拉夫特 著
古希腊文学常谈　[英]多佛 等著
撒路斯特与政治史学　刘小枫 编
希罗多德的王霸之辨　吴小锋 编/译
第二代智术师　[英]安德森 著
英雄诗系笺释　[古希腊]荷马 著
统治的热望　[美]福特 著
论埃及神学与哲学　[古希腊]普鲁塔克 著
凯撒的剑与笔　李世祥 编/译
修昔底德笔下的人性　[美]欧文 著
修昔底德笔下的演说　[美]斯塔特 著
古希腊政治理论　[美]格雷纳 著
赫拉克勒斯之盾笺释　罗逍然 译笺
《埃涅阿斯纪》章义　王承教 选编
维吉尔的帝国　[美]阿德勒 著
塔西佗的政治史学　曾维术 编
幽暗的诱惑　[美]汉密尔顿 著

古希腊诗歌丛编

古希腊早期诉歌诗人　[英]鲍勒 著
诗歌与城邦　[美]费拉格、纳吉 主编
阿尔戈英雄纪（上、下）
[古希腊]阿波罗尼俄斯 著
俄耳甫斯教辑语　吴雅凌 编译

古希腊肃剧注疏

欧里庇得斯及其对雅典人的教诲
[美] 格里高利 著
欧里庇得斯与智术师　[加]科纳彻 著
欧里庇得斯的现代性　[法]德·罗米伊 著
自由与僭越　罗峰 编译
希腊肃剧与政治哲学　[美]阿伦斯多夫 著

古希腊礼法研究

宙斯的正义　[英]劳埃德-琼斯 著
希腊人的正义观　[英]哈夫洛克 著

廊下派集

剑桥廊下派指南　[加]英伍德 编
廊下派的苏格拉底　程志敏 徐健 选编
廊下派的神和宇宙　[墨]里卡多·萨勒斯 著
廊下派的城邦观　[英]斯科菲尔德 著

希伯莱圣经历代注疏

希腊化世界中的犹太人　[英]威廉逊 著
第一亚当和第二亚当　[德]朋霍费尔 著

新约历代经解

属灵的寓意　[古罗马]俄里根 著

基督教与古典传统

保罗与马克安　[德]文森 著
加尔文与现代政治的基础　[美]汉考克 著
无执之道　[德]文森 著
恐惧与战栗　[丹麦]基尔克果 著
托尔斯泰与陀思妥耶夫斯基
[俄]梅列日科夫斯基 著
论宗教大法官的传说　[俄]罗赞诺夫 著
海德格尔与有限性思想（重订版）
刘小枫 选编
上帝国的信息　[德]拉加茨 著
基督教理论与现代　[德]特洛尔奇 著
亚历山大的克雷芒　[意]塞尔瓦托·利拉 著
中世纪的心灵之旅　[意]圣·波纳文图拉 著

德意志古典传统丛编

传奇与诗　[德]特蕾西娅·比肯豪尔 著
论德意志文学及其他　[德]弗里德里希二世 著
卢琴德　[德]弗里德里希·施勒格尔 著
黑格尔论自我意识　[美]皮平 著
克劳塞维茨论现代战争　[澳]休·史密斯 著
《浮士德》发微　谷裕 选编
尼伯龙人　[德]黑贝尔 著
论荷尔德林　[德]沃尔夫冈·宾德尔 著
彭忒西勒亚　[德]克莱斯特 著
穆佐书简　[奥]里尔克 著

纪念苏格拉底——哈曼文选　刘新利 选编
夜颂中的革命和宗教　[德]诺瓦利斯 著
大革命与诗化小说　[德]诺瓦利斯 著
黑格尔的观念论　[美]皮平 著
浪漫派风格——施勒格尔批评文集　[德]施勒格尔 著

巴洛克戏剧丛编
克里奥帕特拉　[德]罗恩施坦 著
君士坦丁大帝　[德]阿旺西尼 著
被弑的国王　[德]格吕菲乌斯 著

美国宪政与古典传统
美国1787年宪法讲疏　[美]阿纳斯塔普罗 著

启蒙研究丛编
动物哲学　[法]拉马克 著
赫尔德的社会政治思想　[加]巴纳德 著
论古今学问　[英]坦普尔 著
历史主义与民族精神　冯庆 编
浪漫的律令　[美]拜泽尔 著
现实与理性　[法]科维纲 著
论古人的智慧　[英]培根 著
托兰德与激进启蒙　刘小枫 编
图书馆里的古今之战　[英]斯威夫特 著

政治史学丛编
大国更迭与普遍历史　刘小枫 编
普遍历史中的政治单元及其权力
[德]奥托·韦斯特法尔 著
启蒙叙事　[英]欧布里恩 著
历史分期与主权　[美]凯瑟琳·戴维斯 著
驳马基雅维利　[普鲁士]弗里德里希二世 著
现代欧洲的基础　[英]赖希 著
克服历史主义　[德]特洛尔奇 等著
胡克与英国保守主义　姚啸宇 编
古希腊传记的嬗变　[意]莫米利亚诺 著
伊丽莎白时代的世界图景　[英]蒂利亚德 著
西方古代的天下观　刘小枫 编

从普遍历史到历史主义　刘小枫 编
自然科学史与玫瑰　[法]雷比瑟 著

地缘政治学丛编
地缘政治学的黄昏　[美]汉斯·魏格特 著
大地法的地理学　[英]斯蒂夫·莱格 编
地缘政治学的起源与拉采尔　[希腊]斯托杨诺斯 著
施米特的国际政治思想　[英]欧迪瑟乌斯/佩蒂托 编
克劳塞维茨之谜　[英]赫伯格-罗特 著
太平洋地缘政治学　[德]卡尔·豪斯霍弗 著

世界历史与地理丛编
黑格尔世界史哲学疏证　[美]彼得·霍奇森 著
施米特与国际战略　[德]埃里希·瓦德 著
布克哈特书信选　[瑞士]雅各布·布克哈特 著

荷马注疏集
不为人知的奥德修斯　[美]诺特维克 著
模仿荷马　[美]丹尼斯·麦克唐纳 著

阿里斯托芬集
《阿卡奈人》笺释　[古希腊]阿里斯托芬 著

色诺芬注疏集
居鲁士的教育　[古希腊]色诺芬 著
色诺芬的《会饮》　[古希腊]色诺芬 著

柏拉图注疏集
《苏格拉底的申辩》集注　程志敏 辑译
挑战戈尔戈　李致远 选编
论柏拉图《高尔吉亚》的统一性　[美]斯托弗 著
立法与德性——柏拉图《法义》发微　林志猛 编
柏拉图的灵魂学　[加]罗宾逊 著
柏拉图书简　彭磊 译注
克力同章句　程志敏 郑兴凤 撰
哲学的奥德赛——《王制》引论　[美]郝兰 著
爱欲与启蒙的迷醉　[美]贝尔格 著
为哲学的写作技艺一辩　[美]伯格 著
柏拉图式的迷宫——《斐多》义疏　[美]伯格 著
苏格拉底与希琵阿斯　王江涛 编译

理想国 [古希腊]柏拉图 著
谁来教育老师 刘小枫 编
立法者的神学 林志猛 编
柏拉图对话中的神 [法]薇依 著
厄庇诺米斯 [古希腊]柏拉图 著
智慧与幸福 程志敏 选编
论柏拉图对话 [德]施莱尔马赫 著
柏拉图《美诺》疏证 [美]克莱因 著
政治哲学的悖论 [美]郝岚 著
神话诗人柏拉图 张文涛 选编
阿尔喀比亚德 [古希腊]柏拉图 著
叙拉古的雅典异乡人 彭磊 选编
阿威罗伊论《王制》 [阿拉伯]阿威罗伊 著
《王制》要义 刘小枫 选编
柏拉图的《会饮》 [古希腊]柏拉图 等著
苏格拉底的申辩（修订版） [古希腊]柏拉图 著
苏格拉底与政治共同体 [美]尼柯尔斯 著
政制与美德——柏拉图《法义》疏解 [美]潘戈 著
《法义》导读 [法]卡斯代尔·布舒奇 著
论真理的本质 [德]海德格尔 著
哲人的无知 [德]费勃 著
米诺斯 [古希腊]柏拉图 著
情敌 [古希腊]柏拉图 著

亚里士多德注疏集

亚里士多德论政体 崔嵬、程志敏 编
《诗术》译笺与通绎 陈明珠 撰
亚里士多德《政治学》中的教诲 [美]潘戈 著
品格的技艺 [美]加佛 著
亚里士多德哲学的基本概念 [德]海德格尔 著
《政治学》疏证 [意]托马斯·阿奎那 著
尼各马可伦理学义疏 [美]罗娜·伯格 著
哲学之诗 [美]戴维斯 著
对亚里士多德的现象学解释 [德]海德格尔 著
城邦与自然——亚里士多德与现代性 刘小枫 编
论诗术中篇义疏 [阿拉伯]阿威罗伊 著

哲学的政治 [美]戴维斯 著

普鲁塔克集

普鲁塔克的《对比列传》 [英]达夫 著
普鲁塔克的实践伦理学 [比利时]胡芙 著

阿尔法拉比集

政治制度与政治箴言 阿尔法拉比 著

马基雅维利集

解读马基雅维利 [美]麦考米克 著
君主及其战争技艺 娄林 选编

莎士比亚绎读

哲人与王者 [加]克雷格 著
莎士比亚的罗马 [美]坎托 著
莎士比亚的政治智慧 [美]伯恩斯 著
脱节的时代 [匈]阿格尼斯·赫勒 著
莎士比亚的历史剧 [英]蒂利亚德 著
莎士比亚戏剧与政治哲学 彭磊 选编
莎士比亚的政治盛典 [美]阿鲁里斯/苏利文 编
丹麦王子与马基雅维利 罗峰 选编

洛克集

洛克现代性政治学之根 [加]金·I. 帕克 著
上帝、洛克与平等 [美]沃尔德伦 著

卢梭集

致博蒙书 [法]卢梭 著
政治制度论 [法]卢梭 著
哲学的自传 [美]戴维斯 著
文学与道德杂篇 [法]卢梭 著
设计论证 [美]吉尔丁 著
卢梭的自然状态 [美]普拉特纳 等著
卢梭的榜样人生 [美]凯利 著

莱辛注疏集

汉堡剧评 [德]莱辛 著
关于悲剧的通信 [德]莱辛 著
智者纳坦（研究版） [德]莱辛 等著
启蒙运动的内在问题 [美]维塞尔 著

莱辛剧作七种 [德]莱辛 著
历史与启示——莱辛神学文选 [德]莱辛 著
论人类的教育 [德]莱辛 著

尼采注疏集
尼采引论 [德]施特格迈尔 著
尼采与基督教 刘小枫 编
尼采眼中的苏格拉底 [美]丹豪瑟 著
动物与超人之间的绳索 [德]A.彼珀 著

施特劳斯全集
思索马基雅维利
论法拉比与迈蒙尼德
苏格拉底与阿里斯托芬
论僭政（重订本） [美]施特劳斯 [法]科耶夫 著
苏格拉底问题与现代性（第三版）
犹太哲人与启蒙（增订本）
霍布斯的宗教批判
斯宾诺莎的宗教批判
门德尔松与莱辛
哲学与律法——论迈蒙尼德及其先驱
迫害与写作艺术
柏拉图式政治哲学研究
论柏拉图的《会饮》
柏拉图《法义》的论辩与情节
什么是政治哲学
古典政治理性主义的重生（重订本）
回归古典政治哲学——施特劳斯通信集

施特劳斯讲学录
《王制》讲疏
洛克的政治哲学
马克思的政治哲学
苏格拉底面对美诺
维柯讲疏
苏格拉底与居鲁士
追求高贵的修辞术

——柏拉图《高尔吉亚》讲疏（1957）
斯宾诺莎的政治哲学

施米特集
宪法专政 [美]罗斯托 著
施米特对自由主义的批判 [美]约翰·麦考米克 著

伯纳德特集
古典诗学之路（第二版） [美]伯格 编
弓与琴（第三版） [美]伯纳德特 著
神圣的罪业 [美]伯纳德特 著

布鲁姆集
伊索克拉底的政治哲学
巨人与侏儒（1960-1990）
人应该如何生活——柏拉图《王制》释义
爱的设计——卢梭与浪漫派
爱的戏剧——莎士比亚与自然
爱的阶梯——柏拉图的《会饮》

沃格林集
自传体反思录

朗佩特集
施特劳斯与尼采
哲学与哲学之诗
尼采与现时代
尼采的使命
哲学如何成为苏格拉底式的
施特劳斯的持久重要性

迈尔集
施米特的教训
何为尼采的扎拉图斯特拉
政治哲学与启示宗教的挑战
隐匿的对话
论哲学生活的幸福

柏拉图全集
    柏拉图全集：中短篇作品
    柏拉图全集：理想国
    柏拉图全集：法义

阅读柏拉图
    默涅克塞诺斯
    克里同
    帕默尼德
    希琵阿斯
    苏格拉底的申辩
    普罗塔戈拉
    吕西斯

大学素质教育读本
    古典诗文绎读 西学卷·古代编（上、下）
    古典诗文绎读 西学卷·现代编（上、下）